위대한 거래
A Great Deal

A Great Deal
위대한 거래

현명관 저

| 머리말 |

　이 세상에 공짜는 없다. 모든 일에는 희생과 대가가 따른다. 삶을 도약시키는 일도 마찬가지다. 모든 걸 잃을 수도 있는 도전 없이, 도약은 없다. 이것이 여든을 살아온 내가 '이 나이'에 깨달은 삶의 진리다.
　돌이켜 생각해 보면, 성공했다고 박수를 받는 영광의 시간일수록 그 이면의 대가는 혹독했다. 성취를 위해 노력하는 땀과 인내야 말할 것도 없지만, 이룬 후에는 그 자리의 값어치만큼 대가를 톡톡히 치러야 했다. 삼성그룹 비서실장을 하면서 제대로 잠도 못 자고 자유 없이 거의 24시간 대기 상태로 살았던 일, 삼성 구단주 시절에는 내 뜻대로 되지 않는 야구 경기에 애태워야 했고, 삼성물산의 회장이 되어서는 거대 그룹의 안전한 항해를 위해 잠을 이루지 못했다. 모순되게도 거대한 침몰을 경험한 두 번의 도지사 선거 실패는 내게 진정한 행복을 찾아 주었다.
　이렇게 보면 성공이란 물건을 먼저 받고 대가를 치르는 것이고 실패란 대가를 치르고 물건을 나중에 받는 거래와 같은 것이다. 이런 거래는 과거, 현재, 미래에 끝없이 이어지고 있으며 지금 이 순간도 발생하고 있다. 무언가를 얻고 싶거나 얻으면 그 순간 대가를 치를 일이 생긴다. 이를 철두철미하게 알았더라면 꺼려지는 상황이 조금은 덜 힘들었을 것이다. 치러야 하는 대가보다 내가 받은 선물에 집중했다면 훨씬 감사하면서 생활했을 것이다. 성공을 꿈꾸는 모든 이들에게 나의 이 뒤늦은 깨침을 바친다. 부디 치러야 하는 대가에 화내거나 두려워 말고 받는 선물에 집중했으면 좋겠다. 그렇게 된다면 우리의 삶은 더 위대한 거래가 될 것이다.

이 책은 부족했던 내 인생을 28개의 중요한 장면들로 뽑고 그 순간들을 독자들이 이해하기 쉽게 편집자들이 소설화시켜 삶의 진실을 담았다. 많은 것을 깨우쳐 준 순간들이지만 당시에는 어리석게도 영화 속 주인공처럼 고통에 몸부림치며 울고 웃었다. 영화 속 주인공이 아닌 관객으로 그 장면들을 바라보았다면 훨씬 더 '인생이라는 영화'를 즐길 수 있었을 것이다. 여기에 '인생이라는 영화'를 지혜롭게 즐길 수 있도록 도와줄 고전을 함께 인용했다. 중국 명말(明末)의 환초도인(還初道人) 홍자성(洪自誠)이 쓴 수양서인 채근담을 통해 인생의 매 장면마다 우리가 어떻게 대처하면 지혜로울지, 내 삶에 적용하였다. 비록 우리가 겪고 있는 상황이 모두 다르고 나의 경험과 일치하지는 않겠지만, 각 장면에 대한 소회와 채근담은 삶의 작은 목축임

이 되지 않을까 생각한다. 여기에 용기를 내어 내 피와 땀으로 체득한 몇 줄 안 되는 삶의 철학을 '현명관의 21세기 채근담'이라는 이름으로 함께 실었다.

지금 이 순간에도 한 줄 한 줄 자신만의 채근담을 써 내려가며 삶이라는 험난한 여정을 가는 모든 분들에 이 책을 바친다. 부디 당신의 인생도 '위대한 거래'였노라고 자신 있게 말할 수 있도록 채근담 같은 지혜의 눈으로 평화를 얻으시길 기원한다.

2021년 12월
현명관 올림

| 차례 |

머리말　　　　　　　　　　　　　　　　　　004

1장　얇은 얼음을 밟다 · 신라호텔 이야기

| 장면1 | 심야의 비밀 집도　　　　　　　　　　　　014
　　　　보이는 물건에서 보이지 않는 서비스로　　018
　　　　횡령 그리고 악역이 되다　　　　　　　　021
| 장면2 | 읍참마속—제갈량이 울면서 마속을 베다　024
　　　　이병철 회장의 '잘' 그리고 '많이'　　　　028
| 장면3 | 처칠 경, 어서 오세요　　　　　　　　　032
　　　　습관의 무서움　　　　　　　　　　　　　035
| 장면4 | 집 한 채의 팁　　　　　　　　　　　　　038
　　　　큰 성취도 떨리는 한 걸음에서　　　　　　041
| 장면5 | 힐튼의 역습과 이건희의 질책　　　　　　044
| 장면6 | 후덕죽의 불도장　　　　　　　　　　　　053
　　　　나의 정당함이 때론 누군가를 아프게 하고　056

2장 유서를 품고 · 삼성시계 이야기

장면7	이건희 회장과 2라운드	062
	마른하늘에 날벼락	067
	상기 본인은 원에 의하여	069
	두 번째 마른하늘에 날벼락	073
	K.A.P.P.A 카파!	075
	9시를 알려 드립니다	078
	기호지세-호랑이 등에 올라탄 형국	079

3장 이건희 회장의 도박 · 삼성 신경영 이야기

장면8	27년 만에 돌아온 탕자	084
	300억 더 쓰면 어때?	091
장면9	후쿠다 보고서와 태평로의 잠 못 이루는 밤	094
장면10	이건희 회장의 녹음 파일	097
	박람회장이 된 호텔	099
	은밀한 첫 번째 호출	104
	두 번째 긴급 호출	105
	주군과 신하의 충돌	109
	바꾸는 건 당신이 잘하잖아	113
	삼성 비서실장의 최후	117

4장 삼성 첫 우승의 비밀 · 삼성 라이온즈 이야기

가장 무거운 감투를 쓰다 124
돈을 제일 많이 받은 대가 126
흔들던 사람이 방패가 되다 128

	적절한 배분 그리고 심기일전	129
	승진 그리고 악몽의 7연패	131
장면11	교체될 뻔한 이승엽	133

5장 제주도의 푸른 밤 · 어린 시절 이야기

장면12	제주도의 푸른 밤	150
	붉은 피의 섬 4.3의 제주	155
	두 번 다니며 운명이 바뀌다	159
	난민촌 아이들	160
	사라진 아이들	162
	돈의 맛	162
	D반 중학생	163
	경기 배지	164
장면13	군함은 폭풍우를 뚫고	166
	숫돌	175

6장 내 죽음을 아들에게 알리지 말라 · 아버지 이야기

장면14	아버지의 마지막 선물	182
	히데오[ひでお 수남秀男]는 안 된다	194
장면15	출세할 사주	195
	공무원에서 농부로	198
장면16	세상에서 가장 힘든 말	201
	위조악업은(爲造惡業恩)	204

7장 비리의 값 · 감사원 이야기

장면17	믿음과 불신 사이	208
장면18	이기고 돌아오라	214
	설국열차	220
	뜻밖의 행운은 불행으로…	224
	개혁은 피를 부르고	229
	1년 후 집 못 사면 바보	233
장면19	군수와 타자수	237
	맞지 않는 옷	244
	부당거래	248

8장 스파이가 된 남자 · 일본 유학 이야기

	벼락출세냐, 도박이냐	254
장면20	고노야로	256
장면21	납치 감금 폭행	261
	그자는 스파이일 거야!(その人はスパイだろう。)	265
	한 자루의 연필(一本の鉛筆)	267
	고급 스파이가 되어	273
	태산을 본 사람은 다시 뒷동산에 오를 수 없고	274
	일본을 이기는 극일 꿀팁	277
장면22	은혜 갚은 두루미(학鶴)와 이발사	278
장면23	삼성전자가 소니를 이긴 비결	283

9장 그건 내 운명 · 제주 도지사 선거 이야기

| 장면24 | 정치초보, 선수를 만나다 | 290 |
| | 가장 비싼 경기-이전투구(泥田鬪狗) | 298 |

	첫 번째 사건. 사라질 뻔한 붉은 지붕	299
	오직 깔맞춤만 인정	301
	두 번째 사건. 책임질 사람이 생기다	304
장면25	뼈아픈 지적	306
장면26	삼고초려	309
	하와이보다 제주도, 가 본 사람은 안다	319
	맹렬한 추격	322
	충격 그리고 큰 깨달음	325
	그 꽃	330
장면27	고백	333

10장 말[馬] 많은 마사회 · 마사회와 최순실 이야기

장면28	하우스(도박장)가 된 왕의 스포츠	340
	공기업은 죽어야 산다	342
	킹덤	344
	옷 하나 바꿨을 뿐인데	346
	여기가 교도소인가?	347
	초심을 지킨 결단	349
	기울어진 그릇	351
	거북이, 말馬되다	353
	4개월 후 모든 것이 바뀌다	361
	국회의원이 앞장선 날조극	363
	가짜 뉴스 유포는 면책 특권이 아니다	367
	누구든 화병으로 죽을 수 있는 사회	373
	성공을 꿈꾸는 젊은이에게	377

| 맺음말 | 378 |
| 감사의 말 | 380 |

위대한 거래

1장
얇은 얼음을 밟다

신 라 호 텔 이 야 기
유튜브 감상은 큐알코드로

| 장면1 |
심야의 비밀 집도

1981년 2월 29일 오후 9시. 사무실에는 신라호텔의 중요 인물들이 모여 유명 호텔에서 끌고 온 인질을 처리하기 위해 테이블을 주시하고 있다. 현명관 상무, 김부장, 수리에 밝은 박과장은 마른침을 삼키며 조리장이 들고 있는 날카로운 칼을 바라본다.

"꼭 이렇게까지 해야겠습니까?"

"회장님의 지시니까 일단 최선을 다해 봅시다."

현상무는 조리장을 다독이며 해부를 시작하라고 지시한다. 조리장은 평생 처음 해보는 해부에 어이없어하면서도 신중한 칼 놀림으로 인질의 배를 가른다. 다름 아닌 만두였다. 어젯밤 삼성그룹 이병철 회장이 중식당에서 개발한 만두를 한번 맛보고 더 이상 손도 대지 않는 사건이 터지고 말았다. 신라호텔 손영희 사장의 긴급 지시가 떨어졌다.

회장님의 지시였다. 분명 불호령이 떨어졌던 것이다.

"어제 가져간 만두의 가격은 얼마고, 만두 한 개의 원가와 이익이 얼만지 조사하게. 그리고 타 호텔 중식당서 만드는 만두 재료나 크기도 비교하여 어떤 차이가 나는지 분석해서 보고하라고 하셨네. 대체 만두를 어떻게 만들었기에…."

지금 현명관 상무와 호텔신라의 직원들은 서울의 유명 호텔에서 만든 만두를 해부하는 중이다. 롯데, 하얏트, 플라자에서 만든 특급 만두와 현명관이 몸담고 있는 신라호텔에서 야심 차게 개발한 만두도 해부 대상이었다. 조리장은 콩나물, 숙주나물, 돼지고기, 두부 등을 날카로운 칼로 하나하나 분해하면서 첫 번째 하얏트 만두를 완전히 해체했다. 밀가루 1kg으로 빵을 10개 만들면 1개당 원가를 계산할 수 있다. 그러나 반대로 빵 한 개로 밀가루 양을 역추적하여 원가를 계산하기는 쉽지 않다. 하물며 여러 재료가 섞여 있는 만두의 각 재료와 원가를 분석하는 일은 더욱 어려운 일이다. 현명관과 호텔신라의 만두 분석팀은 지금 밤을 새워 가며 회장에게 보고할 만두의 원가표를 작성하는 중이다.

"숙주 4g, 돼지고기는 다져진 것들을 모두 합쳐 달아 보니 20g 정도 되네요." 김부장이 말했다.

펜을 놀리며 박과장이 계산을 끝내고 한마디 던진다.

"이러면 만두 한 개의 원가는 약 150원 정도입니다."

조리장이 분해하는 재료를 하나하나 모아 천칭에 무게를 달고 수치를 읽어 주던 김부장은 졸린 눈을 비비며 박과장에게 계산을 하라고 지시했다. 현명관은 새벽 2시를 가리키고 있는 시계를 보면서 안도의 한숨을 내쉬었다.

"만두 1개의 원가 계산만 꼬박 3시간 걸렸군. 됐어! 보고까지 8시간, 겨우 맞출 수는 있겠어."

그렇게 밤을 새워 만든 만두의 원가, 품질, 맛에 대한 비교표는 다음날 삼성그룹 이병철 회장에게 보고됐다.

하늘을 돌리고 땅을 바꿀 만한 큰 경륜은
깊은 물에 이르러 얇은 얼음을 밟고 힘을 조절하는 데서 나온다.

선 곤 전 곤 적 경 륜　　자 림 심 리 박 처 조 출
旋乾轉坤的經輪[1] 自臨深履薄處操出

채근담 / 前集 第132章

---

[1] 천을 짤 때 실을 잘 다루고 종류별로 나누는 일. 즉 섬세하고 꼼꼼하게 세상을 다루는 능력

80 평생을 살면서 우리나라처럼 대범함을 추구하는 나라도 없다는 생각이 든다. 늘 큰 그릇을 찾고 쩨쩨한 사람을 소인배라 낮추어 부른다. 언뜻 관용이 넘치고 대국을 추구하는 나라의 미풍양속 같지만 이건 적어도 비즈니스 세계에서 혹은 고도의 전문 기술을 연마 습득하고자 하는 사람에게는 결코 좋은 습관이 아니다. 만약 우리나라의 일반적인 기준인 '대범한 큰 그릇 론'으로 사람을 평가한다면 삼성그룹 창업주인 고 이병철 회장은 가장 좀스러운 사람이고 큰일을 도모할 만한 그릇이라 말할 수 없다. 장담하건대 우리나라 그룹 총수 중에 중식당 만두를 분해해서 보고하라고 하신 분은 오직 이병철 회장뿐이기 때문이다. 그러나 그 좀스러운 분이 만들어 낸 삼성이라는 기업 집단은 오늘날 대한민국 증시의 1/3 이상을 차지하는 엄청난 성과를 만들어 냈다.

채근담이 지적하는 것이 바로 이 부분이다. 하늘을 돌리고 땅을 바꿀 만한 엄청난 업적은 얇은 얼음 밟는 심정으로 쫀쫀하게 하라고 한다. 내가 이 말을 미리 알았더라면 '쩨쩨한 현주사'라는 별명을 들으며 기죽지 않았을 텐데 안타깝게도 우리 사회의 흔한 대범주의와 적당주의를 버무린 큰 그릇론에 나는 언제나 흔들리며 나의 길을 가야 했다.

사실 나는 엄청나게 쩨쩨할 정도로 모든 것을 체크하며 맡은 바 책무를 다했는데 그 시작은 신라호텔 입사 초기에 벌어진 만두 사건 때문이었다. 만두 사건을 겪으며 경영에 대해 다시 생각하게 되었다. 다소 무리한 지시 사항이라 생각했지만 만두를 분해하고 원가를 계산하면서, 경영의 기본인 원가 의식과 이익이라는 개념이 새롭게 뇌리에 박혔다. 즉 물건 하나 팔면 얼마가 남고 얼마 이상이면 손해가 나는지, 만두 해체 사건 이후 늘 생각하게 되었다. '사소한 만두 하나라도 나의 경쟁자는 어떻게 하고 있는지 알라'는 이병철 회장의 숨은 의도를 만두 해체 후에 비로소 체득했고 신라호텔 대표이사가 되어서도 사소하고 기본적인 것을 꼼꼼히 지적하면서 살얼음판을 걷는 기분으로 경영을 했다.

보이는 물건에서 보이지 않는 서비스로

내가 신라호텔에 부임한 것은 1981년 겨울의 끝자락 2월이었다. 그전 3년 동안은 전주제지에서 관리 부장으로 근무했었다. 전주제지는 종이를 만드는 제조업 회사다. 물건 만드는 제조업을 하다가 무형의 서비스를 파는 신라호텔의 상무로 승진을 했다. 종이라는 눈에 보이는 물건을 만들다가 눈에 보이지 않는 서비스로 승부하는 회사의 중책을 맡게 된 것이다.

신라호텔은 1979년이 되어서야 호텔다운 면모를 갖추게 되었는데 그룹 안에서는 작은 업체였고 운영난을 겪고 있었다. 호텔은 투자

비용이 많이 드는 반면 원금을 회수하는 데 7~8년, 길게는 10년 이상 걸리는 사업이기 때문에 신라호텔도 누적 적자에 신음하고 있었다.

게다가 이병철 회장은 주 1~2회 그룹 사장단 회의를 신라호텔에서 식사를 하면서 주재했다. 적자 그리고 그룹 오너가 수시로 찾아오는 곳에 상무가 되었으니 주변에서는 축하보다 '골치 아픈 곳으로 가게 되어 고생하겠다'며 위로의 말을 먼저 했다. 서비스업이라는 새로운 분야, 적자, 그룹 총수가 늘 방문하는 곳, 이 세 가지 중압감을 안고 관리상무로 부임한 곳이라 각오 또한 새롭게 다져야 했다. 그렇게 죽을 각오로 최선을 다했지만 어려움은 생각지도 않은 곳에서 터져 나왔다. 당시 신라호텔은 로열패밀리의 아지트라고 해도 과언이 아닐 정도로 하루도 빠짐없이 오너의 친인척이 다녀가며 한마디씩 던졌다.

"지난번 태국 샹그릴라호텔 가니까 거기는 더 잘해 놨던데, 신라호텔은 좀 부족하네. 삼성전자만 신경 쓰지 말고 호텔도 신경 좀 써."

"어머 초밥 먹고 놀랐잖아. 롯데는 말이야 초밥에 밥이 안 보여. 생선이 길게 덮여서 나와. 신라호텔은 원가 절감하는 거야?"

"인심 좀 쓰지 그래."

아무리 국내외 호텔 좀 다녀 봤다 하더라도 비전문가는 아마추어

일 수밖에 없다. 그들은 도쿄 오쿠라호텔(5성) 특급 주방장의 기술 지도로 만들어진 최상의 생선 크기와 맛을 자랑하는 스시를 알아보지도 못하고 불평했다. 당시 나는, 우리 일식당 '아리아케'의 수준을 최정상으로 높이기 위해 일본 오쿠라 호텔 일식당에 직원 연수를 보냈었다. 그때 스시에 눈을 뜨고 일취월장한 명인이 있는데, 유명 만화 '미스터 초밥왕'의 한국 편에 소개된 안효주가 그 주인공이다. 그는 현재 '스시효'라는 유명 초밥집을 운영하고 있다. 얼마 전 인터뷰에서 '신라호텔이 없었다면 지금의 자신은 없었다.'라고 말하기도 했다. 그 말을 듣고 큰 감동과 감사의 마음이 들었다. 그 안효주가 주장하는 초밥의 핵심이 고기와 밥의 균형인데 우리 신라호텔은 수십 년 전에 이미 초밥 맛의 정수를 지켜 왔던 것이다.

하지만, 장인의 초밥과 회 센터의 초밥도 구분 못하는 로열패밀리의 소양 없는 순진한 평가는 그대로 오너의 귀에 들어갔고 오너는 사장에게, 사장은 나에게 해명을 요구했다. 이런저런 선의의 비교 발언이 흘러나올 때마다 어떤 건 고쳐야 했고 어떤 건 설명해서 이해시켜야 했다. 이런 일이 하루도 빠지지 않고 매일 반복되었다.

따지고 보면 모두가 호텔업이라는 특수성 때문에 생긴 일이었다. 호텔은 눈에 보이지 않는 서비스를 팔기 때문에 아무나 서비스를 평가할 수 있고 사람마다 불평이 달라진다. 문제는 그 사람이 로열패밀리라는 것이었다. 지치는 일이었고 그만두고 싶을 정도로 힘에 부쳤다. 동시에 '그러나 이대로 물러설 수는 없다. 일단 최선을 다해 일하다가 힘에 부치면 깨끗이 그만두겠다'는 오기도 함께 커졌다.

횡령 그리고 악역이 되다

엎친 데 덮친 격으로 2월 10일 부임을 하자마자 사건이 터졌다. 직원이 거금 3천만 원을 횡령하고 미국으로 튀어 버렸다. 당시 서울 동대문 지역의 단독 주택은 평당 35만 원에 거래되었으니 지금 돈으로 7억이 넘는 거액이었다. (2020년 현재 동대문 지역 25평 아파트는 7억 선에 거래되고 있다.)

우리나라 일류 호텔의 관리 능력이 이렇게 허술하다니……. 놀라지 않을 수 없었고 이 사실을 회장에게 보고하고 문제를 개선할 생각을 하니 잠이 오지 않았다. 얼마나 많은 돈이 허투루 새는지 일일이 장부와 거래 선을 대조하여 확인하는 작업이 시작되었다. 다행히 감사원 시절 각종 장부나 서류를 보고 문제를 잡아내던 경험이 있어서 비교적 빠른 시간 안에 신라호텔의 회계 문제를 파악하고 해결할 수 있었다. 각종 회계 처리 기준을 엄격하게 적용하고 한 달에 한 번은 거래처의 자금 거래 내역을 우편으로 일일이 확인했다.

문제는 이후부터였다. 어떻게 하면 다시는 이런 어처구니없는 횡령 사건을 막을 수 있을까? 어떻게 하면 모든 거래 선과의 자금 거래를 투명하게 할 수 있을까? 이런 일에 왕도는 없었다. 스스로 악역을 각오했다. 회사에서 가장 무서운 사람이 될 수밖에 없었다. 재임 시절 나의 집무실은 살아 있는 저승사자가 살고 있는 방이 되었다. 직원들은 결재 서류를 들고 내 방에 들어와 있는 동안 오직 내 펜만 바라보며 식은땀을 흘렸다. 펜이 문서를 훑고 지나가다 멈추는 자리가 생기면 직원들의 심장도 같이 멈추었다고 한다. 이렇게 다른 사람을 불편하게 하는 악역을 하고 싶은 사람은 없을 것이다. 나도 그랬다. 하지만 조직이 살고 일류 호텔이 되기 위해서 저승사자가 필요했고, 모든 직원이 멀리하는 사람[2]이 되었다.

외로운 사람이 되었으나 덕분에 호텔 개혁은 가속도가 붙었다. 하지만 모든 개혁이 그렇듯 개혁은 반드시 피를 불러왔다. 내가 가장 크게 원성을 들은 일 중 팁 금지 명령이 있었다. 도어맨 등의 중요한 부수입이었던 손님이 주는 팁을 완전히 금지 시키자 직원들의 원성은 하늘을 찔렀고 나는 신라호텔의 공적 1호가 되었다. 원래 서구의 1급 호텔에는 봉사료라고 하여 팁 문화가 있다. 하지만 일본이나 한

---

[2] 나는 상사는 그럴 수밖에 없다고 본다. 특히 일을 잘하는 유능한 상사일수록 그렇다. 때로는 직원들의 의견을 묵살한 채 과감히 밀어붙이고 때로는 누군가에겐 혹독한 결정을 해야 하는 자리가 바로 경영자의 숙명이기에 욕을 먹을 수밖에 없고 더욱더 외로워질 수밖에 없다. 그래서 승진을 시킬 때도 욕 많이 먹는, 외로운 사람을 중책에 앉혔다.

국은 호텔 요금에 10%의 봉사료를 미리 산정해서 손님에게 청구하기 때문에 받아서는 안 되는 것이 팁이다. 이는 유럽의 호텔들이 월급을 애초에 적게 주고 본인의 서비스 역량에 따라 손님에게 추가로 팁을 받으라고 하는 문화와 확연히 다르다. 하지만 추상 같은 팁 금지 명령에도 팁을 받는 일이 생기고 말았다.

| 장면2 |

읍참마속 –
제갈량이 울면서 마속을 베다

'싸늘하다.

내 다리에 비수가 날아와 꽂힌다.

하지만 걱정하지 마라. 정(情)은 규칙을 이긴다.'

미스 김은 호텔로 들어서며 전과 달라진 차가운 경비원들의 시선을 자신의 미니스커트에 드러난 늘씬한 다리로 느끼며 마음속으로 생각했다.

'침착하자.'

얼마 전 부임한 현명관 상무가 호텔의 모든 서비스 종사자들에게 팁을 금지 시킨 일을 미스 김도 알고 있었다. 그리고 매매춘 여성의 출입 금지 소식도 동료들의 말을 듣고 알았다.

수년을 보아 온 경비원 황씨가 다가왔다.

"미스 김 이제 호텔에 들여보낼 수 없게 됐어요. 이해해 줘요."

밤 10시, 늦은 밤 호텔에 투숙하고 있던 손님의 호출을 받고 미스 김은 신라호텔 엘리베이터를 타려다 멈춰 섰다.

"황 선생님 안녕하세요? 한번 봐 주세요."

"아… 이러면 곤란한데. 새로 온 현상무님이 장난 아니에요. 나 큰일 나요."

서른 살이 채 안 된 젊은 여성의 안쓰러운 눈빛이 10년 베테랑 경비원 황씨의 눈과 마주쳤다. 황씨는 마음이 흔들렸다. 하루 이틀 본 사람이 아닌데 이렇게 매정하게 쫓아내야 하는 자신이 원망스러웠고 그동안 명절 때마다 한두 푼, 정으로 받은 담뱃값에 미안한 마음이 들었다.

"황선생님 오늘만 봐주세요. 다음부터 안 올게요. 중요한 손님이라 지금 올라가지 않으면 안 돼요."

애처로운 표정을 지으며 미스 김은 담배 두 보루 값을 봉투에 담아 황씨의 호주머니에 찔러 넣었다.

"아…. 정말 안 되는데…." 황씨는 큰 소리도 못 내고 뒷걸음쳤으나 봉투는 이미 그의 호주머니에 들어가 있었다. 손은 말보다 빨랐다. 미스 김은 때마침 열린 엘리베이터에 냉큼 올라탔다. 그리고 감사하다며 연신 허리를 숙여 황씨에게 인사를 했다. 순식간에 벌어진 일이었다. 황씨는 난감했으나 늘 출입하던 여성을 하루 더 오게 했다고 큰일이 나지는 않을 것이라며 스스로를 애써 위로했다.

다음날 황씨가 받은 몇 푼 되지 않는 돈이 발각되었다. 매춘 여성 출입 금지도 어긴 데다 팁까지 받은 상황이라 사태는 심각하게 돌아갔다. 10년 넘게 회사를 위해 밤낮을 가리지 않고 노동을 감내해 왔던 황씨는 졸지에 실업자 신세가 될 처지였다.

"황씨 너무 걱정하지 마세요. 아무리 현상무라도 이 정도 가지고 사람을 자르지는 않을 겁니다. 가벼운 징계 정도 생각하고 기다려 봅시다."

선배 경비원의 위로가 황씨의 불안한 마음을 다소 가라앉혀 주었다. 그렇게 하루가 더 지나고 사건 발생 2일째 되던 날 인사 발령 통지가 황씨에게 전달되었다.

현상무는 모두의 예상을 깨는 결정을 내렸다.

읍참마속(泣斬馬謖)의 심정으로 성실했던 직원이지만 해직을 시켰다. 일류 호텔에 다니던 가장이 하루아침에 실업자가 되는 고통을 받게 되었을 때 그 충격은 매우 크다. 주변에서 관용을 베풀길 원했고 나도 한 번은 봐주고 싶었으나 괴로움을 삼키며 그렇게 하지 않았다. 수십 년이 지난 지금도 그 일은 내게 괴로움으로 남아 있다. 그 경비원은 나와 인사도 나눈 사이였고 많지도 않은 월급으로 가정을 이끌던 사람이었기에 쉽사리 내 결정이 머릿속에서 지워지지 않았다. 하지만 어쩔 수가 없었다. 원칙이 무너지면 모든 노력이 허사가 될 것을 알았기 때문에 악역으로 남아야겠다고 생각하고 해직 통보를 했다.

그 후 팁 문화가 사라졌다. 서울의 일류 호텔들이 아직도 이 팁 문화를 뿌리 뽑지 못하고 있지만, 신라호텔은 내 재임 기간부터 팁을 완전히 뿌리 뽑고 초일류 호텔의 기반을 다졌다. 또한 24시간 가동되는 호텔에 맞춰 나의 생체 시계도 숨 가쁘게 움직였다. 나는 매일 새벽, 신라호텔 23층 꼭대기부터 내려오면서 지하 5층 기계실, 종업원 취침실, 샤워장까지 전부 살피고 돌아다녔다. 먼지는 없는지, 각 층 복도에 비치되어 있는 비상전화는 제대로 작동하는지, 주방의 행주나 도마는 깨끗한지 호텔의 생명인 위생, 청결은 물론 안전관리까지 직접 눈으로 확인하지 않으면 직성이 풀리지 않았다. 포스트잇을 이용하여 지적 사항을 적어 붙이는 일도 **빼놓지 않았다.**

'행주가 더럽습니다. 시정 바랍니다.'

이런 노란 딱지를 출근해서 발견하면 그 직원은 가슴이 덜컥 내려앉았으리라. 직원들 입장에선 임원이 하루 종일 직접 점검하고 돌아다니니 하루하루가 긴장의 연속이었을 것이다. 그러나 경영의 책무를 맡은 나로서는 멈출 수가 없었다. 세계적인 수준의 일류 호텔을 만들어 직원들과 함께 하리라는 꿈이 있었기 때문이다. 그렇게 오직 꿈을 향해 철저히 조직을 다져 나가자, 보이지 않는 상품인 고객 서비스가 조금씩 형태를 갖추기 시작했다.

이병철 회장의 '잘' 그리고 '많이'

신라호텔에서 가장 두려운 장소가 있다. 23층에 위치한 '신라 스위트'는 삼성 임원들에게는 가장 두려운 방이었다. 이곳에서 이병철 회장은 사장단과 점심을 마친 후 회의를 했다. 주 1~2회 열리는 이 회의는 그룹의 사장들에게는 공포의 시간이었다. 더불어 신라호텔의 직원들과 나도 크게 긴장하며 사장단 회의를 준비했다.

그러던 어느 날 사장이 출장을 간 사이, 상무인 내가 이병철 회장을 안내하게 되었다. 그때 처음 이병철 회장을 직접 보았다. 호리호리한 몸매, 날카로운 눈빛에 차돌처럼 단단한 의지를 품고 있는 모습에 그룹의 사장들이 공포에 떨 만했다. 한 가지 생각을 하면 몇 시간이고 부동자세로 먼 곳을 응시하며 생각에 잠겼다는 풍문은 거짓이 아니었다.

"현상무, 호텔에 와서 일해 보니 어떤가?"

"재미있습니다."

"재미있으면 됐다. 일에 재미를 붙여야 한다."

그것이 회장과의 첫 대화였고 그날 대화의 전부였다. 짧은 말속에서 커다란 무게감을 느꼈다. '예사 분이 아니다'라는 생각을 했다.

두 번째 만남은 일본 도쿄 가스미가세키 빌딩 33층에 위치한 삼성재팬 회장실에서였다. 당시 신라호텔 손영희 사장과 함께 인사하던 나에게, 이병철 회장은 무심히 신문만 보면서 한마디를 던졌다.

"너는 뭐 하러 왔냐?"

당황해서 주춤거리는 사이 한마디가 더 날아온다.

"인사만 하지 말고 얘기 좀 해 봐라."

이제 마흔을 넘긴 젊은 중역에게 이병철 회장은 패기 넘치는 말을 듣고 싶었던 것 같았다. 나는 당시 손영희 사장과 함께 일본 호텔의 최신 경향을 파악하고 우리와 비교 분석하여 고칠 것, 배울 것을 알아보기 위해 왔다고 말했다. 무심한 듯 경청하던 회장은 무겁게 입을 열었다.

"그래, 잘 좀 보고, 많이 배우고 가라."

돌다리도 두드리며 건너는 치밀함을 갖추었으나 일단 투자를 결정하면 무섭게 돌진하던 회장의 풍모는 짧은 만남 속에 여실히 드러났다. '잘, 많이' 짧은 단어였으나 만두 사건을 겪고 난 후라 내게는 천근만근 엄중한 말로 다가왔다. 이 두 마디를 무겁게 마음에 새기고, 나와 손영희 사장은 일본 호텔을 샅샅이 돌아다니며 관찰했다. 오쿠라호텔을 중심으로 도쿄 일류 호텔인 제국호텔, 뉴오타니호텔을 돌아다니며 식사, 룸서비스, 모닝콜을 비교했다. 로비에 몇 시간이고 앉아서 직원들의 서비스 태도도 점검했다.

초일류를 향한 걸음은 채근담의 경구처럼 지극히 작은 것에서 치밀하게 진행되었다. 고 이병철 회장은 그것을 알았으며 무겁고도 간결한 말로 부하들에게 메시지를 전달하는 능력을 갖고 있었다. 그것을 알기에 출장은 '일본 일류 호텔의 치밀한 벤치마킹 시간'으로 채워졌다.

룸서비스 때 음식은 식지 않는지, 몇 분 만에 나오는지, 모닝콜은 정확한 시각에 이루어지는지, 프런트에서 손님을 맞고 체크인하는 시간은 얼마인지, 일부러 내가 떨어뜨린 담배꽁초를, 몇 분 만에 직원들이 치우는지, 전화 교환원들은 친절한지, 밤늦은 시각 걸려 온 전화는 손님들의 양해를 구하고 바꿔 주는지를 모두 체크하고 기록했다. 한국에 돌아온 나는 신라호텔의 서비스를 이 기준에 맞춰 업그레이드 시켰다. 힘든 일이었지만 '잘' 보고 '많이' 배우라는 말이 무겁게 가슴에 남아 저돌적으로 실천했다.

| 장면3 |
처칠 경, 어서 오세요

　전 세계 일류 호텔 연구에 골몰하던 현명관은 모로코 마라케시에 있는 마무니아 호텔 이야기를 듣고 생각에 잠겼다.
　'아프리카 북부에 위치한 모로코는 선진국도 아니고 무덥기 짝이 없는 곳이며 그중에서도 마라케시는 내륙에 있기 때문에 접근하기 불편하다. 그런데 왜 이런 곳에 위치한 마무니아 호텔은 처칠, 히치콕 등 세계적인 명사들이 찾는 명소가 되었을까?'
　'평균 기온 38도? 이런 곳이 세상에서 가장 사랑스러운 장소라고?'
　현명관은 처칠이 세계에서 가장 사랑스러운 장소라고 말한 마무니아 호텔의 비밀이 알고 싶어 각종 잡지와 서적을 뒤졌다. 오렌지 나무숲, 아름다운 수영장, 성벽 안에 들어선 입지 조건 등은 감탄이

절로 나오는 마무니아의 빼어남이었다. 그러나 그것만으로 이곳을 세계의 명사들이 찾게 하는 비결이라고 보기에 무리가 있었다. 이보다 더 나은 입지 조건과 훌륭한 시설이 가득한 호텔은 많기 때문이다.

'무엇일까?'

이런 고민을 하며 자료를 찾던 중 그는 한 줄의 기사에 눈이 멈추었다.

> 라 마무니아 호텔은 기계식 자동문이 아닌 언제나 웃음으로 맞아주는 직원들을 만나게 된다. 이들의 환대를 받으며 로비로 들어서면 피아노 바가 손님을 맞이하는데…

'그래 이거야!' 현명관은 급하게 김부장을 불렀다.

"김부장, 우리 직원들을 상대로 대회 하나 엽시다."

"네?"

"우승자에게는 푸짐한 상품도 주고 돈도 주는 겁니다."

"갑자기 무슨 대회를…?"

"도어맨들이 차량 번호와 고객 이름을 얼마나 아는지 대회를 여는 겁니다."

현명관은 김부장에게 대회의 취지를 설명했다. 고객이 물을 달라고 해서 갖다 주면 가장 낮은 단계의 서비스다.

요구하기 전 미리 주는 사전 서비스가 한 차원 높은 것이다. 그런데 그보다 높은 서비스는 '나를 알아주는 서비스'다. 고객의 이름을 알아주고 그들의 취향을 먼저 알아 챙겨주는 서비스로 나아가야 한다는 것을 역설했다.

'그거 멋진 생각인데요.' 김부장도 공감했다.

3주 후 열린 도어맨 차량 번호 맞추기 대회가 열렸다. 도어맨들은 너나없이 차량 번호와 사람 이름, 얼굴을 익히며 우승을 노렸다. 우승자는 무려 1천 개의 차량 번호를 외운 사람이 차지했다. 현명관은 한 차원 높은 서비스가 이제 막 시작하려는 것 같아 기뻤다.

한 차원 높은 '나를 알아주는 서비스'를 하기 위해 우리는 엄청난 노력과 시간을 투자했다. 고객 이름 불러 주기 서비스는 호텔 프런트까지 확산되었다. 호텔 프런트는 모든 고객의 사소한 취향까지 정리하고 분류했고 좋아하는 신문, 잡지, 선호하는 음식, 조미료에 대한 호불호 등의 데이터를 고객 리스트에 추가했다. 지금으로 말하면 1980년대에 수작업으로 빅데이터 분석을 한 것이다. 수작업 빅데이터 분석이 끝나자 신라호텔의 고객 응대가 확연히 달라졌다. "어서 오세요. 무엇을 도와드릴까요?"라는 어딜 가나 들을 수 있는 익명의 응대에서 "박 사장님 저희 호텔 10번째 방문 감사드립니다. 지난번 남산 쪽 침대 방 쓰셨는데 원하시면 같은 방 투숙하실 수 있습니다."로 바뀌었다.

단골손님을 알아주는 서비스는 직원들의 마인드를 바꾸었다. 항상 고객을 중심으로 생각하는 습관이 몸에 배었다.

습관의 무서움

한발 더 나아가 1987년에는 신라호텔만의 강력한 서비스 정신과 품질을 유지하기 위해, 나는 서비스 교육센터를 설립했다. 신라호텔 한쪽에 만든 '서비스 교육 센터'는 호텔업 계의 사관학교가 되었을 뿐 아니라 한국 서비스 산업 전체에 큰 영향을 끼쳤다. 서비스업이라고 할 수 있는 항공사, 백화점 등의 유료 교육 요청이 밀려들어 우리의 노하우를 전수했고 이로써 대한민국의 전체 서비스 품질이 한 단계 올라갔다. 당연히 호텔 업계에도 신라호텔 출신들이 중요 직책을 맡으며 넓게 퍼져나갔다.

이렇듯 교육센터를 만들고 사람을 직접 키운 이유는 습관의 무서움 때문이었다. 사람의 습관은 무섭다. 한번 배어들면 고치기 힘들다. 고쳐지지 않는다. 흔히 왕고참이라고 하는 호텔 업계에 잔뼈가 굵은 사람들을 경력 직원으로 채용해 보니, 그들은 자기 수준의 서비스 이상을 받아들이지 못하고 이내 악습이 튀어나와 물을 흐렸다. 그래서 나는 경력 직원을 가급적 채용하지 않고 내부 인력을 교육시키기로 마음먹고 실천했다.

보이지 않는 서비스를 파는 업종이라 그런 것인가? 우리의 뼈를 깎는 노력은 부지불식간에, 우리 스스로도 알아채지 못하는 순간, 매출과 연결되었다. 내가 부임하면서 시작한 신라호텔 신풍 운동은 6개월 만에 매출 20% 성장이라는 위업을 달성했다. 물론 이것이 모두 나의 아이디어와 내 노력으로 이루어졌다는 뜻은 아니다. 그러나 무형의 서비스 개선을 통해 호텔의 품격이 올라가고 그것이 소리 소문 없이 퍼져 나가면서 매출도 눈에 띄는 성장을 한 것은 부인할 수 없는 사실이다.

또 한 가지 호텔업에 있어서 눈에 보이는 수치보다 더 중요한 것은 평판이다. 어느덧 업계에서 신라호텔을 탑 중에 탑 호텔로 꼽기 시작했다는 사실이다. 경제 전문지 '인스티튜셔날 인베스트'지가 선정하는 세계 50대 호텔로, 1986년 이후 국내 호텔 중에는 유일하게 3년 연속 랭크되었고 17위에 선정되기도 했다. 서비스의 질이 대한민국의 다른 호텔과 확연히 다르다는 평판이 돌기 시작하자, 우리는 국빈급 VIP 유치에 연이어 성공했다. 1983년 1월 일본의 나카소

네 수상의 숙소로, 이듬해인 1984년에는 제264대 교황 요한 바오로 2세가 신라호텔을 이용했고 신라호텔의 연회장은 대성황을 이루었다. 그 외에도 프랑스 로랑 파비우스 수상, 미국 닉슨 전 대통령, 영국 앤공주 등 세계적 국빈들이 차례로 신라호텔을 숙소로 선택했다. 그러던 중 나는 놀라운 손님과 맞닥뜨리게 된다.

| 장면4 |
집 한 채의 팁

　

호텔 지배인이 급하게 전화를 걸어 현명관을 찾았다.

"상무님 큰일 났습니다. 이걸 어찌해야 할지…….

아랍 에미리트에서 오신 손님 때문인데 급히 와 주세요."

아랍의 특급 VIP 손님에게 무슨 일이 생긴 것은 아닌가 하여 현상무는 식사도 중단하고 1층 프런트로 달려갔다.

지난번 서비스 문제로 경고를 했는데 또 프런트 쪽에서 사고를 친 것이 아닌가 하여 다소 화가 난 상태로 현상무는 프런트에 왔다.

역시나 신라호텔 프런트에서는 아랍 전통 의상을 입은 VIP와 호텔 직원, 지배인이 실랑이를 하고 있었다.

"이러시면 안 됩니다."

"이것도 다 알라의 뜻이오. 넣어 두시오."

현상무는 프런트를 사이에 두고 손님과 직원이 봉투 하나를 두고 옥신각신하는 모습을 보고 팁 문제라는 것을 알아챘다. 다행이었다.

"지배인, 이번만은 손님의 성의도 있고 이렇게까지 강하게 받기를 원하니 받읍시다. 그리고 그 돈은 우리 신라호텔 장학 기금 있잖아요. 거기에 보내면 되잖소."

"상무님, 저도 그러려고 했는데 봉투 안을 보십시오."

현명관은 아랍인이 건넸다는 봉투를 열고 그 속의 종이 한 장을 꺼냈다. 그리고 충격을 받은 듯 얼어붙은 채로 아랍 VIP를 바라보았다. 종이는 미화 2만 달러라고 선명하게 적힌 아메리칸 익스프레스 여행자 수표였다.

아랍 VIP와 수행비서는 아무렇지도 않다는 듯 무심히 현상무를 바라보며 입을 열었다.

"지금까지 내가 여러 나라의 호텔을 다녀 봤지만 당신들처럼 이렇게 정성을 다해 서비스해 주는 곳은 내 기억에 없구려. 이건 내 감사의 표시고 알라의 뜻입니다."

미화 2만 달러면 2019년 기준 한국 원화로 거의 2억이 넘는 돈이었다.

"알겠습니다. 손님의 뜻을 감사히 받겠습니다."

현상무는 직접 아랍 VIP를 리무진까지 안내하며 배웅했다. 현명관은 VIP를 태운 벤츠 리무진이 사라지는 모습을 바라보며 깊은 생각에 잠겼다.

'보이지 않는 서비스 하나가 집 한 채 값이라니… 사람의 마음을 움직이는 일은 쉽고도 어렵구나!'

　　　　　　신라호텔은 아랍 국빈을 모시는 서비스 노하우가 있었다. 1983년 9월 아랍의 국가 원수로서는 최초로 요르단의 후세인 국왕 내외가 처음 한국을 찾았다. 그분들은 우리 호텔에 3박 4일 동안 머물렀는데 그때 우리는 사막 기후에 사는 분들임으로 고려해 실내 온도를 24~25도로 조금 높게 맞춰 두었다. 이슬람 국가이므로 코란도 배치했다. 그뿐만 아니라 특별한 이슬람 의식을 거쳐 도축된 고기 등 할랄 음식도 제공했었다.

　이런 서비스를 아랍의 VIP가 오면 제공했는데 앞서 소개한 아랍 에미리트의 특급 VIP는 여기에 큰 감동을 하여 감사의 표시로 집 한 채를 주고 갔다. 사람의 마음을 알아주는 서비스는 깊은 감사를 느끼게 하는 힘이 있다는 것을 그때 알게 되었다. 이렇듯 세심한 서비스로 국빈들을 만족시키자 굵직한 대한민국의 국제회의나 최상급 의전이 필요한 대형 컨퍼런스에 제일 먼저 신라호텔이 외교부의 추천

목록에 오르기 시작했다. 이렇게 서비스의 기초가 다져졌을 즈음, 우리는 엄청난 국가적 이벤트를 맞이하게 되었다. 바로 88 서울 올림픽이었다.

큰 성취도 떨리는 한 걸음에서

우리나라의 문화는 1986년 그리고 1988년을 기점으로 크게 촌티를 벗어났다. 이 두 해에 86아시안 게임과 88서울 올림픽이 있었고 한국은 글로벌 문화의 일원으로 도약했다. 그 선봉에 신라호텔이 있었다. 88년 서울 여름 올림픽 열기보다 뜨거웠던 신라호텔의 지하 세탁실과 조리실에서, 직원들은 한국을 찾은 선수와 IOC 위원들에게 최상의 서비스를 제공했다. 대한민국을 후진국으로만 여겼을 각국의 IOC 위원들과 임원 단들은 IOC 메인 호텔로 선정된 신라호텔의 서비스를 보고 대한민국을 다르게 보았을 것이다. 올림픽을 마친 후 노태우 대통령은 각종 공로가 있는 사람들에게 표창했다. 그중에 신라호텔이 있었다. 나는 1989년 9월 27일 대통령 표창을 받았다. 각고의 노력 끝에 주어진 한 장의 종잇조각은 그동안의 모든 고난과 고통, 외로움을 보상하고도 남는 거대한 몇 톤짜리 금덩이처럼 내 인생의 한 페이지를 장식하며 지금도 빛나고 있다. 임직원 모두가 똘똘 뭉쳐 한국의 자존심을 살려낸 일은 지금도 자랑스럽다. 당시 우리 신라호텔의 종업원들은 한 사람 한 사람이 다 외교관이었다. 지금도 깊은 감사의 마음을 그들에게 전하고 싶다. 수교훈장[3]을 그분들 오른쪽 가슴에 하나하나 달아 주며 당신들이 최고였노라 말해 주고 싶다. 호텔은 비록 큰 이익을 남기는 사업은 아니지만 그 나라의 국격과 모 그룹의 품위를 크게 올려 주는 콘텐츠 산업이다. 삼성의 위상과 대한민국의 국격을 올리는 일에 신라호텔이 일조했다고 생각하니 그동안의 고생과 외로움이 한순간에 녹는 듯하였다.

1989년 1월 8일, 나는 전무이사에서 대표이사 부사장으로 승진했다. 당시 48살이었다. 입사 7년 만이었으며 대단히 빠른 성취였다. 돌이켜 보니 이런 성취의 근본은 '모든 것은 살얼음을 걷는 마음으로' 한발 한발 내딛는 데서 시작했던 것 같다. 채근담이 왜 거대한 성취를 이루기 위한 조건으로 조심스러운 한 걸음을 제시했는지 이해한다.

> 말마다 귀를 기쁘게 하고 일마다 마음을 즐겁게 한다면,
> 이는 곧 인생을 무서운 독극물 속에 파묻는 것과 같다.
> 약 언 언 열 이 사 사 쾌 심 변 파 차 생 매 재 짐 독 중 의
> 若言言悅耳 事事快心 便把此生 埋在鴆毒中矣
>
> 채근담 / 前集 第5章

---

[3] 국권의 신장 및 우방과의 친선에 공헌이 뚜렷한 자에게 주는 훈장

살다 보면 아무리 노력해도 결코 열매를 따지 못하는 경우가 허다하다. 그런 사람들을 내 주변에서 너무 많이 봤다. 그런데 나는 나의 노력의 결과를 몇 년 만에 열매로 맺을 수 있어서 성취의 기쁨과 즐거움을 누리는 시간이 찾아온 것이다. 그런 시기가 오면 스스로 경계하고 조심해야 하는데 당시에는 그것을 알지 못했다. 채근담은 이런 시기를 독극물에 비유하며 우리에게 경고장을 날린다.

삼성그룹이 가장 중요하게 여기는 자산은 건물도 기계도 아니다. 오직 인재다. 고 이병철 회장 때부터 인재 제일을 외치며 초일류 기업을 꿈꿨다. 이건희 회장도 부친의 경영 철학을 이어받아 더욱더 인재를 중요시하는 경영을 펼쳤다. 그룹의 전통이 이러한데 그만 최악의 사태가 벌어지고 만다.

세계 굴지의 초일류 호텔 그룹인 힐튼이 신라호텔을 견제하기 위하여 무려 스무 명이나 한꺼번에 사람을 빼내 가는 사태가 벌어지고 말았다. 그만큼 신라호텔의 위상이 높아졌다는 반증이지만 당시 나는 그동안의 모든 공로가 한 번에 무너져 내릴 수도 있는 위기를 맞았다.

| 장면5 |
힐튼의 역습과 이건희의 질책

1989년 1월 21일 새벽 두 시, 이건희 회장으로부터 갑자기 전화가 왔다. 이건희 회장은 밤새 경영 현황을 체크하고, 중요 사항은 심야에 계열사 대표와 전화로 보고받고 결정하는 경우가 많았는데 드디어 현명관에게도 그런 전화가 걸려 온 것이다.

"지금 뭐 하고 있나요?"

"내년 경영 전략을 논의하기 위해 간부들과 지방 호텔에 왔습니다."

그때 현명관과 신라호텔 핵심 간부들은 충청북도 증평 호텔에서 회의를 하고 있었다.

"뭔 전략 회의를 거기까지 내려가서 합니까.

내일 아침 9시까지 회장실에서 봅시다."

이건희 회장이 특유의 잘라 말하는 어투로 현대표를 압박했다.

전화기 너머로 들려오는 오너의 첫마디부터 현명관은 엄청난 중압감을 느꼈다. 힐튼으로 스카우트 되어간 직원들 중에는 특 에이스급 사람이 여덟 명 정도 됐었다. 힐튼 호텔이 월급 두 배를 준다고 하니 옮긴 것이어서 현명관도 그들을 붙잡을 도리는 없었다. 9시까지 들어오라는 말에 현명관은 회의 시간과 교통 상황을 고려할 때 그 시간까지는 불가능하고 10시까지 가겠다고 말했다. 물론 이런 말은 그룹 총수의 심기를 건드리는 말이었다. 자기 업무에 충실한 것은 높이 평가할 만하지만 새벽에 전화를 건 오너로서는 좋게만 볼 수 없는 항명처럼 들렸다.

서울 중구 삼성 본관의 회장실로 엘리베이터를 잡아타고 현명관과 인사팀장은 무겁게 올라갔다. 회장실에는 그룹 홍보 담당 임원과 재무 담당 이학수 씨가 함께 있었다. 현명관은 재무 담당이 같이 있는 모습을 보자 호텔의 자금 문제에 관한 질책도 있을 것 같은 예감이 들었다. 현명관이 들어서자마자 이건희 회장은 무섭게 질책했다.

"왜 그렇게 많은 사람을 힐튼에 뺏겼습니까? 호텔에서 가장 중요한 사람이 서비스맨 아닙니까? 특급 조리사도 뺏기고 도대체 인력 관리를 어떻게 한 겁니까?"

할 말이 없었다. 현명관은 자신의 잘못을 인정했다. 인사팀장은 사후 대책을 회장에게 보고했다. 신라호텔도 힐튼에서 A급 직원을 데려오는 등의 향후 관리 계획에 관한 것이었다. 이건희 회장은 보고를 들으며 수긍하는 눈치였다. 현명관은 인사 문제는 일단락되었다고 생각했다.

"이제 자네는 나가 있어." 현명관이 인사팀장에게 말했다.

팀장이 나가자마자 순간 이건희 회장의 눈이 커졌다. 자신의 허락 없이 인사팀장을 내보냈다고 화를 냈다. 회장실이 이건희 회장의 노기 띤 음성으로 울렸고 호통이 끝나자 무거운 공기가 나머지 사람들을 짓눌렀다.

잠시 후 정적을 깨며 이건희 회장이 호텔신라의 자금 사정과 제주 신라호텔 신축 공사비를 따져 물었다.

"제주 신라호텔 짓는데 돈을 너무 많이 쓴 거 아니오? 어떻게 할 겁니까?"

현명관은 이런 질책이 낯설지 않았다. 몇 년 전 이건희 회장과의 첫 만남은 리버사이드 호텔 매입에 관한 검토 지시와 보고로 시작되었다. 이건희 회장은 당시 부동산 가치를 생각해서 매입을 원했지만 현명관은 초일류 호텔을 지향하는 입장에서 가치가 떨어지는 리버사이드 호텔의 매입은 좋지 않다고 보고했다. 비록 부하의 의견이 타당하다고 생각하여 매입 계획은 취소했지만 오너의 입장에서 현명관이 매우 불편했을 터다.

"현상무는 호텔업이 부동산업의 특징도 있는 걸 모르는 거 같아."
부정적인 보고를 하는 날, 이 회장이 남긴 말은 현명관의 마음에 오래도록 남았다.

'그때 감정이 아직 남은 것인가?' 현명관은 질책을 들으며 생각했다. 그리고 죽기 아니면 까무러치기라는 생각으로 평소 소신과 계획을 말하기로 했다.

"대개 호텔은 7~8년은 적자입니다. 비록 지금은 고전을 면치 못하지만 길게 보면 문제가 없습니다."

"그럼 신라호텔 자금 문제는 어떻게 할 겁니까?"

숨 막히는 공격과 방어가 계속되었다.

"신라호텔의 재무구조에 문제가 있는 것은 사실이지만 회사채를 발행하면 될 겁니다. 만약 그래도 부족하면 기업공개를 통해 주식을 상장하고 자금을 충당하겠습니다."

이건희 회장은 부하의 보고나 계획이 얼마나 확신 있고 단단한지 알아보기 위해 강하게 압박하는 스타일이다. 가차 없이 다음 질문이 이어졌다.

"허허 이 사람… 기업 공개가 그렇게 쉬운 줄 아시오? 호텔 상장한 회사가 우리나라에 있습니까? 게다가 적자 회사의 회사채를 누가 매입한단 말이오!"

"5개월 정도 시간이면 가능하다고 봅니다. 그 시간 안에 못 해내면 제가 책임지겠습니다."

창 들고 말 달리던 시절, 삼국지는 장수들의 싸움을 칼이 부딪치는 횟수인 '합'으로 표현한다. 칼을 몇 번 마주쳤는지 세면서 그 싸움의 치열함을 보여주는데 현대의 장수는 언어와 소신으로 싸움을 한다. 물론 회장님에게 맞서는 대표이사의 힘 대결은 시작부터 상대가 될 리 없다.

화웅의 목을 단칼에 쳐버리고 유유히 돌아와 아직 식지 않은 따스한 술잔을 들이킨 관우의 대결만큼이나 처음부터 이 싸움은 현명관의 패배가 명백했다. 하지만 전문 분야 대 경륜의 대결은 일방적인 힘의 열세에도 불구하고 여포 대 관우의 싸움처럼 팽팽했다. 이건희 회장의 질책과 현명관의 대답은 수십 합을 벌이며 1시간을 넘기고 있었다.

'전문 경영인은 소신을 보여 줄 때 목숨을 걸어야 한다.' 현명관의 평소 소신이었다. 이건희 회장도 그걸 원했다. 그날 현명관은 오너에게 크게 질책당했다. 동시에 이건희 회장은 '네가 신라호텔의 진정한 책임자다.'라는 신뢰의 메시지를 보내주었다.

회장실 문을 닫고 나오며 현명관은 굳은 각오를 하지 않을 수 없었다.

'생즉사(生卽死) 사즉생(死卽生)! 죽을 각오로 회사채 발행에 매달려야겠군.'

사실 당시 회사채 발생은 대한민국에서는 국익에 합당한 업종부터 가능했던 상황이라 사치성 업종으로 분류됐던 호텔의 경우 가당치도 않은 일이었다. 말은 자신 있게 하고 나왔지만 상장은 물론 회사채 발행도 불가능에 가까웠다.

1989년은 지금과 다른 대한민국이었다. 상장 여부는 정부 허가 사항이었는데 경제정책의 기조가 제조업을 육성하는 데 맞춰져 있어서 소비 산업, 향락 산업으로 인식된 호텔업은 허가해 주지 않았다. 회사채도 마찬가지였다. 건축할 때 들어간 차입금과 이자 부담에 5년 동안 적자였으니 이건희 회장의 호텔신라에 대한 걱정이 크지 않을 수 없었다.

나의 부임 이후 첫 흑자를 내고 기쁜 마음에 기념 타월을 만들어 직원들에게 돌린 때가 1983년 9월이었는데 그로부터 6년이 지나도록 회사의 재무구조는 개선되지 않고 있었다. 그만큼 전례가 없는 일이었고 주식의 과잉 공급을 막겠다는 정부 시책에 딱 막혀 길이 보이지 않는 상황이었다. 더욱이 올림픽을 치르면서 서울에는 특급 호텔이 폭증했다. 라마다르네상스, 인터콘티넨탈, 스위스그랜드, 롯데월드 등 5백 개 이상의 객실을 갖춘 대형 호텔이 건설되면서 올림픽 이듬해부터 호텔업계 전체는 불황에 빠졌다. 고객 유치를 위해 객실료를 낮추는 출혈 경쟁을 하던 때였다.

게다가 지속적으로 늘어가는 이자 압박과 5개월이라는 시한을

> **특급호텔 공급과잉… 低成長 허덕**
> **부대영업도 위축**
>
> ○…서울시 특급호텔들이 공급 과잉으로 고전하고 있다. 韓國관광협회와 호텔업계에 따르면 올상반기동안 하얏트 워커힐등의 매출실적은 지난해 같은 기간에 비해 10%신장에 그쳤고 프라자 등은 지난해와 비슷한 수준을 유지했으며 힐튼 조선 신라등은 마이너스성장을 기록한 것으로 나타났다.
> 지난해 6월 신관을 개관, 객실수가 크게 늘어난 롯데의 경우는 12.8%성장한 3백 8억여원의 매출실적을 거두었으나 본관만 놓고볼때 11%나 감소. 특히 식당 연회장등 부대시설수입을 고려치않은 객실수입만 놓고 볼때 하얏트를 제외한 기존 특1급호텔들이 5~15%정도 줄어들었다.
> 이처럼 서울시내 주요특급호텔들이 울상을 짓고있는 것은 지난해 올림픽을 계기로 대형호텔들이 크게 늘어났기 때문. 라마다르네상스 인터콘티넨탈 스위스그랜드 롯데월드등 5백실규모이상의 대형호텔들이 건설되면서 특1급호텔의 객실수가 절반이상 늘어나 과잉공급현상을 빚고있는것. 또한 외식산업발달에따라 전문음식점들이 많이 늘어나면서 호텔의 부대시설 수요가 분산되는데다 국내 경기침체등으로 객실의 공급과잉으로 객실판매율도 크게 떨어져 힐튼이 89.3%에서 78.7%로, 롯데가 89.0%에서 74.1%로 떨어지는등 하얏트와 워커힐을 제외한 대부분 호텔들이 지난해보다 훨씬 많은 방을 놀리는 결과를 초래.

1989년 7월 26일 매일경제 13면

두고 해내겠다는 결의를 보였으니 더 이상 물러설 곳이 없었다. 상장시키기 위하여 죽을힘을 다해 뛰었다. 관광 업무를 담당하고 있는 교통부, 증시를 관리 감독하는 증권감독원, 재무부 등 정부 각 부처를 찾아다니며 설득하고 또 설득했다. 제조업 상장도 허가받기 어려운 시절이었고, 서비스 산업은 소비와 사치산업으로 인식되던 때였기에 나는 대중의 인식 전환을 위한 홍보에도 힘을 쏟았다.

그리고 마침내 회장과 약속한 회사채 발행에 성공한다. 2년 후인 1991년 3월 12일, 상장도 성공했다.[4] 2일 연속 상한가를 치는 성공

---

4 호텔신라의 상장은 현명관 대표이사 재임 시절 공개 일정과 절차가 마무리되었으며 실제 코스피에서 거래가 시작된 날짜와 차이가 있음.

적인 기업 공개였다. 회장 집에서 일주일에 한 번씩 이뤄지는 삼성 그룹 가족회의에서도 신라호텔의 상장 소식은 최고의 화젯거리였으며 믿을 수 없는 일이라고들 했다. 이후 이건희 회장은 나를 더 이상 문책하지 않았다. 역시 큰 경영자였다. 내가 한 모든 것을 지켜봤고, 뭐든 1등을 해야 직성이 풀리는 그룹 총수의 눈에 신라호텔이 제대로 가고 있다는 판단을 했기 때문이리라.

지극히 정성을 다한다면 그는 위태롭지 않게 된다. 하늘이 돕기 때문이다. 목숨을 걸고 싸워 본 사람은 이 말의 의미를 알 것이다. 비록 내가 5개월 안에 상장한다는 약속을 지키지는 못했지만 결과적으로 패배하지도 않았다. 하지만 아쉬움은 남는다. 그 아쉬움은 목표 달성에 대한 것이 아니다. 좀 더 넓은 시각으로 당시를 살았더라면 어땠을까 하는 것이다.

> 역경 속에 있을 때는 내 몸 주위의 모든 것이
> 병 고치는 침이요, 약돌이어서 절개와 행실이 갈고 닦이어도
> 그것을 깨닫지 못한다.
> 순경에 있을 때는 눈앞에 가득한 모든 것이
> 병기의 날이요 창이어서 살이 녹고 뼈가 갈리어도 모른다.
>
> 居逆境中 周身皆鍼砭藥石 砥節礪行而不覺
> 處順境內 滿前盡兵刃戈矛 銷膏靡骨而不知
>
> 채근담 / 前集 第99章

돌이켜 보면 이 시기는 내가 크게 발전했던 시기였다. 채근담은 인생을 크게 둘로 나누어 역경과 순경의 시기로 나눈다. 역경의 시기는 발전하고 자신의 문제를 고치는 때라고 말한다. 여기까지는 나를 비롯하여 많은 사람들이 알고 있는 부분이다.

채근담이 말하는 진짜 지혜는 맨 마지막 말에 있다. **而不覺**(이불각) '그러나 그걸 모른다.'라는 저 세 글자에 핵심이 있다고 본다. 분투노력하고 최선을 다하는 것은 할 수 있지만 그것이 나를 성장시키는 시기라는 것을 알고 담담해지는 사람은 매우 드물다. 만약 그럴 수 있다면 그 사람은 역경 속에서도 여유와 행복감을 느낄 수 있을 것이다. 당시 내게 역경의 때가 주는 이점을 아는 지혜가 있었더라면 좀 더 편한 마음이 되었을 텐데, 큰 스트레스 속에서 분투노력만 하며 싸운 것은 아쉬움으로 남는다.

| 장면6 |
후덕죽의 불도장

 후덕죽. 그는 무림계의 고수처럼 칼로 세상을 평정한 사나이다. 한 사람 한 사람을 만나 비법을 배우고 이 스승 저 스승을 넘나드는 사이, 그는 더 이상 배울 게 없는 절대강자가 되어 있었다. 무협지의 고수들은 살상 후 시신에는 관심이 없지만 후덕죽은 그 반대였다. 다른 사람이 이미 죽여 놓은 생명체를 칼로 다듬어 요리라는 이름으로 부활시키는 셰프였다.
 요리의 중원을 평정한 맛의 달인, 신라호텔 특급 셰프, 1977년 신라호텔의 중식당 '팔선' 입사. 당대 최고의 호텔 중식당인 플라자호텔의 '도원'을 이끌던 유방녕 셰프와 경쟁하며 '팔선'을 중식당 무림계의 지존으로 만든 사람. 현명관은 늘 후덕죽에게 관심이 많았다. 별의별 재료를 가져다 국빈급 VIP를 위한 새로운 메뉴를 창조해 내는 그 모습이 맘에 들었다. 곰 발바닥 요리는 그중 하나였다. 국빈들 사이에서 인기 높은 이 요리 때문에 신라호텔에 방을 잡는 사람들이 생길 정도였다. 아마 지금 이런 요리를 선보인다면, 동물보호 단체들에게 후덕죽은 발바닥이 불어 터져라 끌려가 몰매를 맞았을 테지만 1987년 당시에는 요리만 맛있으면 그만이었다. 곰 발바닥이든 사자 발바닥이든.

'아니 곰 발바닥으로 요리를 하다니…

이 사람은 미쳤거나 도가 튼 사람이다.'

현명관은 감탄하며 오늘 점심은 '팔선'에서 짜장면을 먹기로 결심한다. 얼마 전 개발한 된장 짜장면의 인기를 입으로 느끼고 싶었기 때문이다. 후덕죽이 반갑게 맞아 준다. 현명관은 그가 직접 가져다 준 된장 짜장면을 먹어 본다. 역시 흡족한 미소가 짜장이 묻은 입술 주변에 아름답게 퍼진다.

"후 셰프! 역시 당신은 천재군요. 얼마 전 맛보게 해 준 곰 발바닥보다 난 이게 더 맛나구려."

후덕죽은 손님을 대하듯 온화한 표정으로 기뻐했다. 현명관은 접시 닦이부터 시작해서 주방장이 된 그의 집념이 늘 맘에 들었다.

"지난번 이야기한 요리는 어떻게 됐나요? 거 뭐더라 중국 고전에 나오는 정통 광동 요리라는…"

"불도장요?" 후덕죽이 되물었다.

"맞아요. 그게! 스님이 요리 냄새를 못 참고 월담해서 먹으러 갔다는…"

후덕죽은 매우 자신 있어 하며 주방으로 현명관을 안내했다.

"지금 직원들에게 교육 중이었습니다. 아직 표준화된 맛이 나오지 않아 고민이지만 개관 10주년까지는 완벽하게 뽑을 수 있습니다."

후덕죽은 아까의 온화한 표정을 싹 지우고 비장하면서도 자신감 넘치는 표정으로 주방 한쪽에 놓여 있는 불도장을 가리켰다.

중식당 '팔선'의 조리사들은 불도장을 둘러싸고 이것저것 수첩에 뭔가를 적는 중이다. 현명관이 다가가 냄새를 맡는다. 그리고 국물 한 숟가락을 맛본다.

"바로 이거야!"

현명관은 엄지를 치켜들며 아무 말도 하지 않았다. 이런 짧은 표현과 침묵은 그가 만족감을 보여주는 최고의 찬사였다. 그의 마음속에는 이 요리가 신라호텔 '팔선'의 대표 요리가 될 것이며 전 세계 국빈들이 이 맛을 못 잊어 월담이 아닌 월경(越境)이라도 할 것 같은 확신에 차올랐다.

그렇게 1분 정도가 지났을까. 평소 신중하고 꼼꼼한 현 사장답게 갑자기 고민이 생긴 듯, 화기애애한 대화는 처음부터 내 체질이 아니라는 듯, 후덕죽을 바라보고 굳은 표정이 되어 한마디 한다.

"맛은 최고지만 이 요리 이름이 너무 어려운데 어떻게 생각해요?

왜 저런 이름이 붙었는지 이유를 설명하는 광고를 해 드릴까요?"

"오 그거 좋은 아이디어네요. 사실 중국인도 무슨 뜻인지 모르니까요."

자신이 개발한 요리를 높게 평가하는 것도 모자라 광고까지 해 주겠다는 사장의 말을 듣자 후덕죽은 매우 기뻤다. 두 사람은 다시 화기애애한 분위기가 되었다. 불도장 조리법을 공부하던 다른 조리사들도 긴장을 풀었다. 그리고 이들의 대화가 엄청나고도 끔찍한 결과를 만들어 낼 것이라고 예상한 사람은 그날 '팔선' 주방에 모인 8명 중 단 한 사람도 없었다.

나의 정당함이 때론 누군가를 아프게 하고

나는 최선을 다했다. 당시엔 이런 생각으로만 가득 차 있었다. 그렇기 때문에 정당했고 내가 하는 모든 일에 오류는 없다고 보았다. 이런 생각으로 돌진했던 신라호텔 부임 9년째 큰 깨달음을 준 사건이 터졌다.

신라호텔은 요리에 있어서 타의 추종을 불허하는 최고의 맛과 서비스를 제공했다. 그런 요리를 만들어 낸 사람 중에 전설의 후덕죽

셰프가 있었다. 나중에 전무까지 승진한 인물이었다. 후 셰프가 만들어낸 요리 중 불도장이라는 것이 있었다. 전복, 바닷가재, 돼지 발굽의 힘줄 등 스무 가지 재료를 넣고 세 시간 동안 찐 중국요리인데, 불도장(佛跳牆)은 글자 그대로 스님이 요리의 냄새를 못 이겨 수도를 포기하고 이 요리를 맛보기 위해 담을 넘었다는 데서 지어진 이름이다.

후덕죽 셰프는 이 고대의 요리 불도장을 새롭게 창조하였고 신라호텔에 선보였다. 나는 '불도장'이라는 이 난데없는 요리에 의아해 할 사람들을 생각하며 그 유래를 신문에 광고했다. 여기까지는 나의 정의고 내가 틀린 것을 찾아낼 수 없었다. 그런데 문제는 그다음에 터졌다. 불교계가 상처를 입은 것이다. 불법승 삼보 중 스님은 대단히 귀한 존재인데 이분들이 고기 맛을 못 잊어 담을 넘었다고 하는 것 자체가 불교계를 욕되게 한다는 것을 나는 상상조차 하지 못했다.

불교계의 어마어마한 항의 앞에 나는 무릎 꿇고 사과를 했다. 당시에는 조금 억울한 마음도 있었다. 그러나 시간이 지나 생각해 보니 나의 정의로움이 항상 절대 선은 아니라는 것을 깨닫게 되었다.

남의 마음을 살피지 않는 정의는 때론 추악한 폭력이며 그로 인해 씻을 수 없는 아픔을 상대에게 줄 수도 있다는 것을 그때 알았다.

우리는 정의를 부르짖지만 정의가 관용을 잃는다면 그것은 잔인하고 독선적인 폭력일 뿐이다. 나는 불도장 사건을 통해 그것을 깨닫고 오래도록 나 스스로를 돌아보는 계기로 삼았다. 그것은 채근담에도 나와 있는 중요한 지혜이다.

1989년 4월 17일 매일경제 1면 〈불도장〉 광고

> 낮은 데서 있어본 뒤에야
> 높은 데 오르는 것이 위험하다는 것을 알게 되고,
> 어두운 데 있어본 뒤에야
> 밝은 데로 향하는 것이 너무 드러나는 것을 알며,
> 고요함을 지켜본 뒤에야
> 움직임을 좋아하는 것이 너무 수고로움을 알고,
> 침묵을 기른 뒤에야
> 말 많은 것이 시끄러운 줄을 알게 된다.
>
> 거비이후   지등고지위위   처회이후   지향명지태로
> 居卑而後 知登高之爲危 處晦而後 知向明之太露
> 수정이후   지호동지과로   양묵이후   지다언지위조
> 守靜而後 知好動之過勞 養默而後 知多言之爲躁

채근담 / 前集 第32章

자신이 정의롭다고 느낄 때 나는 항상 불도장 사건을 생각한다. 완벽하게 멋지게 살았다 자부하는 시기에도 우리는 누군가를 짓밟는 일을 하는지도 모른다. 그래서 겸손이라는 것이 중요한 미덕이 되나 보다. 나의 오만이 누군가를 죽음으로 몰 수도 있다는 두려움 때문이다.

성공을 꿈꾸고 도전하는 모든 이에게 신라호텔에서 배우고 느낀 나의 채근담을 정리하며 신라호텔 이야기를 마무리하고자 한다. 우리는 모두 고전 채근담을 알든 모르든 조금씩은 실천하고 있다. 나물 뿌리처럼 쓴 현실을 잘근잘근 씹어 소화시켜야 하는 숙명을 타고났기 때문이다. 오래 씹으면 뭐든 달콤해지듯 우리 모두는 자신의 채근담 한두 줄을 갖고 인생을 달콤하게 만들면 된다.

현명관의 21세기
채근담
菜根譚

성취했다고 생각하고 뿌듯해하는 순간, 기념 수건을 돌리지 마라.
수건은 언제나 걸레가 되어 최후를 맞는다.
기념 수건을 찍고 싶은 순간이 극도로 조심해야 하는 순간이다.

위대한 거래

2장

유서를 품고

삼 성 시 계 이 야 기
유튜브 감상은 큐알코드로

| 장면 7 |
이건희 회장과 2라운드

삼성 그룹에는 VIP들을 영접하는 승지원이라는 영빈관이 있다. 손님을 맞을 때면 승지원은 이태원 거리처럼 활기가 넘쳤다. 하지만 사장단 회의가 열리면 숨 막히는 공포로 승지원의 공기는 싸늘해졌고, 마치 태종이나 세조가 진행하는 공포의 어전회의가 승지원의 화려한 단청 아래 재현되는 듯했다.

'오늘은 무사히 넘길 수 있을까?'

'나만 걸리지 않으면 된다. 제발…'

외양은 만찬 형태지만 승지원 회의는 그룹의 대소사와 중요 사안에 대한 이건희 회장의 질문과 계열사 사장의 대답이 오고 가는, 피 튀기는 국문(鞠問) 현장 같았다. 사극에 가끔 등장하는 사헌부의 국문 현장은 살이 찢기고 피가 튀는 고문 현장인데, 그런 곳에서 식사를 하고 있으니 사장들이 입맛이 돌리 없었다. 누구 하나 체해서 병원에 실려 가지 않은 것이 이상할 정도였다.

'오늘은 누가 타깃이 될까? 오늘은 무사히 넘어갈 수 있을까?'

식사를 하는 사장들의 머릿속은 똑같았다. 달그락거리는 소리만 들리며 엄숙한 침묵이 십여 분간 이어졌다.

드디어 이건희 회장의 가벼운 질문이 시작되었다. 순조롭다. 오늘 회장은 기분이 좋은 모양이다. 다행이다. 사장들이 이런 생각을 하며 차츰 음식 맛을 느껴갈 무렵이었다. 삼성시계 사장인 현명관 차례가 되었다.

"회사의 경영자가 되니 느낌이 어떤가요?

시계에 가 보니 경영하면서 뭐가 가장 어렵던가요?"

"회사 경영은 혼자서 하는 게 아닙니다. 저는 방향을 제시하고 전략을 세우고 실천은 임직원들이 하는 건데, 이걸 서로 공감하고 이해시켜야 하고……. 어떻게 이해시켜야 하나 이것이 제일 고민이 됩니다."

사장들이 식사를 하다 말고 현명관을 바라보았다.

'왜 저러지?'

'조용히 넘어가지…….'

'엉뚱한 말을 하네.'

그런 표정으로 사장들은 현명관을 바라보았다.

'회장 말에 걸고넘어지다니. 오늘 편하게 넘어가긴 다 틀렸군.'
여기저기서 보이지 않는 탄식이 터져 나왔다.
"경영을 사장이 하지 임원이 합니까? 거 뭔 소리를 하는 거요?"
"제가 하고자 하는 일은 설득이 필요한 일이라 그렇습니다."
"설득이라니… 뭘 누구를?"
신라호텔에서 삼성시계로 좌천된 현명관이 사장들의 마음은 아랑곳하지 않은 채 말을 이어갔다.
"삼성시계의 가장 큰 구조적 문제는 바로 세이코와의 원활한 기술 이전과 불공정거래입니다. 이것은 반드시 해결되어야 합니다."
금기. 역린. 불경죄. 항명. 이 모든 것을 합친 말을 지금 현명관이 했다. 삼성시계 설립은 이건희 회장의 작품이었다. 초정밀 기술 습득을 위해 세이코와 합작하고 일본인을 부사장에 앉혔다. 이건희 회장은 사장과 부사장이 경영에 이견이 생길 때마다 일본인 부사장의 손을 들어주었다. 때론 삼성시계 사장의 목을 날렸다. 그러길 수차례, 이제 어떤 임원이나 새로 온 사장도 일본 세이코와 관련된 말은 꺼내지 않았다.
그런데 현명관이 세이코의 기술 이전과 거래 관계에 문제가 많고 이 문제를 해결하지 못하면 답이 없다고, 신성한 궁궐의 어전회의에서 말하고 있는 것이다. 모두들 역린을 건드린 놈은 용에게 물려 죽는 게 당연한 거라 생각했다.

'사표 품고 다닌다더니 진짠가 봐?'

'이로써 현명관 아웃!'

사장들은 마음속으로 수천 마디 욕설과 불평을 말하고 있었지만 승지원의 큰 홀은 음식 먹는 소리도 사라진 채 이건희 회장의 반응을 기다렸다. 약 30초 정도의 시간이었지만 3분 이상으로 느껴지는 숨 막히는 시간이 흘렀다. 이건희 회장의 둥그런 눈, 굳은 표정, 식사를 하다 말고 멈춘 숟가락. 그다음은 불호령임에 틀림없다고 생각했다.

그런데…

"누가 하지 말라고 하는 사람 있었어?"

회장의 반응은 너무도 의외였다. 하지만 그 대답을 듣고 현명관은 이로써 완전히 찍혔다고 생각했다. 다음날 비서실장 전화를 받았을 때까지도 현명관은 그렇게 생각했다.

"글쎄요. 제 느낌은 그게 아니던데요. 현사장님을 좋게 생각하시는 것 같습니다."

수화기에서 들려온 목소리는 아부나 위로의 말은 아니었다. 비서실장은 그런 실없는 소리를 할 자리도 아니고 성격도 못 되었다.

"그런가요?"

전화를 끊고 현명관은 생각에 잠겼다.

'세이코와의 관계를 정상화시키자.'

앞으로 나아갈 때는 반드시 뒤로 물러설 것을 생각하라.
그리하면 꼼짝 못하고 당하는 재난을 거의 피할 것이요.
일을 시작할 때는 먼저 손을 떼는 상황도 그려보라.
그리하면 호랑이의 등에 올라탄 위기[기호지위]를
조금은 멀리할 수 있다.

진보처 변사퇴보 서면촉번지화
進步處 便思退步 庶免觸藩之禍
착수시 선도방수 재탈기호지위
著手時 先圖放手 纔脫騎虎之危

채근담 / 後集 第29章

    희망에 부풀어 사업을 시작할 때 모든 것을 포기하는 순간을 생각하기는 쉽지 않다. 그런데 그렇게 하라고 채근담은 말한다. 모든 사업과 도전은 호랑이 등에 올라타는 위험을 감수해야 한다. 기호지위(騎虎之危)가 그것인데 이런 위험을 조금은 줄일 수 있는 방법은 시작할 때 다 던진다는 생각으로 담담해져야 한다고 한다.

    맞는 말이다. 이런 생각으로 삼성시계 경영을 한 것은 아니었으나 결과적으로 그렇게 살았던 것 같다. 직장인에게 사표는 유서다. 나는 사표를 양복 주머니에 넣고 다니며 회사를 다녔었다.

마른하늘에 날벼락

평소와 똑같이 신라호텔에 출근했던 어느 날 나는 청천벽력 같은 이야기를 들었다.

"그동안 고생 많으셨습니다. 호텔신라에서 보여줬던 그 능력으로 삼성시계를 살려 보쇼."

이건희 회장의 통보라며 비서실장이 내게 전화를 했다. 마른하늘에 날벼락이란 이런 때 쓰는 말인가 보다. 1991년 3월 호텔신라를 상장시키며 인생 성공의 정점에 있다고 생각한 시기에 삼성시계로 가다니…….

삼성시계는 신라호텔과 비교도 안 되는 그룹 내 서자 같은 존재였다. 사장으로 가는 것이었지만 이것은 명백한 좌천이었다. 매출액, 영업이익, 자산 등도 초라했지만 무엇보다 삼성시계는 만년 적자 기업이었다. 나는 어떻게 해도 살아날 방법이 없는 곳에 발령이 난 것이다.

내게는 '그만두고 애나 봐라.' 이렇게 들렸다.

잠시 방황의 시간이 찾아왔다. 직장이 우리를 힘들게 하는 순간이었다. 좀체 마음을 추스를 수가 없었다.

'명예롭게 사표를 던지고 나갈까? 그동안 혼신의 힘을 다해 회사에 몸 바친 대가가 이건가? 정치력이 없으면 이렇게 되는 것인가?'

혼란스러웠다.

1991년 12월 16일 동아일보 7면

'이게 뭐란 말인가?'

삼성시계 첫 출근하던 날, 마음이 정리되지 않은 상태로 태평로 사무실을 찾았다. 마음은 복잡했다. 직원들을 만나고, 나보다 복잡한 그들의 눈빛을 보면서 회사의 문제를 하나둘 느끼기 시작했다.

'저라고 뭐 뾰족한 수가 있겠어?'

직원들의 표정은 이렇게 말하는 듯했다. 바닥난 의욕과 사기가 느껴졌다. 매번 바뀌는 사장, 끝없는 적자, 구조적으로 세이코에게 지속적으로 로열티를 지급해야 하는 상황에, 한국인 사장보다 일본인 부사장의 권력이 커서 직원들은 거기에 줄을 서고 있었다. 형편없는 매출과 적자에도 불구하고 그룹 공채로 들어온 직원들의 월급은 몇 백만 원짜리 물건을 파는 타 계열사와 같았다. 몇 만 원짜리 시계를 팔면서 사장실 크기도 똑같았다.

설립된 지 3년, 삼성시계는 자본 잠식이 다 되어서 이미 부도가 낮아야 할 상황이었다. 실제로 업무 보고를 받으며 이런 사실들을 접하니 마음이 더 혼란스러웠다. 하지만 겹겹이 산적한 문제들을 보니 경영자로서 오기도 발동했다.

'어차피 그만둘 거, 벼랑 끝에 섰으니 본때는 보여주고 그만두겠어. 2년만 죽도록 해보자!'

상기 본인은 원에 의하여

내가 삼성시계에 부임하는 날 사무실에 들어가서 제일 먼저 작성한 서류는 사직서였다. 사직서는 직장인의 유서다. 죽을 각오를 했다.

이름 : 현명관

주민등록번호 : 1941XXXX-1XXXXXX

주소 : 서울 마포구 상수동 ○○-○

근무부서 : 사장실

직책 : 사장

　　　　　　상기 본인은 원에 의하여 사직을 하고자 합니다.

　　　　　　　　　　　1991년 12월 15일　현명관　인

몇 자 되지 않는 글자에 12년 삼성 생활이 허무하게 표현되었다.

전날 마신 소주의 영향으로 글씨가 삐뚤거렸다. 몇 장을 망치고 3장째 좀 맘에 드는 글씨가 나왔다. 돈을 찾고 결재를 할 때 찍던 소중한 도장을 꺼내, 인주를 평소보다 많이, 그리고 정성스럽게 묻혀 선명하게 내 이름 옆에 도장을 찍었다.

부조금 넣듯 사직서를 봉투에 넣고, 그 봉투는 그 순간부터 삼성시계를 퇴사하는 날까지 내 양복 안주머니에 있었다. 한 번은 봉투가 들어있는 걸 깜박하고 양복을 드라이클리닝에 맡겼던 적이 있었다. 집무실에서 주머니에 봉투가 없는 것을 알아챈 후 급하게 전화를 걸어 세탁소 주인에게 봉투를 확인해 달라고 했다. 세탁소 주인은 고맙게도 사직서를 챙겨두었고 그 후 그 세탁소는 집을 이사하는 날까지 나의 단골이 되었다.

사직서가 들어있는 양복 외투를 입고 창밖을 보니 착잡하고 복잡한 심경이 몰려왔다.

'이렇게 삼성에서의 인연이 끝나는구나. 그냥 공무원이나 할 걸 고시까지 패스해 놓고 민간 기업에 와서 뭔 고생인지…… 최선은 다 하자. 그러나 그 뜻이 어긋나면 언제고 사표를 던지고 나오자.'

이런 생각으로 부임 후 첫 임원 회의를 소집했다. 일단 사직서를 마음에 품고 실제로 들고 다니게 되자 평소보다 더, 내 행동에 거침이 없었다. 삼성시계의 실세 세이코 측 일본인 부사장을 대하거나 그 외 누구를 만나더라도 나는 할 말을 하고 눈치를 보지 않았다. 개혁은 그렇게 시작되었다. 맘에 안 드는 모든 것을 가차 없이 뜯어고치는 지시를 내렸고 실천했다.

"부도 상황인데 왜 이렇게 사장실이 큽니까?

우리가 태평로 본관에 있는 게 맞나요?"

임원 회의에 모인 간부들의 표정이 굳어버렸다.

"사장님, 그룹 공채로 들어온 직원들의 사기도 있고 이건희 회장님이 그렇게 시작을 했던 겁니다. 초일류를 추구하는 삼성의 자존심 같은 것이라고 생각합니다."

당당히 대답하는 간부에게 나는 다시 질문했다.

"직원 월급도 그래서 똑같이 주는 건가요?"

"삼성 그룹은 단일 임금 체계를 갖고 있고 그것 때문에 어느 계열사로 발령이 나도, 직원들이 최선을 다하는 것 아닐까요? 삼성시계도 마찬가지죠."

"허허 그럼 이렇게 계속 자본을 잠식하자는 말이요?"

나의 마지막 질문에 임원들은 말이 없었다.

2, 3만 원짜리 시계를 파는 곳에서 반도체를 생산하는 삼성전자와 직원들의 임금이 같고, 사장 월급도 잘나가는 제일모직 등 다른 그룹과 동일하다니… 구멍도 이런 구멍이 없었다. 우리말에 좋은 게 좋다는 말이 있다. 나는 이런 말을 정말 싫어한다. 이런 구조적인 문제를 전임 사장들도 다 알고 있었으나 철벽같은 시스템을 건드리지

못하고 순응했으며 순응의 결과는 해고였다. 어차피 사표를 품고 있는 나로서는 그런 뻔히 보이는 불명예를 받아들일 수 없었다.

"지금 당장 사장실을 성남으로 옮길 준비를 하시오. 공장도 창원에서 성남으로 옮기겠습니다. 나가는 돈을 줄여야 돈을 벌지… 이건 말이 안 됩니다."

당시 삼성시계 본사는 태평로, 공장은 창원이었다. 한마디로 새는 돈이 너무 많았다. 나는 이것부터 고쳤다. 본격적인 구조조정을 한 것이고 이것은 대한민국 최초의 일이었다. 재고가 쌓이는 상황을 막기 위해 월 만개 생산에서 3천 개로 줄이며 공장도 창원에서 성남으로 옮겼다. 성남으로 올라오지 못하는 직원은 퇴직금에 위로금을 추가로 지급하여 명예퇴직 시키거나 판매 사원으로 전환했다. 생산보다 판매에 주력해야 삼성시계는 돌아갈 수 있었는데 이런 일을 아무도 하지 않았다.

이런 특단의 조치로 임직원들은 난리가 났다. 원성이 하늘을 찔렀고 신라호텔에서 들은 욕의 열 배를 개혁 한 달 만에 듣고 살았다. 그러나 전과 달리 외롭거나 두렵지 않았다. 내 양복에는 늘 사직서가 들어 있었기 때문이다. 채근담이 말하는 손 뗄 준비를 하고 있었기에 그 어떤 최악도 두렵지 않았다.

돌이켜보면 이때가 가장 용감했던 시기였던 것 같다. 용기는 서서히 보상을 받았다. 쓰디쓴 풀뿌리를 씹는 심정으로 나 스스로도 성남 공장 옆으로 사장실을 옮겨 임대료를 줄였다. 사장의 이런 모습을 보자, 마음을 여는 직원들도 차츰 생겨났다.

두 번째 마른하늘에 날벼락

마른하늘에 날벼락 같은 발령을 받은 나였지만 내가 삼성시계에서 한 구조조정은 임직원들에게 두 번째 마른하늘에 날벼락이 되었다. 충격의 불꽃이 튀었고 그것은 회사 회생의 빛이 되었다. 그러나 날벼락 같은 개혁을 용감하게 진행했어도 진정으로 큰 개혁은 손을 댈 수가 없었다. 바로 세이코와의 관계였다.

삼성시계의 적자 원인 중 가장 중요한 부분은 세이코와의 불공정한 거래였다. 시계 무브먼트도 불합리한 가격에 구입했고 생산도 우리가 하는데 기술료다 뭐다 해서 세이코에 지급하는 돈이 너무 컸다.

세이코와 기술제휴를 하게 된 계기는 이건희 회장이 초정밀 가공기술을 삼성이 빨리 습득할 수 있는 방법을 찾으면서였다. 일본인 기술자가 하라는 대로 해라, 일본인 부사장의 이야기는 가능한 한 수용해라 등 사훈처럼 회장의 지시가 삼성시계와 세이코의 관계를 유지하고 있었고 덕분에 세이코 출신 삼성시계 일본인 부사장의 파워는 한명회를 능가했었다.

물론 사업 초기 세이코를 끌어들인 회장의 판단은 빠르고 정확한 것이었으나 지금은 아니었다. 세이코와의 구체적인 기술도입 계약이나 부품(무브먼트) 구입 계약 등에 있어서 불평등하고 합리적이지 않은 내용이 있었다. 그때는 맞고 지금은 틀린 상황이었으나 누구도 이 말을 회장에게 할 수 없었다.

"나카무라가(가명) 뭐라 하던 이거 회장님께 말해야 하는 거 아닙니까? 여러분들도 저와 같은 생각이잖아요?"

"사장님, 지금까지 저희들은 사장님의 개혁을 지켜보며 힘들지만 따랐습니다. 맞는 말씀이지만 이번은 참으셨으면 합니다. 세이코 측과 회장님은 일본어로 사담을 나누는 사이고, 이건희 회장님이 시계산업에 대한 애착을 갖고 의욕적으로 추진해 오신 사업이니까요. 사실 세이코가 없었으면 지금의 삼성시계는 없었겠죠."

"그러나 문제의 본질은 회장님도 알아야죠." 나는 화가 났다.

승지원에서 사장단 회의가 있던 날 나는 소신을 말했다. 품속의 사직서가 있어서 그런 용기가 났었나 보다. 이건희 회장의 말이 아직도 생생하다.

"누가 하지 말라고 하는 사람 있었어?"

십수 년이 지난 지금도 마음속에 잊히지 않는 명언이다. 분명 기분이 상했을 터인데, 그 많은 사장들이 다 알고 있는, 자신의 업적을 폄훼한다고 볼 수도 있는 발언을 듣고도, 그는 짧은 순간 현명하고도 냉정한 판단을 했다.

지금 생각하면 그런 말을 해 주는 사장을 기다렸는지도 모른다. 자신이 추진한 일이지만 시간이 흐르고 상황이 달라졌으면 바꿔야 하는데, 왕이 한번 내린 명령을 스스로 뒤엎기는 어렵다. 그룹 전체를 이끌어 가는 입장에서 손바닥 뒤집는 잦은 명령의 수정은 곤란하기 때문이다. 이럴 때 누군가 강하게 책임을 지겠다는 자세로 고언을 해주면 왕은 그 핑계를 대고 지시를 수정할 수 있다. 이것이 승지원에서 벌어진 그날의 진실이 아닌가 한다.

두 번째 날벼락은 세이코와 관계를 청산하고 적자 구조를 탈피함으로써 완성되었다. 이제는 고객 서비스로 옮겨갈 차례였다.

K.A.P.P.A 카파!

최진실, 이상우 커플을 기억하는지 모르겠다. 당시 최고의 가수 이상우와 최고의 배우가 데이트를 통해 만난다. 시간 약속을 지키지 않은 최진실 때문에 화가 난 이상우. 그러나 '진실'을 보자 이내 마음이 풀리고 두 청춘은 데이트를 한다. 그렇게 데이트를 하더니 결혼까지 한다. 이것이 당시 1992년 삼성시계 카파의 광고 시리즈였다. 'K.A.P.P.A 카파!'를 외치며 졸업 및 입학 선물용 학생 시계를 팔았다. 히트한 광고, 아름다운 슬로건, 소비자들에게 삼성시계는 멋지게 소구하고 비상하는 것처럼 보였다.

 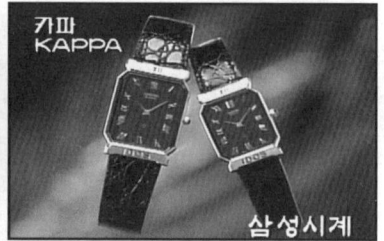

하지만 나는 삼성시계의 첫 고객은 학생이나 학부모가 아니라고 생각했다. 삼성시계의 첫 번째 고객은 일반 소비자가 아니라 백화점에서 우리 시계를 매입하고 판매하는 판매상이다. 우리는 그들에게 효과적으로 소구하지 못하고 있었다. 호텔에서 쌓은 고객 서비스의 개념을 접목하기 위해 내가 제일 먼저 달려간 곳은 그래서 백화점이었다.

"삼성시계는요, 솔직히 하품이에요. 하급품. 그런데 여기 물건을 대주는 직원들은 삼성시계가 최곤 줄 알아요. 어떤 땐 확 물건을 빼버릴까 생각도 하지만 광고가 좋으니까 찾는 사람이 있어서 그냥 둡니다. 근데 누구세요?"

신세계 백화점 1층에서 시계를 파는 판매상의 말이었다. 충격을 받았다.

'이거 안 되겠다. 전부 호텔 서비스센터에 집어넣고 교육을 시킬

수도 없고……. 왜 이런 고객 반응을 들으려 하지 않을까?'

나는 내 신분을 밝히고 우리의 부족함을 정중히 사과했다. 그리고 우리 삼성시계를 위해 고쳐야 할 점에 대해 강연해 줄 것을 부탁했다. 처음 손사래를 치던 주인은 나의 진심에 마음을 열고 1주일 후 삼성시계를 방문했다. 직원들은 고리타분한 특별 교육 시간을 인내심으로 때우자는 마음으로 의자에 앉아 있었다. 하지만 사장의 훈화가 아닌 현장의 생생한 목소리가 가감 없이 강의실에 퍼져나가자 한두 명씩 간부들부터 자세를 고쳐 앉으며 경청하기 시작했다. 신라호텔 만두 사건처럼 우리 자신의 위치를 뼈아프게 지적하는 판매상의 말은 그대로 메스가 되어 직원들의 자존심을 해부해 버렸을 것이다. 디자인, 성능 등 처절한 현실이 그날 모두 까발려졌다.

제조업에는 잘못된 관행이 하나 있다. 전주 제지 때도 느낀 점인데, 열심히 물건은 만들지만 팔리는 것엔 관심이 없는 악습이었다.

'우리 임무는 제품 출하로 끝난다.'

아니, 팔리지 않는 물건을 열심히 만드는 게 무슨 의미가 있는가? 홍콩산 저가 브랜드에도 밀리는 카파가 무슨 의미가 있는가? 국내 최고라는 자부심은 매장만 가면 깨지는 상황인데 최진실이 무슨 힘을 발휘하는가? 고객 지향적 경영 마인드를 갖추고 현재 삼성시계의 수준에 자극을 받으라고 마련한 강연은 제2의 만두 해부 사건이 되어 직원들을 자극시켰다. 자존심 강한 삼성맨들의 가슴에 불이 붙자 한판 붙어 보자는 분위기가 생겼다.

9시를 알려 드립니다

개혁을 하는 사람은 미움만 받는 것이 아니다. 직원들은 '사령탑이 오직 조직의 성과에만 관심이 있다'는 것을 알아차리면 각종 좋은 아이디어를 눈치 보지 않고 직보한다. MBC 뉴스데스크 시보 광고를 하자는 아이디어도 그중 하나였다. 지금과는 비교가 되지 않는 1990년대 평균 시청률 20%를 육박하는 9시 뉴스 시보는 엄청난 자금이 들어가는 일이었다. 시보는 1년 단위로 판매하기 때문에 억 단위 돈이 들어가는 광고다. 내가 오기 전에도 삼성시계 시보는 있었으나 파란 화면에 단순히 시간을 알리는 정도였는데, 1993년 8월 30일 화려한 그래픽을 추가하고 한 편의 광고처럼 만들게 되었다.

'첨단 기술과 시계 예술의 만남.
삼성시계 돌체가 9시를 알려 드립니다.
띠리리 띠리 디리 디_ 뛰~.'

하며 9시를 알렸던 뉴스데스크 시보를 아직도 많은 사람이 기억하고 있다. 이는 삼성시계 브랜드를 알리는데 큰 공을 세웠고 예물

시계 시장에서 돌체 붐을 일으키는 공을 세웠다.

시보를 광고처럼 만들자는 한 직원의 아이디어가 임원에게까지 올라가고 나에게 보고되어 결정된 마케팅이었다. 쉽지 않은 결정이었지만 현장에 서 있는 직원의 판단이 옳다고 믿고 결행했다.

각종 구조조정을 통해 생긴 자금으로 집행했고 매출 향상에 큰 공을 세운 시도가 되었다. 론진 시보를 그대로 집행해 버리자, 현명관은 돈 아끼는 데만 열심인 쩨쩨한 사장인 줄 알았던 임직원들이, 각종 공격적인 마케팅을 펼쳐 시장 장악을 위해 혼신의 힘을 기울이기 시작했다. 사표를 품고 시작한 경영에 재미가 붙었다.

기호지세- 호랑이 등에 올라탄 형국

신경영을 선언했던 1993년까지 이건희 회장은 이 모든 것을 지켜보았다. 그는 그해 골 아픈 임무 하나를 주면서 나를 삼성건설 사장으로 보냈다. 그 일을 처리하고 4개월 후 나는 그룹 비서실로 들어가 신경영의 선봉에 섰다. 승지원에서 바른말을 하고 난 지 4년이 지나서였다.

승지원부터 그룹 비서실로 들어가기 전까지의 기간은 기호지위였다. 호랑이 등에 올라탔으니 얼마나 위험했던가. 물리거나 떨어지면 바로 죽는 상황의 연속이었다. 사표를 품고 살았으니 사실은 스스로 위험스러운 상황을 자초한 것이지만, 그것이 나를 호랑이 등에서 떨어지지 않게 했다.

먼저, 소중한 프로젝트에서 손을 떼는 상황을 그려 본다면, 떨어지는 위기를 조금은 피할 수 있다는 채근담의 말 그대로였다. 그러면 기호지위(騎虎之危)는 기호지세(騎虎之勢)가 된다.

현명관의 21세기
채근담

菜根譚

한 번쯤 직장인의 유서, 사직서를 품고 다녀 보아라.
용감해지고 담백해진다.
그것은 호랑이를 올라타는 행위지만 사람들은
당신을 호랑이로 바라보고 굴복한다.

위대한 거래

3장
이건희 회장의 도박

삼 성 · 신 경 영 이 야 기
유튜브 감상은 큐알코드로

| 장면8 |
27년 만에 돌아온 탕자

파란만장한 부침과 성공을 뒤로하고 숨을 거두려는 노인이 있었다. 그는 대한민국 최고 부자라는 영광도 뒤로 한 채, 이제는 쓸쓸히 원래 왔던 곳으로 돌아가려는 순간을 맞았다.

일흔여덟의 노인은 마지막 순간에도 대 기업인 다운 강한 의지를 불태우며 자식들에게 무언가 말하려 하는 듯했으나 입 밖으로 소리가 나지는 않았다. 대신 수 천 마디 말보다 강한 눈빛을 주고받으며 자식들에게 무언의 다짐을 받고 있었다.

'TBC 꼭 찾아라!'

기업인에게 자신이 만든 기업은 자식과 다름없는 존재라고 한다. 그래서인지 그도, 마지막 순간까지 1980년 언론 통폐합 조치로 잃어버린 방송국에 대한 강한 애착을 드러냈다.

'한국비료 꼭 찾아라!'

아버지의 손을 쥐고 마흔여섯 젊은 이건희는 삼성가에서 불문율처럼 내려오는 아버지의 염원을 마음에 새겼다.

'네 알겠습니다. 아버지. 꼭 찾겠습니다.'

이병철 회장은 숨을 거두는 순간까지 자식처럼 아낀 기업 두 개를 찾아오라며 세상을 떠났다.

한때 TBC는 시청률과 프로그램 품질로 대한민국 공중파를 완전히 장악한 방송국이었지만 1980년 전두환이 집권하면서 국가에 강제로 바쳐야만 했다. 이 회사는 Jtbc로 부활했다. 한국비료는 박정희 대통령의 지시로 비료 자급을 위해 만든 회사였으나, 이 역시 사카린 밀수 사건이 터지면서 국가에 반강제로 헌납했다. 그때가 1964년, 5.16으로 박정희 소장이 권력을 장악하고 4년이 흐른 후였다.

자신의 피와 땀으로 세운 공장, 우리나라의 비료 자급을 위해 만든 공장, 권력이 모든 것을 할 수 있던 시절에 벌어진 위법한 일로, 삼성은 국민들의 손가락질을 받았다. 심지어 김두환 의원은 사카린 사건의 대정부 질문에서 국회 의사당에 똥물을 끼얹기도 했었다. 그 똥물은 이병철 회장과 삼성이 뒤집어쓴 똥물이었다.

이병철 회장이 세상을 뜬 지 7년째 접어드는 1994년 초여름.

당시 이건희 회장의 비서실장이었던 현명관은 한국비료의 매각 공고 소식을 접한다. 이것이 오너 일가의 숙원 사업임을 알아차린 그는 즉시 이건희 회장에게 직보했다.

"회장님, 한국비료 매각 공고가 떴습니다. 민영화한다고 합니다."

"그래? 언제 한답니까?"

"7월 15일 낙찰입니다."

잠시 생각에 잠긴 이건희 회장은 아버지 이병철 회장의 임종을 떠올리며 되찾아 오겠다는 굳은 의지를 눈빛으로 드러냈다.

"27년 만이군. 현실장! 반드시 찾아오도록 하시오."

삼성은 이미 3월에 35%의 주식을 매입한 상태였는데 이제 한국산업은행이 갖고 있는 34.6%의 주식을 인수하게 되면 한국비료는 삼성 것이 된다. 현명관 비서실장은 입찰 희망 기업들의 첩보를 수집하기 시작했다. 이 일은 그룹 비서실의 가장 중요한 업무가 되었으며 부임한 지 1년도 되지 않아 맡게 된, 현명관 비서실장의 가장 큰 프로젝트가 되었다.

'얼마를 써내야 할까?'

너무 적게 써서 절호의 찬스를 놓치면 한국비료는 영원히 삼성 손을 떠나게 될지도 모른다. 현명관은 속이 탔다.

"김부장 어디 어디가 비료를 노리고 있나요?"

"현대그룹 계열 금강화학하고 대림그룹이 반드시 참여한다고 합니다. 특히 금강이 아주 적극적입니다."

"금강화학? 쓰레트 만드는 곳?"

쓰레트는 지금은 보기도 힘든 시멘트 85%, 석면 15% 등을 반죽해서 찍어낸 지붕을 말한다. 입찰 마감 당일까지 현실장과 직원들은 최종 입찰가를 정하지 못해 애를 태우고 있었다. 때마침 이건희 회장은 미국 출장 중이었다. 이런 사안에 대해 일임을 했으면 최종 입찰가를 적어 내는 것은 오로지 현명관의 몫이었다.

"1,900억 원은 어떨까요? 현실장님? 현실장님?"

깊은 생각에 빠진 현실장은 박상무가 두 번이나 이름을 부르고 나서야 다시 회의에 집중할 수 있었다.

"2천억은 넘지 않겠습니까?" 최전무의 반박이다.

"그럼 주당 28만 8천 원이 넘어가는데 너무 과하지 않나요?"

자금통 이전무는 너무 과도한 금액이라는 의견을 제시했다.

"이전무, 그럼 2천억 정도를 써내면 낙찰이 가능하다는 말입니까?" 현명관이 물었다.

"솔직히 금강 화학이 건설 쪽이라 베팅을 좀 겁 없이 하는 면이 있어서… 가늠이 안 됩니다. 동양화학이 현재 주당 28만 원, 고려화학 80만 원, 유한양행이 37만 원, 럭키는 20만 원 선인데…"

이전무도 점점 자신이 없어지는지 말꼬리를 흐렸다. 마감 시각은 이제 30분 앞으로 다가왔다.

'만약 낙찰가가 주당 30만 원을 넘어버리면 우리는 한국비료를 놓치게 된다.' 현명관은 속이 타들어 갔다.

"주당 30만 원은 넘어야 낙찰 안심입니다. 절대로 한국비료를 놓치면 안 됩니다. 빨리 다시 계산해 봅시다." 현명관이 말했다.

"실장님 그럼 안전하게 33만 2천 원을 넣어 볼까요?"

2천300억이 넘는 거액이다. 현명관은 침이 말랐다. 적어도 이 금액을 금강화학이 쓰지는 못할 것 같았다. 5분의 침묵이 방 안에 있던 모두에게 불안과 희망이 뒤섞인 감정을 나눠주고 있었다.

"33만 1천950원." 현명관 실장은 눈을 뜨며 결단했다.

총 2천300억에 맞춰서 입찰가가 정해졌고 즉시 입찰 현장의 마상무에게 전화를 넣었다.

응찰 1시간 후.

그룹 비서실에서 입찰가를 계산한 사람들은 빙 둘러앉아 테이블 위 전화가 울리길 간절히 기다렸다. 정적을 깨며 전화벨이 울리자 현명관 실장이 직접 수화기를 들었다.

"어떻게 됐어요. 뭐? 됐어?"

"와!" 하는 함성이 비서실이 떠나갈 듯 터져 나왔다. 서로 얼싸안 앉고 미스 김도 손으로 얼굴을 가리며 기뻐했다. 그러나 잠시 후 현명관의 얼굴은 비통한 표정으로 변하며 수화기를 내려놓았다. 잠시 말을 하지 못했다.

그 모습을 본 비서실 직원들에게도 불안이 밀려왔다. 금강화학은 삼성보다 무려 300억이나 적은 2천억 원에 응찰을 했다는 소식이

전해지자 그룹 비서실은 완전히 맥이 풀리고 말았다. 1994년에 중형차 쏘나타의 가격은 1,200만 원 정도였다. 2020년 형 쏘나타 신형은 3천만 원이 넘는다. 당시 300억 원의 가치는 2020년 가치로 환산하면 700억 원이 넘는 돈이다.

'너무 과했다.' 현명관은 아차 싶었다. 비서실 임직원들도 낙찰의 기쁨에서 문책의 공포로 표정이 바뀌었다.

'아, 이걸 어떻게 회장님께 보고하지…'

현명관은 어떻게 말해야 할지 도무지 묘안이 떠오르지 않았다. 그저 솔직하게 말하는 수밖에 없다는 생각에 이르자 현명관은 매 맞는 심정으로 수화기를 들었다.

"이건희 회장님 좀 바꿔 주세요. 서울입니다. 한국비료 건 긴급 보고 사안입니다."

잠시 후 이건희 회장이 전화를 받자마자 물었다.

"어떻게 됐습니까?"

"낙찰받았습니다."

"그래? 잘했어요. 속이 아주 시원하구먼."

"그런데 말입니다. 회장님. 2등하고 금액 차이가 너무 컸습니다."

"네? 얼마나요?"

"저희가 실수를 했습니다. 무려 300억 원이나 많게 적어서 냈습니다. 정말 죄송합니다."

고개를 떨구며 초조함에 떠는 현명관의 수화기 저편에선 뜻밖의 답변이 흘러나왔다.

"아니, 이 사람아! 우리가 시장에서 사고 싶은 물건을 사는데, 비싸게 주고 사는 것이 당연한 거 아닌가? 신경 쓰지 마세요. 고생했어요."

비서실 직원 모두가 현명관을 뚫어져라 쳐다봤다. 수화기를 맥 빠진 듯 천천히 내려놓으며 현명관은 혼잣말로 중얼거렸다.

'보통 사람은 아니야.'

무슨 일에 있어서든 다소의 여지를 남겨 두는 마음이 있으면
신도 시기하지 못할 것이오, 귀신도 해치지 못하리라.
그러나 만일 일마다 반드시 꽉 채우려 하고
공(功)마다 가득함을 구한다면 안으로부터 변란이 생기거나,
밖으로부터 환란을 불러들이게 된다.

事事留個有餘不盡的意思
便造物 不能忌我 鬼神 不能損我
若業必求滿 功必求盈者 不生內變 必召外憂

채근담 / 前集 第20章

300억 더 쓰면 어때?

이건희 회장은 분명히 이병철 선대 회장과 크게 다른 사람이었다. 두 사람 모두 거인이지만 그 성향은 완전히 달랐다. 돌다리도 두드려 건너는, 철저한 일본식 관리의 삼성을 만든 사람이 이병철 회장이라면, 직감에 의지하여 신속하게 치고 나가는 스타일이 이건희 회장이었다. 자신과 너무도 다른, 셋째 아들 이건희를 이병철 선대 회장은 좋게만 보지 않았다.

사진 출처 : 중앙일보 Our History

우리는 삼성전자 반도체 신화를 이병철 회장이 만들었다고 알고 있지만, 사실은 이건희 회장이 만들어 낸 일이었다. 부회장 때부터 이건희 회장이 건의하고 무모하다 싶을 정도로 투자를 추진했다. 이병철 회장은 아들의 판단이 옳다고 보고 밀어줬지만 그것 때문에 그룹이 위기를 맞을 정도로 휘청거리는 상황을 맞자, 그룹 총수 감으로서 삼남 건희를 좋게만 본 것은 아니었을 것이다. 장남이 그만 세상을 일찍 떠나고, 삼남 이건희 부회장이 서서히 그룹 후계자의 후보에 오르내리게 되었을 때조차도 선대 회장은, 이건희는 역시 치밀한 경영 능력과 꼼꼼한 관리력이 부족하다고 보았던 것 같다.

반면 이건희 회장은 치밀하기만 한 삼성의 관료주의와 보신주의에 넌더리를 냈다. 삼성이 계속 이런 식이면 죽는다고 보았고 돌다리는 말할 것도 없고, 건널 수 있으면 아무거나 밟고 빨리 건너야 한다고 보는 개혁주의자였다. 만약 이병철 회장이었다면 한국비료 인수에 300억 더 쓴 사건을 그냥 넘기기 어려웠을 것 같다. 관련자들의 계산과 입찰 과정을 꼼꼼히 복기했을 것이 틀림없다. 그러나 이건희 회장은 아주 간단하게 넘어갔다. 갖고 싶은 물건을 갖는데 좀 비싸게 사면 어떠냐 하는 배포를 보였다. 같이 일하는 사람으로서 이런 경영 스타일

사진 출처 : 중앙일보 Our History

의 경우 크게 두 가지 선물을 부하들에게 준다.

첫 번째는 나의 판단에 내가 책임질 수 있게 된다. 두 번째는 오너의 명령을 받고 나서, 피해 나갈 구멍을 먼저 찾지 않아도 된다. 나는 비서실에 있으면서 더욱더 책임지는 자세와 내가 오너라는 생각으로 조직에 이익이 되는 일을 하고자 애썼다. 이것이 잘못되었을 때 회장이 어떻게 생각할까를 헤아리지 않고 회사를 위한 최선을 고민했다. 어찌 보면 이병철 회장보다는 구멍이 많아 보이는 스타일이지만 허술해 보이는 그 구멍이 오히려 엄청난 강점으로 작용한 것이다. 채근담은 바로 이 부분을 이야기하고 있다. 1993년 6월 7일, 삼성의 신경영 선언은 이병철 회장과 다른, 크게 잃을 수도 있는 도박을 이건희 회장이 실행함으로써 오늘날 삼성을 만든 기틀이 되었다.

| 장면9 |
후쿠다 보고서와
태평로의 잠 못 이루는 밤

이건희 회장이 그룹 총수로 등극한 1987년, 그때부터 이건희 회장은 자신이 생각하는 삼성을 만들기 위해 골몰했던 것 같다.

양에서 질로 옮겨 가야 한다는 생각을 취임 초부터 강조했지만 몇 년이 흐르도록 바뀐 것은 없었다.

'우리의 상태는 과연 괜찮은 것인가? 일단 보고서를 보면 알겠지.'

이건희 회장은 오늘 보고받기로 한 기술 고문 후쿠다 이사의 보고서를 아침부터 기다리고 있었다. 과연 자신의 직감이 기우였는지, 아니면 동물적으로 자신의 피부를 타고 들어오는 두려움이 사실이었는지, 가감 없는 후쿠다의 보고서는 말해 줄 것이라 믿었다.

"후쿠다 보고서입니다. 회장님." 비서가 두툼한 후쿠다 보고서를 이건희 회장에게 전했다. 보고서를 정중히 받아 들고 이건희 회장은 잠시 생각에 잠겼다. 어수선한 지금 읽을 것인가 아니면 오늘 밤 비행기 안에서 방해받지 않고 정독할 것인가. 이회장은 비행기 안이 좋겠다 생각하고 가방에 보고서를 넣어 두었다.

미국행 비행기에 오르자마자 이건희 회장은 물을 한잔 마시고 보고서를 꺼내 꼼꼼하게 읽기 시작했다. 56장 보고서 중 14장으로 요약된 앞부분을 다 읽기도 전에 회장은 깊은 탄식과 함께 분노와 두려움에 빠지고 말았다.

'이것이 사실인가?'

후쿠다는 나중에 회장의 확인 전화를 받고 이렇게 말했다.

"혼또니 지지츠데스(진정 사실입니다.) 사무승은 2류 기업이므니다."

이건희 회장은 보고서를 읽고 그때 큰 충격에 빠졌다. 때마침 삼성그룹의 사내방송인 SBC는 세탁기 뚜껑이 불량인데도 라인 작업자가 태연하게 부품을 칼로 깎아서 대충 조립하는 장면을 프로그램에 담는다. 이 모습을 보며 이 회장의 충격은 두 배가 되었고 입을 닫을 수 없었다.

'삼성, 이러다 망한다.' 그런데 그를 더욱 초조하게 만든 것은 이런 현실을 그룹의 사장들이 각성하지 않는 점이었다. 제일제당, 제일모직 등 제일로 시작하는 삼성 제일주의는 임직원들을 '우리가 1등'이라는 최면에 걸리게 했다. 실제로 국내 1등일지는 몰라도 세계로 나가면 전혀 그게 아니었는데, 국내 1등이라는 자부심이 우리가 1등이라는 착각을 만들었다. 딱 한 사람을 빼고 삼성의 경영자 거의 모두는, 삼성이 망할 수도 있다는 생각을 하지 않았다.

'글로벌 시장에 나가서 이겨야만 생존이 가능한데….' 이런 마인드가 계열사의 최고 경영자들에게 전달되지 않았다. 다음 일화에서도 그 엄청난 괴리감을 바로 알 수 있다. 신경영을 선언하기 하루 전 상황이었다. 나도 이날 이건희 회장의 음성 녹음을 들으며 크게 반성하고 경영자의 생각이 전파되는 것이 얼마나 어려운지 새삼 깨달았던 기억이 난다.

| 장면10 |
이건희 회장의 녹음 파일

내일 7일이면 독일 프랑크푸르트에서 삼성은 전 세계를 상대로 신경영을 선포한다. 오늘은 오전에 있었던 회장과 비서실장 등의 마지막 녹음 파일을 들으며 각 계열사별 추진할 중점 사안에 대해 정리의 시간을 갖기로 했다. 이건희 회장은 자신의 말이 왜곡되거나 전달되지 않는 일을 무수히 겪자, 직접 녹음해서 들려주는 방법을 이용했다. 이날도 녹음은 이루어졌고 비서실에서는 녹음기를 들고 들어와 100여 명의 사장들이 모인 호텔 회의장에서 회장의 음성을 들려주었다.

이수빈 비서실장의 얼굴은 매우 어두웠다.

'무슨 일일까?'

현명관은 불길한 생각이 들었다. 이수빈 실장이 녹음기 재생 버튼을 누르자 이건희 회장의 또랑또랑한 목소리가 들리기 시작했다.

"사장들에게 어서 다시 한번 강조하시오. 중저가 물량 공세는 절대 안 돼. 적자가 나도 할 수 없어."

녹음기 속 이건희 회장의 목소리는 평소와 같았다.

"시간이 걸려도 질로 승부해야 합니다. 당장 매출이 줄어도 할 수 없어. 도전해야 해!"

그때 여직원이 무언가를 접시에 담아 테이블에 내려놓는 소리가 들린다. 포크를 달그락거리며 과일을 먹는 소리도 들린다. 이수빈 비서실장은 회장이 말을 멈추자 잠시 기다렸다가 한마디를 했다. 그리고 그 말이 그토록 무서운 소리를 만들어 낼 줄은 그날 독일의 호텔 회의실에 모인 100여 명의 사장 중 누구도 상상하지 못했다.

"회장님! 하지만 양도 중요합니다. 양적 성장을 통해 삼성은 흑자를 만들고 질로 나아갈 바탕을 만들…"

탕! 쨍그랑.

회장이 과일을 먹던 포크를 땅바닥에 내동댕이친 것이다. 호텔 방안에 모여 있던 사장들은 입을 다물지 못했다. 현명관도 사장들도 이수빈 비서실장의 논리에 수긍하고 있었기 때문이었다.

이건희 회장은 답답했고 외로웠다. 그렇게 돈을 많이 들여 독일까지 날아오게 했고 회의를 하고 신경영을 선포하려는데, 가장 가까이 있는 비서실장에게조차 자신의 철학이 전달되지 않은 것이다.

현명관은 이렇게 회장의 분노를 이해했다. 그리고 깨달았다.

'이 사람은 지금 도박을 하고 있다. 황태자로, 왕으로 편하게 살 수 있는데 그 모든 자리와 돈을 걸고 도박을 한다. 이건 진심이다. 초일류 삼성을 만들기 위한 진심. 이렇다면 나도 한다. 제대로 해 보자. 신경영!'

박람회장이 된 호텔

1993년 6월, 이건희 회장이 독일에서 매일 신경영 회의를 주재하며 중저가 물량 위주 경영을 완전히 탈피해야 한다고 강조했건만, 사장과 임원들은 긴가민가했다. 어느 정도까지 해야 하는 것인지도 몰랐다. 하지만 "아직도 경영진이 정신을 못 차렸다."라고 대노하며 포크를 집어던지는 녹음을 들으며 생각을 고쳐먹기 시작했다. 본격적인 신경영이라고 선언하던 시기에도 이 정도였으니, 초기에는 말할 것도 없이 회장 혼자 열을 내고 사장들은 어리둥절해하는 모습이 다반사였다.

갑작스러운 LA 호출과 쇼핑도 그런 풍경 중 하나였다. 프랑크푸르트 선언 약 4개월 전 갑작스러운 호출 명령이 떨어졌었다. 당시 비서팀장 이창렬이 직접 전화를 걸었다.

"모든 일을 제쳐두고 당장 LA로 오시오. 회장님의 특별 지시입니다."

모든 일을 제치고 중요 기업의 사장들이 LA로 모였다. 문제는 내가 거기에 끼었다는 것이다. '왜지? 삼성시계는 그룹의 주력이 아니지 않는가?' 호출된 사람의 면면을 듣고 보니 더욱 이해가 가지 않았다. 삼성전자 김광호 사장, 삼성항공의 이대원 사장, 삼성코닝 홍석현 부사장, 중앙일보 홍두표 사장 등 LA에 모인 삼성의 사장들은 모두 중책을 맡고 있는 사람들이었다. 또한 하나같이 호출 이유를 모르고 있었다.

도착하자마자 우리에게 떨어진 임무는 느닷없는 쇼핑 명령이었다. 쇼핑을 하라니?' 백화점, 가전제품 상점을 돌아다니며 쇼핑을 해오라는 것이 이건희 회장의 명령이었다. 나중에 안 사실이지만 이건희 회장은 미국 출장 중 백화점에 들렀다가 큰 충격을 받았다고 한다. 입구 가장 좋은 자리에는 소니 제품이 전시돼 있고, 삼성전자 제품은 싸구려 제품으로 매장 뒤편에 밀려나 있었기 때문이다. 이 회장은 삼성 제품의 위상을 생각하면 등에 식은땀이 난다고도 했다. 그런 시간이 지나면서 그는 대대적인 혁신과 질 경영을 결심했나 보다.

1993년 2월 18일, 삼성의 별들이 모두 모였다. 아침 식사를 하는 둥 마는 둥 LA의 센추리 플라자호텔의 연회장은 갑자기 전자 제품

[전자부문 수출상품 삼성 미현지 비교회]
(사진에서 등을 보이고 있는 사람이 현명관 당시 삼성시계 사장)5

비교 전시장으로 바뀌어 있었다. 당시 우리나라 신문에서는 센추리 호텔에 마련된 '세계 주요 전자제품 비교 전시회'라고 소개했으나 이것은 순전히, 이건희 회장이 삼성 그룹의 사장들에게 삼성의 위치를 각인시키려고 기획하고 만들어낸 개인 박람회였다. 삼성 제품은 물론 필립스와 소니, 제너럴 일렉트릭, 월풀 등 전 세계 톱을 달리는 전

---

5 삼성그룹은 18일 이건희 회장 주재로 미국 로스앤젤레스 센츄리 플라자호텔에서 '전자부문 수출상품 현지 비교 평가회의'를 열어 반도체 협상이 결렬되는 등 한국 전자 제품의 수출이 어려운 환경에 처해 있는 시점에서 전자 제품 수출 확대책을 논의했다.

자 회사의 냉장고, 텔레비전, 카메라 등 모든 것이 전시되어 있었다. 더욱 놀라운 것은 이 모든 것이 분해되어 회로와 배선이 모두 드러나 있었다. 이건희 회장은 어제 쇼핑한 사장들에게 집중적으로 묻기 시작했다.

"쇼핑을 해보니 어떤가요? 삼성 제품은 어디 있었죠?

우리 제품은 많이 팔리던가? 가장 좋은 곳에는 어느 회사의 제품이 전시되어 있죠?"

속사포처럼 쏟아지는 질문에 사장들은 말문이 막혔다. '아 이것을 위해 우리를 여기까지 불러 모았구나' 나를 비롯한 사장들은 물론, 특히 삼성전자 사장은 난감하지 않을 수 없었다.

"여기 리모컨 보이시죠? 우리는 왜 버튼이 여기에 있습니까?"

누구도 대답하기 어려운 질문들이었다.

"리모컨에서 가장 많이 쓰는 버튼은 뭡니까?"

"온 오프 버튼입니다."

"그럼 왜 필립스는 중앙에 두는데 우리는 이렇게 찾기 어려운 곳에 버튼을 둡니까? 여기 삼성 TV를 보세요. 배선은 또 왜 이렇게 복잡한가요? 반면, 소니 것은 딱 봐도 아주 단순한데, 사장은 어떻게 생각하나요?"

삼성전자 김광호 사장은 할 말이 없었다. 이때 어떤 임원은 열심히 하면 된다는 식의 현실 안주형 대답을 했다가 그 자리에서 회장으로부터 '너 나가!'라는 불벼락을 맞으며 쫓겨났다.

누가 이건희 회장을 '감에만 의지한다'라고 말했던가. 지금은 만두를 분해시킨 이병철 회장보다 더 지독하게 LA 호텔 연회장을 통째로 빌려 모든 가전제품을 분해시켰다. 전자 제품 비교 전시장을 만들면서까지 계열사 사장들에게 우리의 위치를 파악하라고 설파한다.

나는 이건희 회장과 사장들의 문답을 보면서 많은 생각을 했다. 그는 지금 진심으로 움직이고 있다. 삼성에는 이건희 회장의 입지가 약하기 때문에 권력을 강화하기 위한 정치적인 쇼라고 말하는 사람들도 있었다. 당시에 이회장이 구상하는 신경영이 어떤 결과를 가져올지 예측할 수 없었기 때문에 충분히 그럴 만한 오해를 살 수도 있었다.

그러나 내가 가까이서 본 이건희 회장의 모습은 사랑하는 연인에게 완전히 몸이 달아 있는 청년이었으며 전쟁터에서 살기 위해 처절하게 몸부림치는 군인이었다.

'아 진심이구나. 그리고 그는 도박을 하고 있구나. 자신의 모든 것을 걸고 지금 도박을 하고 있다.'

이런 생각이 들면서 나도 스스로 변화하고 삼성의 혁명에 몸을 담가 제대로 개혁에 앞장 서자는 생각을 조금씩 하기 시작했다. 그날 참석했던 사장들도 이 회장의 열성을 보면서 변화해야 한다는 마음이 들기 시작했다.

은밀한 첫 번째 호출

셋째 날, 조용히 마음을 추스르며 충격적인 LA 출장을 마치고 돌아갈 준비를 하고 있을 때, 갑작스럽게 회장 숙소로부터 수행비서의 연락이 왔다. 오라는 장소는 LA 외곽에 위치한 회장이 머물고 있는 가정집이었다. 차까지 보내 줘서 타고 갔더니 그곳에는 홍석현 부사장, 홍두표 사장, 이건희 회장, 이렇게 세 명만 있었다.

'이런 자리에 내가 있어도 되는가?' 잠시 머리가 혼란스러웠다. 이 자리에서 이 회장은 나에게 여러 가지를 물었다.

"감사원 시절은 어땠습니까?"

감사원은 내가 행정고시를 합격하고 전주제지로 직장을 옮기기 전, 10년 동안 공무원 생활을 했던 곳이다.

"우리나라 공직사회는 참 문제가 많습니다. 만일에 어떤 사고가 났다, 그럴 때 일반 직장에서는 사고를 처리하고 재발 방지 대책 마련 등 본질적인 문제 해결에 집중합니다. 그런데 공무원은 그게 아닙니다. 감사원은 보고하기 바빴습니다. 청와대, 총리실, 각 부처, 정보부까지… 기본이 5군데 이상 보고하고 설명하다가 시간이 다 갑니다. 이런 형식주의 관료주의가 가장 큰 문제입니다."

열심히 듣던 이건희 회장이 바로 치고 들어왔다.

"그럼 삼성의 문제는 뭔 거 같나?"

"감사원이 상명하복 문화가 대단하다고 생각했는데 삼성에 와 보니 삼성이 감사원보다 더 엄격했습니다. 혹자는 그게 삼성의 강점이라고 말하지만 저는 그렇게 생각하지 않습니다. 자유롭고 창의적인 문화가 아닌 게 너무 안타까웠습니다."

이 회장은 이후 거침없이 나에 대한 사적인 질문들을 던졌다. 그동안 내가 회장으로부터 받았던 질문들은 하나같이 경영과 관련된 심각한 이야기들뿐이었는데 그날은 개인사에 관한 것이 많았다.

이상한 생각이 들었다. '아니 왜 망해가는 삼성시계로 좌천시켜놓고 나와는 상관도 없는 출장에 부르질 않나, 심지어 주요 인물들만 부른 사석에까지 초대했을까?' 바른말을 한 승지원 사건이 있었다 하더라도 나는 그룹 공채 출신도 아니었으며 주력 기업을 경영하고 있지도 않았다. 그렇다면 왜 나를 관찰할까?

두 번째 긴급 호출

1993년 2월, 이건희 회장의 호출로 LA에 다녀오고 나서 한 달 정도 시간이 지났을 즈음, 삼성그룹에 최악의 불운이 닥쳤다.

새벽, 삼성시계로 출근해서 책상 위에 놓인 신문의 헤드라인을

1993년 3월 29일 동아일보 1면

보고 대한민국에 안타까운 사고가 터진 줄로만 알았으나, 기사를 읽어가면서 이 사고가 삼성건설의 잘못 때문에 일어난 사고라는 것을 알게 되자 큰 충격을 받았다.

'삼성건설의 잘못 때문에 열차가 탈선해서 75명이 죽고 198명이 다치다니…'

삼성종합건설이 맡은 지하 전력구 공사 중 일부 구간을 한진건설에 하청을 주었는데 한진건설이 철로를 횡단하는 34m 구간에 지하

전력구 공사를 철도청과 협의도 없이 진행하다, 지반이 꺼지면서 벌어진 참사였다. 삼성종합건설 대표이사, 관련 임원 등이 전원 구속되는 사태가 벌어졌다. 이런 일이 터지면 직장인은 회사에 나가기 싫을 정도의 스트레스를 받게 된다. 지금 삼성건설의 직원들은 얼마나 힘들까 하는 생각을 하면서 업무를 시작할 즈음, 갑자기 사무실로 한 통의 전화가 왔다. 이수빈 비서실장이었다.

"현사장, 당신이 삼성건설 뒤처리를 해야겠습니다. 사고처리를 할 임원도 사장도 전부 감옥에 갔습니다. 회장님의 명령입니다."

이 일을 내가 맡게 되다니…… 모든 일을 뒤로하고 부산 구포로 내려갔다. 우선, 긴급 구속된 사장과 임원들을 면회했다. 함께 그룹을 위해 최선을 다했던 삼성인이 감옥에 있는 모습을 보고 큰 슬픔을 느꼈다. 그들은 자신들의 잘못으로 사람이 죽었고 회사에 큰 짐을 지워 힘들게 했다고 무척 괴로워했다.

직장인은 매 순간 얇은 얼음 밟는 심정으로 살아가야 하는데 그렇게 살아도 이런 일은 불가항력이란 생각이 들었다. 대한민국이 압축 성장을 하면서 생긴 부작용이 터져 나오던 시기였기에 안전불감증으로 벌어지는 사고와 관련자의 불운은 막을 수 없는 일이었다.

이후로도 대한민국은 큰 홍역을 치렀다. 1994년 성수대교 붕괴, 1995년 삼풍백화점 붕괴로 엄청난 인명피해를 내면서 대한민국은 시스템을 바꾸고 효율보다 사람의 안전을 생각하는 나라로 바꾸기 시작했지만, 그사이 크고 작은 안전사고와 관련된 직장인들은 파국은 맞았다. 나도 그 위치에 있었다면 저 구치소 안에서 고개를 떨굴 수밖에 없는 운명이 아니었겠나 하는 생각이 들었다.

호텔에 있을 때 소화기 유효기간을 살피며 포스트잇을 붙이곤 했던 나였지만 안전 관리가 제대로 안 될 때 엄청난 참사가 벌어질 수 있음을 눈으로 확인하고 한 번 더 각성하면서 사고 수습에 매진했다.

그렇게 가슴 아픈 사건을 처리하느라 3개월이 후딱 지나갔다. 이건희 회장의 LA 호출도 삼성의 품질 위주의 경영도 머리 한구석으로 밀려나 있을 즈음, 다시 한번 이건희 회장은 그룹의 모든 사장들을 호출했다.

LA 출장은 서막에 불과했다. 전 그룹 계열사 사장들을 독일 프랑크푸르트로 소집해서 본격적으로 신경영에 관한 회의를 했다. 나도 삼성건설의 모든 일을 미뤄두고 회의에 참석했다. 이건희 회장이 새벽부터 밤까지 이야기를 하면 그다음 날은 분임 토의를 하며 어떻게 실천할 것인가에 대해 이야기를 나누었다. 하지만 오너와 사장들의 시각차는 생각보다 컸고 보이지 않는 충돌을 하고 있었다.

주군과 신하의 충돌

2018년 영국의 브랜드 평가 회사인 브랜드파이낸스는 삼성의 브랜드 가치를 아마존 애플 구글 다음인 전 세계 4위라고 발표했다. 그 가치는 100조 원이 넘는다고 한다. 이건희 회장의 26년 전 꿈은 이루어졌다.

하지만 최근 일본의 한국 수출 규제 조치와 최순실 사태의 후폭풍으로 삼성은 위기를 맞고 있으며 이건희 회장은 6년째 병실에 누워있다. 삼성이라는 나무가 뿌리를 깊이 내리고 성장하여 꽃을 피우고 열매를 맺자, 위기가 온 것이다. 지금 서울 강남 삼성 병원에 누워 있는 이건희 회장의 모습을 보면 인생이란 무엇인가 생각하게 된다. 도저히 믿기지 않는 꿈같은 것이 인생인가 보다.

꿈같았던 1993년 독일, 26년 전 이건희 회장은 크게 솟아오르던 나무였다. 그는 무엇이든 이룰 수 있다고 생각했을 것이며 죽음도 두렵지 않은 51살이었을 것이다. 내가 그랬었기 때문에 그 마음을 안다. 이건희 회장이 42년 1월생이고 나는 41년 9월생으로 5개월 차이가 나는 동갑이다. 우리는, 처음에는 다른 꿈을 꾸었으나 나중에는 같은 꿈을 꾸었다.

신경영을 외치던 이 회장은 넘치는 젊음과 에너지로 18만 삼성인을 향해 포효했다. 1993년 6월 24일, 25일 이틀 동안 인공위성을 이용해 프랑크푸르트 사장단 마라톤 회의 내용을 삼성 그룹의 모든 임직원이 시청했다. 유튜브 같은 것이 없던 시절이라 인공위성이 아니면 계열사 전체에 방송할 방법이 없었다. 오전 8시 30분부터 40분 동안 삼성의 모든 직원은 이건희 회장이 품질 위주의 경영으로 바꾸라는 말을 들으며 삼성이 크게 변하려고 한다는 것을 몸으로 느끼기 시작했다. 이건희 회장은 불량품을 만드는 일은 '경영의 범죄'라고까지 했다. 방송이 나가기 2일 전 계열사 사장들은 녹초가 되어 독일에서 귀국한 상태였고 프랑크푸르트 회의에서 나온 내용을 실행하기 위해 긴급 임원 회의를 소집했었다. 드디어 이건희 회장의 프랑크푸르트 삼성 신경영 선언은 실천되기 시작한 것이다.

그러나 솔직히 당시 임직원들의 마음속 한구석에는 섭섭함도 자리 잡고 있었다. 또 어떻게 해야 할지 방향도 알지 못했다. 삼성은 직급이 올라갈수록 엄청난 업무를 소화해야 하는 조직이다. 모든 것을 참고 견디며 전투하듯 일을 해서 승진한 많은 간부들은 지금까지 한 것은 다 잘못되었으니 바꿔야 한다는 말이 섭섭하지 않을 수 없었다. 그리고 어떻게 하라는 것인가? 아침 7시 출근하고 4시 퇴근하면 뭐가 달라지는가. 게다가 모든 혁명이 그렇듯이 그 결과를 짐작조차 할 수 없었다. 기존의 고객마저 잃어버릴 수 있는 품질 경영은 도박에 가까운 것이다. 일본산보다 저렴한 가격으로 경쟁력을 지켜 왔던 삼성이 품질 제일주의로 나가면서 일본산과 비슷하거나 같은 품질의 제품을 만들 수 있을지는 몰라도 그 물건이 팔리는 것은 별개의 문제다. 당장 브랜드 레벨이 다른데, 같은 품질에 같은 가격이면 소비자들은 소니를 선택하지 삼성을 선택하지는 않는다. 이런 현상이 그룹 전체에 나타나면 개혁하기 전에 망할 수도 있는 일인데 그 모든 것을 가장 잘 알 만한 사람이 개혁을 하겠다고 한다. 이것은 완전한 도박이었다.

아마존, 구글, 애플 그리고 삼성을 꼽을 정도로 성공한 지금은 그렇게 하는 것이 당연해 보일 수도 있겠지만, 한 치 앞을 내다볼 수 없는 상황에서 그런 장밋빛 낙관은 잠꼬대와 다를 바 없는 상황이었다. 그래서 독일에서 이회장 주도로 신경영 회의를 하던 사장들은 고민이 많았고 나도 그랬었다.

반면 프랑크푸르트에서 이 회장은 열정적으로 끝없이 개혁을 주문했다.

"지금은 잘해보자고 할 때가 아니라 죽느냐 사느냐의 기로에 서 있는 때다. 마누라, 자식만 빼놓고 다 바꿔 봐!"

프랑크푸르트 켐핀스키 호텔에 머물며 계속 회장 주재 사장단 회의를 하던 어느 날, 나는 점심을 먹으며 생각에 잠겼다. 매일 서양식 기름진 음식을 먹으니 신라호텔의 음식이 그리워졌다. 짜장면도 먹고 싶었고 불도장 국물도 먹고 싶었다. 그러면서 신라호텔에 있었던 일이 생각났다. 나는 신라호텔에서 사장으로 있을 때 일류 호텔이 되기 위해 새로운 메뉴를 계속 개발하라고 했다. 그때 탄생한 것이 후덕죽의 불도장이었다. 불도장의 맛은 기가 막혔지만 예기치 않은 불교계의 원성을 샀었다. 음식 메뉴 하나를 새로 넣는 일도 이렇게 예기치 않은 위험을 초래하는데 하물며 그룹 전체가 개혁을 실행하다 뭔가 크게 잘못되면 어떻게 될까 하는 걱정이 들기 시작했다. 이런 걱정에 독일 소시지와 바게트로 때우는 점심 식사는 더욱 느끼했다.

'비서실장이 오전에 회장님과 나눈 대화 녹음을 가져올 테니 들어 보고 다시 생각하자.' 이런 생각을 하며 사장들이 모여 있는 호텔 연회장으로 올라갔고 앞서 소개한 과일을 먹다 말고 포크를 던지며 대노한 이건희 회장의 목소리를 녹음기로 들었다. 그때를 기점으로 나를 비롯한 그 자리에 모여 있던 사장들의 생각은 완전히 바뀌게 되었다.

어찌 보면 다분히, 좀 과하다 싶은 해외 출장 회의였지만 그렇게 하지 않았더라면 삼성이 지금처럼 세계 브랜드 가치 4위를 달성할 수 있었을까 하는 생각이 든다. 용인 연수원에 모아 놓고 사장들에게 아무리 이야기한들 사장들이 이건희 회장만큼 뼈저리게 위기감을 느끼고 결단하고 신경영을 실천했을까? 아마도 과일을 먹다 포크를 던지는 순간, 가장 가까이 있던 비서실장조차 자신의 뜻이 전달이 되지 않는 모습을 본 순간, 이건희 회장은 역시 이렇게 독일에 모여서 전체 회의를 하는 것이 옳았다고 생각했을 것이다.

그리고 이 회장은 집요했다. 프랑크푸르트 회의가 끝이 아니었다. 런던, 도쿄, 오사카로 도시를 옮겨가며 삼성의 신경영 회의를 계속 진행했다. 그룹 전체가 개혁을 받아들일 때까지.

그러자 사장들도 이건희 회장의 도박을 받아들이고 하나둘 개혁의 강물로 뛰어들기 시작했다.

바꾸는 건 당신이 잘하잖아

나도 귀국해서 삼성 건설의 개혁을 위해 임원 회의를 소집하고 전략을 마련하느라 분주했다. 그러던 어느 날 오전, 갑자기 한남동 회장 집으로 들어오라는 연락이 왔다. '또 무슨 일일까?' 한남동 응접실에서 10분 정도 기다리니, 이건희 회장이 들어왔고 예측하지 못한 질문이 시작됐다.

"그동안 삼성그룹 운영에 있어서 평소 고쳐야 될 게 있다면 뭐라 생각합니까? 생각했던 바를 한번 말해보시구려."

"삼성 그룹은 여러 업종을 가지고 있기 때문에 각 업종별로 특성이 있습니다. 그럼에도 그 특성을 무시하고 획일적으로 경영 방향이나 방침을 적용해 오고 있습니다. 그 결과 여러 부작용이 발생하고 있습니다. 전자업이면 전자업종, 금융업이면 금융업종, 서비스업은 서비스업종으로 나눠서 소그룹별로 경영하는 것이 합리적이라 생각합니다."

이렇게 말하고 나니 내친김에 내 생각을 더 말하기로 했다.

"저는 서비스 업종에 있다가 왔기 때문에 가장 중요한 건 고객이라고 생각합니다. 제품을 사 주는 것이 고객이기 때문에 고객만족 경영이야말로 무엇보다 중요합니다. 신경영이 바로 그걸 의미하는 것 아니겠습니까?"

한동안 침묵을 지키며 듣고 있던 이회장은 갑자기 한마디를 던졌다.

"현사장, 비서실장 하세요!"

순간 놀랐다. 얼핏 보면 이건희 회장은 이병철 선대 회장보다 편한 사람처럼 보인다. 감각에 의해 움직이는 사람이고 300억 이상 돈을 더 쓴 입찰도 눈감아 주는 배포가 있는 사람이라 그렇게 생각할 수도 있을 것이다. 빠르고 과감한 결단력이 편해 보일 수도 있다. 반도체 산업의 경우가 그의 과단성을 보여주는 좋은 사례이다. 반도체 불모지인 한국이 막대한 투자를 하면 미국이나 일본 같은 선진국을 따라갈 수 있다고 생각한 사람은 전 세계에 아무도 없었다. 반도체 때문에 삼성은 곧 망할 거라는 예측이 여기저기서 흘러나왔었다. 모두가 우려했던 상황에서 부천에 있던 '한국 반도체'와 통신 회사를 인수하며 '우리가 갈 길은 이 길이다'를 외치며, 한 치의 의심도 없이 확신으로 밀어붙인 사람이 이건희 회장이다. 큰 게임을 하는 사람이기에 듬성듬성한 부분도 있지만 한 가지에 빠지면 끝을 봐야 직성이 풀리는 사람이기도 했다. 그래서 나는 그가 이병철 회장보다 훨씬 더 어려운 사람이라고 생각했었다.

이런 논쟁도 있었다. 어느 날 이건희 회장이 임원 회의에서 물었다.

"왜 물은 차가운가?"

"얼음이 생겨서 그렇습니다."라고 답했고,

"얼음은 왜 찬가?"라고 물었다.

"0도 이하에서 얼기 때문에 차갑습니다."라고 답하자

"그럼 왜 0도 이하에서 얼음이 되는가?"라고 질문했다.

보통 사람이면 당연하게 생각하는 일조차 어린아이 같은 질문을 던져 본질에 접근하는 것을 즐기며 탐구했다. 한마디로 문제의 본질을 규명하려는 집념과 노력이 대단했다. 자동차, 반도체 등 그가 관심을 한 번 갖게 되면 전문가 수준의 지식을 얻을 때까지 집요하게 그 분야를 물고 늘어졌다. 반도체에서 전기오븐까지 구체적인 디자인과 기술을 알고 있었다. 당연히 그를 모시는 사람도 그런 열성을 보여야만 살아남을 수 있었다.

지금 그는, 나에게 그런 자리로 오라고 하는 것이다. 부담감이 밀려왔다. 또한 그룹의 핵심적인 역할을 하는 비서실장은 삼성의 2인자나 다름없는 자리인데 그런 높은 자리를 내가 감당할 수 있을지 걱정도 되었다.

"저는 정말 자격이 없습니다. 비서실장이라는 자리는 회장님을 대신해서 그룹의 전반적인 것을 살펴야 하는데 아시다시피 저는 삼성그룹 공채도 아니고 중간에 들어온 사람 아닙니까? 저는 자격이 안 된다고 생각합니다."

"그러니까 하라는 얘기입니다. 다른 걸 다 주물러 본 사람은 오히려 그것이 장애가 될 수도 있습니다. 그룹에 과거부터 오랫동안 몸을 담지 않아서 오히려 변화를 추구할 수 있습니다. 그게 현사장의 장점입니다. 그래서 당신이 하라는 거니까 다른 소리 마세요. 그룹의 명령으로 알고 그냥 해주세요. 바꾸는 건 당신이 잘하잖아."

그리고 그 자리에서 이회장은 나에게 몇 가지 서류를 건네주었다. 비서실 조직개편과 관련된 계획안이었다.

"차장 두 사람과 비서팀장, 그 외 몇몇을 제외하고는 전부 바꾸시오."

200명 비서실 직원을 100명으로 줄이는 혁신안이었다. 큰 부담을 느끼며 한남동을 나왔다. 며칠 후 삼성그룹의 대대적인 비서실 개편 기사가 떴다. 6월 프랑크푸르트 신경영 선언 이후 4개월이 지난, 1993년 10월 23일부터 나는 삼성 혁명 한복판에 서게 됐다.

삼성 비서실장의 최후

삼성 그룹 비서실장의 역사를 보면 해피엔딩으로 막을 내리는 경우가 드물었다. 좌천을 당하거나 곤욕을 치르는 등 말년에 좋지 않은 일들이 비일비재했다. 그래서 나는 이 자리를 떠날 때 그저 유종의 미를 거둘 수 있기만을 염원하며 업무를 했다.

다른 그룹의 비서실장이라 하면, 그야말로 비서업무 그 자체지만 삼성그룹은 달랐다. 비서업무는 기본이요, 회장을 대신해 그룹 전체의 인사나 관리, 운영 등을 책임져야 했다. 그뿐만 아니라 외국 경영자들이나 외국 고위 인사, 국내 인사들 중 이건희 회장을 만나고 싶어 하고 또 만나야 할 사람들도 많았는데, 그럴 때마다 상대가 어떤 이력과 경력을 갖고 있으며 좋아하는 음식, 기호는 무엇인지 미리 파악해서 미팅을 준비해야 했다. 당연히 상대의 미팅 목적, 예상되는 결론의 준비는 물론 미팅 후에는 내용을 정리하고 기록했다. 회장의 면담에선 대부분 비서실장인 내가 배석했기 때문에 언제 어떤 질문이 나올지 몰라 사전에 공부를 많이 해야만 했다. 미팅 준비는 늘 정신적 부담이 컸다.

신경영 혁명이 본격화되면서 이건희 회장은 평소 자신의 소신대로 거침없이 치고 나갔고 1사 1품 운동 등으로 세계 넘버원 상품을 하나둘씩 탄생시켰다. 밤낮을 가리지 않고 일하는 스타일이었기 때문에 비서실 전체도 밤낮없이 새벽 2~3시를 넘기며 삼성 신경영의 실현을 위해 뛰었다. 그렇게 3년을 보내고 1996년이 되자, 더 하다가는 그대로 몸져누울 것 같은 상태가 되었다. 더 이상 체력이 따라주지 않아 버틸 수 없는 상황이 되었다.

그때 노태우 전 대통령 비자금 사태로 이건희 회장은 검찰 수사를 받고 재판정에 서게 되었다. 삼성 역사상 처음으로 총수가 재판장에 서고 말았다. 회장을 직접 모시는 비서실장으로서 사건이 어느 정도 마무리되면 나는 책임을 통감하고 물러날 결심을 했다.

"이 사건은 굉장히 중요한 사건인데 책임지는 풍토를 만들지 않으면 책임 경영을 할 수 없습니다. 공장에 불이 났다면 공장장이 책임을 지는데 그룹 회장이 검찰에 출두하고 법원에서 재판을 받는 것에 대해 아무도 책임지는 사람이 없다는 것은 말도 안 됩니다. 제가 책임지고 물러나겠습니다."

이건희 회장에게 말했다. 책임도 져야 했지만 3년 동안 모든 에너지를 소진해서 더 이상 버틸 수 없는 기진맥진 상태가 된 것도 중요 이유였다.

"사건에 연루되고 검찰에 기소되고 한 것이 어떻게 현실장 책임인가? 그럴 필요까지는 없잖아요?"

이건희 회장은 만류를 했다.

"무슨 일이든 3년이 지나면 효율이 떨어지고 기력이 빠집니다. 저도 그런 것 같습니다."

이 말을 듣고 이건희 회장은 잠시 동안 아무 말 없이 걱정하는 눈빛으로 나를 물끄러미 쳐다봤다.

"그러고 보니 현실장 피골이 상접했어…."

이건희 회장은 나의 사임을 받아들이고 후임 비서실장을 추천해 달라고 했다. 이로써 나는 삼성그룹 비서실장의 중책에서 3년 만에 벗어나게 되었다.

> 뜻대로 되지 않는다고 근심하지 말며,
> 마음에 흡족하다 기뻐하지 말라.
> 오랫동안 무사하기를 믿지 말고,
> 처음이 어렵다고 꺼리지 말라.
>
> 무우불의 무희쾌심
> **母憂拂意 母喜快心**
> 무시구안 무탄초난
> **母恃久安 母憚初難**
>
> 채근담 / 前集 第202章

이제 와 되돌아보니 이건희 회장과 나의 인연은 질기고 기이하다는 생각이 든다. 신라호텔 근무 당시 새벽 2시 호출을 당해 이건희 회장의 질책을 받았고, 삼성시계에 가서는 사장단 회의 때 이건희 회장과 긴 설전을 벌이기도 했다. 또 LA에서는 이건희 회장이 몇몇 임원만 부른 미팅에 나를 불러 신뢰를 보여주기도 했다. 그렇게 비서실장이 됐고 난 존경심과 책임감으로 이건희 회장이 능력을 펼칠 수 있게 도왔다. 어느 순간 내가 지치고 힘들었을 때, 이건희 회장은 내 건강을 걱정해 주며 진심 어린 위로를 해 주었다.

채근담의 글귀처럼 만약, 내가 이건희 회장과의 첫 만남이 어려워 꺼리고 피했다면 이 같은 관계는 없었으리라. 나는 소신을 다해 거침없이 말했고 그 진심을 이건희 회장은 알아주었다.

현명관의 21세기
채근담
菜根譚

나의 윗사람이 갑작스러운 호출을 해서 질문하는 경우를 만나면
무조건 솔직하게 말하라.
말의 결과를 예단하여 이익을 보려 하지 말고
회사를 먼저 생각하고 말한다면
당신보다 넓게 보는 윗사람은 당신의 진심을 결국 알게 된다.

위대한 거래

4장
삼성 첫 우승의 비밀

삼성 라이온즈 이야기

유튜브 감상은 큐알코드로

가장 무거운 감투를 쓰다

　1996년 12월, 삼성 비서실장에서 물러나자 이건희 회장은 나를 삼성물산 총괄대표이사 부회장에 임명했다. 나는 아직 부회장 직함을 달 정도의 역량이 안 되고, 가서 일을 잘하면 부회장을 시켜달라고 했으나 '인사는 내가 하는 거야'라는 꾸중만 듣고 과분한 부회장이 되어 삼성물산을 경영하게 되었다. 다시 2001년 3월에 부회장의 부를 떼고 대표이사 회장이 되었다. 2002년 2월에는 모든 등기 이사 직을 그만두고 그룹의 원로로서 일본 담당 회장과 스포츠 및 해외협력 업무를 담당했다. 대표이사가 빠진 회장은 등기 이사가 아니기 때문에 경영의 결과에 대해 법적 책임이 없어서 훨씬 자유로운 대외 활동이 가능했다.

　국제자유도시포럼 공동대표(2002년), 무역협회의 e트레이드 사업 추진 위원회 위원장(2002년), 신아시아 경제 연맹 준비 위원회 공동 발기인 대표(2002년 3월) 등 여러 직함이 하나둘씩 늘어나던 시기에 중요한 직책 하나를 맡아야 하는 일이 생겼다.

삼성 라이온즈 구단주 권한 대행이 그 일이었다. 등기이사를 떼기 1년 전인 2001년 3월이었다. 우리나라의 프로야구 구단주는 대개 오너가 직접 맡는다. 삼성 라이온즈도 이건희 회장이 구단주였다. 그러나 이회장은 직접 관여할 수 있는 시간과 여유가 없기 때문에 구단주 대행 체재를 만들어 프로야구단을 운영했다. 그 구단주 대행을 내가 하게 된 것이다.

이건희 회장은 고등학교 때 레슬링을 했던 사람이다. 그만큼 스포츠에 관심도 많고 승부욕도 남다른데, 프로야구단의 구단주까지 하면서 삼성이 우승을 하지 못하는 것에 대해 매우 심기가 불편했다. 본인이 맡은 스포츠 단체는 반드시 최고의 성과를 올려야 직성이 풀리는데, 삼성이라는 이름을 달고 있는, 국민들이 가장 좋아하는 프로스포츠에서 우승을 못하고 있으니 얼마나 속이 답답했겠는가?

특별한 전갈이 왔다.

'삼성 라이온즈를 현회장이 맡아라! 자율적인 의사 결정을 할 수 있도록 감독에게 힘을 실어 줘라. 간섭하지 마라.'

이것이 이건희 회장의 뜻이었다.

평소 야구를 좋아하지는 않았지만 중요한 경기가 있을 때면 가끔 머리를 식히고 싶어 삼성 라이온즈의 경기를 관람하곤 했었다. 그때마다 구단 관계자들은 나를 부담스러워했고 경기에도 영향을 미친다고 제발 오지 말라는 부탁을 하곤 했었다.

당시 8개 구단 중 가장 많은 현금 지원을 받고 있던 삼성 라이온즈는 이건희 회장이 볼 때 답답하기 짝이 없었을 것이다. 전 세계 일등을 노리는 것도 아니고 국내 8개 팀 중에서 1등을 20년 동안 못하고 있다는 것은 도저히 자존심이 용서할 수 없는 일이었다. 3년간 그룹 비서실장으로 일한 사람을 구단주 대행으로 임명한 뜻이 무엇이었겠는가? 당연히 우승이었다. 그래서 더욱 부담이 되었다. 2천 년 초반부터 여러 감투를 쓰면서 대외 활동을 했지만 그 시절, 내게 가장 무거운 감투는 역시 삼성라이온즈 구단주 대행이었다.

돈을 제일 많이 받은 대가

당시 삼성은 8개 구단 중 가장 돈이 많았다. 팬들도 그렇고 나도 그렇고 의문이 들지 않을 수 없었다. 왜 가장 많은 돈을 지원받는데 우승을 하지 못할까? 이에 대한 해답은 2001년 구단주 대행을 시작하면서 알게 되었다. 구단 대행으로 취임 후, 일본 롯데 팀과 시범 경기를 마치고 김응용 감독과 일본에서 미팅을 했다. 그는 2000년 10월 30일, 나보다 몇 개월 먼저 라이온즈에 입단했었다. 이 자리에서 김응용 감독은 나에게 무엇이 문제인지 속 시원하게 말해주었다. 김응용 감독과 이야기 나누며 알게 된 라이온즈의 가장 큰 문제는 많은 돈이었다. 그 돈이 오히려 족쇄가 되었던 것이다. 삼성 라이온즈가 1패만 해도 여기저기에서 전화가 오기 시작한단다. 사실 나 자신도 이런 전화를 아무렇지도 않게 한 적이 있었으나 그것이 팀에 어떤 영향을 미치는지는 생각하지 못했었다.

'걔 빼야 합니다. 지금 이대로 가면 또 우승 못해요.'

'주루 코치가 문제예요. 주루 플레이 잘못으로, 날린 승리가 몇 갭니까?'

'타격 코치는 뭐 하는 사람인가요? 몇 사람 빼고 전부 죽을 쑤잖아요. 바꿔야 삼성이 삽니다.'

심지어 가장 중요한 선수 스카우트 문제까지 간섭하는 계열사도 있었다.

'이번에 그 친구 알죠? 걔 데려와야 합니다. 김ㅇㅇ은 한 물 갔어요.'

삼성그룹 임원이나 사장은 사실상 코치요 감독이 되어 구단을 흔들었던 것이다. 모두 삼성을 사랑하는 마음에서 충정 어린 조언을 했겠지만 듣는 구단 측 관계자는 진땀을 흘려야 했고, 몇 가지는 그들 뜻대로 해주는 시늉이라도 해야 했다. 그래야 구단 직원으로서 살아남을 수 있는 것 아닌가? 그러다 보니 배가 산으로 가고 있었다. 모기업의 뜨거운 지원은 타들어 가는 논바닥에서 비실대는 모내

기처럼 구단 프런트를 실신시켰고 그것은 그대로 감독과 코칭스태프에게 전달되어 자신들의 능력을 제대로 펼치지 못하게 만들었다. 사정이 이렇다 보니 선수 스카우트도 헛돈을 쓰는 경우가 많아서 일반 야구팬들을 갸우뚱하게 만들기도 했을 정도다. 이것을 뜯어고치기로 마음먹었다. '내가 방패가 되어 누구도 흔들지 못하게 해야겠다. 그리고 최고의 감독인 김응용 감독을 믿자.'

흔들던 사람이 방패가 되다

우리나라에는 진정한 프로 스포츠 구단이 없다. 한국이 세계 13위 국력이라고 자랑하지만 아직도 국민들은 스포츠 관람을 즐길 정도의 여력이 없는 나라라는 것을 증명하는 사례가 아닐 수 없다. 혹자는 무슨 소리냐, 지금 삼성, LG, 두산 등 프로야구단이 있지 않느냐고 항변하겠지만, 이들은 자체 입장 수입으로 선수 연봉과 프런트(경영진)의 임금을 감당하지 못하는 반쪽짜리, 무늬만 프로 구단들이다. 모두 모기업의 지원 아래 움직이는 기생식물 같은 존재라고 보면 된다. 800만 관중이라고 말하는 프로야구지만 각 구단마다 100억 대의 적자를 기록하는 것이 우리의 현실이다. 그렇기 때문에 그룹 비서실이나 모기업 임원의 한마디는 그대로 구단 측에 지시처럼 받아들여지게 된다. 돈이 거기서 나오기 때문이다. 내가 구단주 대행이 되기 1년 전, 삼성 라이온즈가 금융감독원에 제출한 2000년 감사보고서를 봐도 이러한 상황은 숫자로 드러난다. 총 302억 3천937만 원의 수입액 중 160억 원이 삼성 계열사의 지원금이었다. 입장료 수입은 18억 6천630만 원이었다. 삼성 라이온즈에 대한 계열사별 지원금을 보면 삼성전자, 삼성생명, 삼성화재, 삼성SDI, 삼성증권, 삼성코닝, 삼성전기, 삼성SDS 등 각 계열사들이 많게는 수십억 원에서 적게는 수억 원을 지원하고 있었다.

이러니 회사로부터 걸려오는 전화를 구단 측이 홀대할 수는 없었을 것이다. 나도 아슬아슬하게 우승을 하지 못하는 모습을 여러 번 지켜보면서 그때마다 속이 터져서 구단에 근무하는 사람들에게 이런저런 불평을 말하기도 했었다. 구단 대행에 임명되고 구단의 사정을 살펴보니 그것이 얼마나 큰 압박이었는지 뒤늦게 알게 되었다. 이제는 내가 입장이 바뀌어, 이리저리 휘둘리는 구단을 흔들리지 않게 지켜야 하는 방패가 되어야 했고 우승을 시켜야 하는 처지가 되었다. 쉽지 않은 일이었다.

적절한 배분 그리고 심기일전

나는 신라호텔에서도 삼성시계에서도 그랬지만 사람에 대한 투자, 단기 효과보다는 장기적인 효과를 내는 투자에 망설이지 않았다.

삼성 라이온즈에 와서도 그렇게 했다. 해외 전지훈련에 돈을 아끼지 않았고 선수들의 사기를 높여 주기 위하여 성과에 따른 인센티브 차등 지급 등 일본이나 미국의 프로구단이 시행하는 제도를 도입했다. 각종 입김 때문에 헛돈 쓰는 일은 줄이고 감독의 권한을 최대한 보장해 주었다.

김응용 감독은 명장다웠다. 선수들을 장악하고 팀의 목표를 달성하기 위해 세세한 것까지 신경 쓰는 모습이 경영자와 다를 바 없었다. 해태 시절, 한국시리즈 9전 전승의 대위업을 달성했던 김감독은 오자마자 "삼성의 개인주의를 뿌리 뽑겠다"라며 스타플레이어가 많았던 삼성 라이온즈의 문제를 간파했다. 전지훈련 내내 체력을 위해 고기만 먹을 것을 강요하며 식탁에서 김치를 제외할 정도로 독한 사람이었고 엄청난 강훈련을 시키며 선수들을 굴렸다. 느릿느릿 걷는 것도 용납되지 않았고 방망이를 집어던지며 성질을 부린 선수는 곧장 귀국행을 통보받았다. 한마디로 무시무시한 저승사자 같은 감독이었다.

삼성은 심기일전했고 2001년 8월부터는 1위 독주가 계속되었다. 내가 대행을 맡자마자 우승하는 것 아닌가 하여 들떴고 한국시리즈가 시작되기도 전에 화려한 우승 축하 이벤트를 계획했었다. 아뿔싸, 이럴 때 항상 문제가 생기는데, 살얼음 밟는 기분으로 살아야 되는데 방심이 참사를 불렀다. 역시나 우리는 한국시리즈에서, 지금은 두산 베어스인 당시 OB 베어스에게 4패를 당하고 두 번밖에 이기지 못했다. 우승은 OB 베어스가 차지했다. 마해영의 헛스윙으로 우리의 패배와 OB 베어스의 우승이 확정되는 순간, 당시 KBO 회장이면서 OB 베어스의 구단주인 두산의 박영오 회장은 크게 기뻐했다. 이건희 회장이 TV 중계로 봤을 텐데 또 우승을 하지 못하고 저런 기쁨을 구단주에게 선물하지 못한 것이 매우 아쉬웠다. 당장이라도 책임을 지고 물러나고 싶은 심정이 들었다. 김응용 감독도 오자마자 삼성을 한국시리즈에 올려놨지만 9전 전승이라는 자신의 한국시리즈 기록이 깨지며 자존심이 상했다. 그것도 정규 시즌 3위 팀에게 당한 패배였기에 아픔이 매우 컸다.

승진 그리고 악몽의 7연패

과거 삼성은 감독들의 무덤이었다. 우승에 실패하면 모든 코칭스태프와 감독이 갈렸지만 이번에는 달랐다. 감독을 신뢰하고 한 번 더 도전하기로 했다. 이건희 회장의 결단이었다. 나도 구단주 대행에서 구단주로 승격되었다. 반드시 우승하라는 무언의 압력이면서 사람을 썼으니 믿는다는 메시지였다.

그렇게 다시 2002년 우승을 향해 달려가자고 파이팅 했으나 어쩐지 작년보다 순위가 올라가지 않았다. 그러더니 급기야 6월 28일부터 7월 9일까지 7연패를 당하는 사태까지 벌어졌다. 나를 비롯한 삼성 라이온즈의 프런트는 이대로 무너지는 줄 알았다.

정말이지 이 기간 동안 감독의 일을 간섭하지 않고 게임에 관여하지 않기는 무척 힘들었다. 하지만 내가 정한 원칙이고 처음 구단에 부임해서 깨달은 삼성 라이온즈의 문제를 스스로 가중시켜서는 안 된다는 생각으로 인내했다.

하늘이 도왔을까, 삼성이 9월 10일부터 15연승을 따낸다. 프런트도 기운이 났고 다시 한번 선수 코칭스태프가 하늘을 찌를 듯한 기세로 하나 되어 돌진했다. 그 힘으로 삼성은 그대로 한국시리즈에 2년 연속 직행하고 우리는 대구구장에서 LG를 상대로 한 첫 게임을 기다렸다. 나와 프런트가 달라진 점이 있다면 이번에는 엄숙할 정도로 차분했다.

11월 3일 홈구장에서 4대 1로 승리, 1승
11월 4일 홈구장에서 1대 3으로 패배, 1패
11월 6일 서울에서 6대 0으로 완승, 2승 1패
11월 7일 서울에서 4대 3으로 승리, 3승 1패
11월 8일 서울에서 7대 8로 석패, 3승 2패

우리는 11월 10일 대구에서 6차전을 맞았다. 여기서 1승을 보태 우승을 하느냐 아니면 패배하고 서울에 가서 결승을 치르냐가 달린 경기였다. 전날 7대 8로 진 후유증이 구단 전체를 짓눌렀다.

| 장면11 |
교체될 뻔한 이승엽

한일 월드컵 4강 신화의 광풍도 가라앉자 사람들은 야구로 다시 눈을 돌렸다. 1985년 전기 후기 모두 1위를 하면서 한국시리즈 없이 삼성 라이온즈는 싱거운 우승을 했지만 그것을 삼성의 우승으로 기억하는 사람은 없었다. 삼성 라이온즈의 저주는 사실 1982년 프로야구 원년 우승을 OB 베어스한테 헌납하면서 꼬이기 시작했다. 박철순 투수를 영웅으로 만들어 주는 조연을 하더니 1984년에는 최동원을 전설로 만들며 결승에서 패했다. 이런 식으로 다섯 번 결승에 올라 한국시리즈에서 패하고 20년을 헛손질하며 만년 우승 후보라는 달갑지 않은 별명을 달고 다닌 삼성 라이온즈가, 오늘 대구에서 우승을 노린다.

중국 초나라 장왕의 방탕함을 일깨우기 위해 사용되었다는 '불비

출처 : 한겨레 신문

'불명(不飛不鳴)-날지도 않고 울지도 않는다.'는 이 말은 방탕하다는 뜻보다는 때를 엿본다는 의미가 강한 고사성어다. 3년간 허허실실 전략으로 충신과 간신을 가려내려는 장왕은 3년 동안 불비불명했다.

그런데 삼성은 20년이나 불비불명하고 있으니 '아재요~ 참 마 20년이다. 언제 할 낀데 우승!'하는 자조 섞인 탄식이 대구 팬들 사이에서는 일상화되었지만 구단에 대한 사랑은 여전히 뜨거웠다.

11월 10일, 경기 전, 대구 시민운동장 전광판에는 거대한 플래카드가 걸렸다.

'20년 不飛不鳴(불비불명) 雄飛(웅비) 삼성'

과연 오늘은 모든 실망과 좌절과 조롱을 뒤로하고 승리할 것인가? 3승 2패에 1승을 더하면 우승이고 오늘 경기에서 패하면 3승 3패가 되어 서울에서 결승을 치러야 한다.

최저 기온 7도, 월드컵 등 각종 행사에 밀려 찬밥이 된 한국 프로야구는 경기를 미루고 미루다, 11월에 한국시리즈를 치르는 지경에까지 이르렀다. 얼어 죽을 만큼 쌀쌀한 날씨라고 한두 마디씩 불평이 나왔지만 수많은 팬들과 짧은 치마의 치어리더들은 우승에 대한 열망으로 초겨울 같은 가을 날씨를 압도하고 있었고, 자신의 홈구장에서 우승의 감격을 맛보기 위한 팬들로 대구 경기장은 14번째 만석이 되었다.

경기 전 LG 감독 김성근은 홈구장의 열기에 아랑곳하지 않고 오늘도 마운드에 올라가 야구공을 굴렸다. 그는 경기 전 야구공을 투수 마운드에서 굴려 보곤 했다. 공을 집어 들고 흙이 얼마나 묻는지 보기 위해서다. 그날 야구장의 습도를 측정하고 판단하는 그만의 방법이었다. 이런 식으로 온갖 것을 체크하면서 작전을 구상했다.

'오늘은 타격전이 될 것 같군.'

LG가 승리할 것 같은 불길한 예감이 대구 경기장에 먹구름처럼 몰려온 것은 2회였다. 풀카운트 상황에서 포수가 공을 놓쳐, 주자 낫 아웃 상태가 되어 LG는 주자를 내보내는 데 성공한다. 뒤이어 다시 볼넷으로 타자가 걸어 나간다. 순식간에 주자 1, 2루. 불길하다.

LG 최동수가 타석에 오른다. 연속 포볼에 대한 보상심리였을까? 삼성 투수는 정직하게 한복판에 143km짜리 직구를 꽂아 넣는다.

"땅!"

정통으로 얻어맞은 타구가 크게 솟구친다. 홈런이다. 우타자 최동수가 우측 담장을 넘기는 쓰리런 홈런포로, 대구 팬들은 초겨울 같은 날씨에 찬물을 뒤집어쓰고 말았다.

3 대 0.

기분 나쁜 볼넷이 더 기분 나쁜 홈런으로 점수를 만들었다. 2회 말 삼성도 투런홈런으로 따라붙고 3회에는 양준혁의 적시타로 동점을 만든다. 3회 3 대 3.

4회 5 대 4로 삼성은 역전에 성공한다. 대구 구장은 우승에 대한 희망을 잠시 품기 시작한다.

그러나 6회 초, 투 아웃 투 스트라이크 투 볼에서 나온 LG 김재현의 좌중간 안타로 1, 2루 주자를 모두 불러들이자 관중석에서는 욕설이 터져 나오기 시작했다.

7 대 5로 LG가 앞섰다. VIP석에서 구단 관계자들과 관전하던 현명관 구단주는 심한 스트레스를 받았다.

'이번에도 우승을 놓치는 것인가?'

옆에 있던 KBO 회장은 쓰린 속에 한 번 더 스트라이크를 먹인다.

"오늘 시상하는 일은 없을 것 같은데요 현회장님?"

"경기는 지켜봐야죠. 이제 뭐 6회 아닙니까?"

"이승엽은 계속 두고 보실 건가요? 한국시리즈 내내 역할을 못하네요. 허허."

박용오 KBO 회장은 오늘 삼성이 우승할 경우, 시상을 위해 끝까지 경기를 지켜봐야 하는 사람이었다. 두산 그룹 회장이기도 한 그는 엄청난 야구광이면서 전문가였다.

6회 2점 차로 역전을 하자 LG 감독 야신 김성근은 승리를 확신하기 시작했다.

'이상훈을 언제 투입하느냐가 문제군. 그동안 마무리하면서 투구 수가 많았다. 조금만 참았다 쐐기를 박아야 한다. 아직은 등판이 이르다. 조금만 참아보자.'

특급 마무리 갈기 머리 이상훈이 올라오면 그 경기는 끝난 것이다. 2점 차로 뒤지기 시작하자 김응용 감독도 그것을 가장 두려워했다. 김응용 감독은 특유의 무표정으로 복잡하고 불안한 마음을 숨기며 생각했다.

'지금 따라붙지 못하면 이상훈이 올라와 마무리할 것이고 그때는

4장 삼성 첫 우승의 비밀

따라가기 어렵다.'

LG는 경쾌하게 점수를 얻고 있었으며, 반면 삼성은 중심 타선이 침묵한 채, 엉뚱한 타선이 빛을 내며 따라붙고 있었다. 중심 타선 침묵에는 3번 타자 이승엽의 부진이 제일 컸다. 포스트시즌 내내 20타석 가까이 되는 동안, 안타 2개만을 만들어낸 그의 부진을 계속 두고 볼 팬과 코치, 스텝, 구단 프런트는 없었지만, 김응용 감독은 이승엽을 교체하지 않고 계속 기회를 주고 있었다.

8회가 되자 야신(野神) 김성근의 승부근성이 발동한다. 무사(無死)에 외국인 용병이 안타를 치며 1루에 나가자 야신은 바로 번트 신호를 보낸다.

'일단 이기고 보는 거야.'

타자주자 아웃, 다음 주자 고의사구.

원아웃 주자 1, 2루. 최동수가 타석에 오른다. 그는 3회에 홈런을 쳤었다. 최동수가 힘차게 방망이를 휘두른다.

방망이가 부러지며 좌측에 안타.

순식간에 8 대 5로 LG가 승기를 잡는다.

VIP석에서 지켜보던 삼성 라이온즈 프런트와 현명관 구단주의 속이 타들어갔다.

'상대는 배트가 부러져도 안타고, 우리는 평범한 파울 플라이도 놓치고. 6차전은 물 건너간 것인가……. 승리의 여신은 LG를 선택한

것인가?'

이어진 연속 안타로 LG 대 삼성은 9 대 5.

"아……." 현명관의 입에서 자신도 모르게 탄식이 흘러나왔다.

반면 VIP 룸에서는 박수가 터져 나왔다. 역전과 재역전을 거듭하는 명경기에 대한 박수였으나 현명관 구단주는 속이 불편했다.

박용오 KBO 회장은 자리를 털고 일어나면서 현명관에게 한마디를 던졌다.

"오늘 내가 우승 팀에게 시상을 할 일은 없을 거 같네요. 서울에 일이 있어서 먼저 가 보겠습니다. 현회장님? 저 가도 되죠?"

옆에 있던 LG 트윈스 구단 측 관계자가 거든다.

"그럼요, 회장님 들어가십시오. 서울에서 뵈어요. 그때 멋지게 우승 팀에게 시상해 주십시오. 물론 저희겠지만요. 하하하."

현명관은 차마 끝까지 지켜보자는 말을 할 수가 없었다. 박빙의 승부가 4점 차로 무너진 지금, 삼성이 우승할 수도 있으니 시상식을 위해서 남아 달라는 말을 꺼내지 못했다. 현회장은 박용오 회장이 사라진 문을 향해 성의 없이 인사를 하고 다시 심각하게 그라운드를 바라보았다.

LG 선수들이 모두 뛰쳐나와 홈을 밟는 선수들을 얼싸안으며 아직도 환호하고 있었다. 그러나 이 환호 속에서도 냉정함을 유지하고 있는 한 사람이 눈에 띄었다. LG의 김성근 감독은 4점 차가 난 상황에서도 안심하지 못했다.

그는 '오늘 경기는 4점 차 이상 나야 승리할 수 있다'라는 직감이 들었기 때문이었다. 공격수들이 차분히 기다려야 한다는 생각을 했으나 '볼을 기다려라'는 작전을 내지는 않았다.

실수였다.

손써 볼 틈도 없이 급하게 공격하던 LG 타자들이 아웃을 당하고 4점을 앞선 상황에서 8회 말을 맞았다. 8회 말, 1점을 삼성이 따라붙는다.

김성근 감독은 생각했다.

'3점 차는 불안하다. 이상훈이 마무리를 잘해 주길 바랄 뿐. 하지만 오늘 경기를 잡으면 우승은 우리다.'

9회 말, 삼성의 마지막 공격을 막아내라는 특급 명령을 받은 이상훈이 갈기 머리를 휘날리며 마운드에 올랐다. 그는 이현세 만화에 나오는 '공포의 외인 구단' 명투수 까치처럼 자신감이 넘쳤다. 3점 차는 특급 소방수가 역전을 허용할 만한 점수가 아니다.

김응용 감독은 이상훈이 마운드에 오르자 자포자기의 심정이 되었다. 팬들도 이미 7차전을 대비하며 아쉬움을 소주로 달래고 있었다.

'이렇게 된 바에야 행운을 믿어 보자' 김 감독은 대타를 투입해 보기로 한다.

"첫 타자, 김재걸로 교체."

코치의 호명에 김재걸은 머리로 피가 솟구치는 걸 느꼈다. 벤치에 앉아 있던 김재걸은 큰 각오를 하고 타석으로 걸어갔다. 한국시리즈 6차전, 첫 타석을 9회 말이 돼서야 밟아본 김재걸은 원한을 풀듯 방망이를 휘둘렀다.

"중견수 쪽 쭈욱 뻗어갑니다! 중견수 뛰어갑니다! 중견수 뒤로! 중견수! 담장 맞고 떨어집니다! 자 2루까지! 2루 돌아서 3루는… 가지 않습니다. 큰 타구가 나왔습니다. 하마터면 홈런이 될 뻔한 아주 큰 타구! 아 삼성으로서는 다시 불꽃을 살릴 수 있는 기회를 맞이합니다."

TV 중계를 하던 SBS 김정일 아나운서의 목소리가 높아졌고 구장의 팬들도 일제히 자리에서 일어나 함성을 질렀다. 그러나 다음 타자 강동우는 삼진. 다시 LG 벤치는 박수를 치며 벤치를 박차고 뛰쳐나왔고 승리를 확신했다. 삼성 쪽은 침울해졌다.

다음 타자는 브리또와 이승엽이다. 한국시리즈 20타수 2안타라는 최악의 타격 부진을 겪고 있는 이승엽을 보면서 김응용 감독은 많은 생각을 했다. 삼성 프런트도 고민이 많았고 현명관 구단주도 침이 말랐다.

한번도 경기 운영에 관여하지 않은 현명관이었지만 이번만은 가만히 있을 수 없었다.

"이승엽 빼야 하는 거 아니요? 오늘 4타수 무안탑니다. 5타수 무안타 만들 겁니까? 정말 여기서 포기하자는 거예요 뭐예요? 안 되겠습니다. 인터폰 어딨어요? 내가 감독한테 직접 말하겠습니다."

현명관은 자리에서 일어나 인터폰 쪽으로 향했다.

순간 VIP석에서 관전하던 삼성 프런트의 김단장이 조용히 말렸다.

"한번만 더 김응용 감독을 믿어 보시죠. 무슨 생각이 있겠죠."

현명관은 잠시 흥분을 가라앉히고 김단장이 말한 '믿어 보자'라는 단어를 마음속에 새겼다. 인터폰 쪽을 바라보며 끓어오르는 갑갑함을 가라앉히기 시작했다.

'그래, 지금까지 전문가를 믿고 여기까지 왔다. 설사 여기서 패하는 한이 있더라도 한번 믿었으면 간섭하지 말아야 한다.'

그 사이 브리또가 볼넷으로 출루했다. 다시 희망을 품으며 현명관은 자리에 돌아와 앉았다. 그리고 아무 기대도 없이, 이승엽이 타석에 들어서는 모습을 담담하게 지켜봤다. 이승엽은 뜸을 들이며 유난히도 타석을 발로 여러 차례 골랐다. LG 이상훈은 멍하니 바라보다 이승엽이 타석에 자리를 잡자, 지체 없이 크게 왼팔을 휘돌리며 공을 뿌렸다.

초구 스트라이크. 펑 소리가 날 정도로 자신감 넘치는 투구였다.

현명관은 마음속으로 '역시'를 외쳤다. 조금 전 머뭇거리며 인터폰으로 이승엽의 교체를 주문하지 못한 자신을 책망했다.

자신감을 얻은 LG 투수 이상훈은 더 자신 있는 폼으로 두 번째 공을 한복판에 뿌렸다. 슬라이더였다.

주자 1, 2루 상황에서 병살타를 유도하려는 투구였다.

'딱!'

우측 아래로 흐르는 슬라이더를 지금껏 보여주지 않던 번개 같은 스윙으로 이승엽이 걷어 올렸다.

"받아칩니다~! 우측에 큽니다. 아아~!!"

"우측에 호오오오오오옴 런!! 이승엽의 홈런!"

"침묵하던 이승엽! 9회 말, 동점 홈런!"

TV 중계를 하던 김정일 아나운서의 목소리가 전국에 울려 퍼졌고 삼성의 우승이 코앞으로 다가왔다.

기적 같은 9 대 9 동점이 되자, 현명관은 구단 관계자들과 기쁨의 함성을 질렀다. 그리고 급하게 전화 한 통을 주문한다.

"아까 자리 뜨신 KBO 회장님, 빨리 돌아오시라고 전화하세요. 우승 시상식을 할 사람이 없으면 안 되잖아요."

KBO 한국야구 위원회 소속 간부가 IC를 막 빠져나가려는, 박용오 회장에게 급히 전화를 돌렸다.

"회장님, 빨리 오셔야겠습니다. 삼성이 우승할 수도 있겠습니다.

2002년 매일신문, 이승엽이
극적인 동점 홈런을 터뜨린 후 환호하고 있다

지금 이승엽이 동점 홈런을……. 앗! 마해영! 지금 마해영이 한 번 더 홈런을 쳤네요. 와! 삼성 대단하네요. 삼성이 10 대 9로 이겼습니다! 우승입니다! 삼성 우승!"

박용오 회장은 경부 고속도로 북대구 IC를 통과하지 않은 것을 다행으로 생각하며 급하게 차를 돌려 대구 야구장으로 향했다.

인생도 모르고 야구는 더 모를 일이라는 것을, 그날 전국의 야구팬은 마음속에 새기며 삼성의 우승을 축하해 주었다.

꽃이 화분 안에 들어가면 마침내 생기가 떨어져 무력해지고
새가 새장 안에 있게 되면 곧바로 하늘이 준 멋스러움이 죽어버린다.
산속에서 꽃과 새가 번잡스럽게 모여 아름답게 되고
날갯짓 퍼덕이며 스스로 반야 지혜를 얻고6
이로써 침착하고 여유로워져(유연悠然) 마음을 깨닫느니만 못하다.

화거분내 종핍생기 조입롱중 변감천취
花居盆內 終乏生機 鳥入籠中 便減天趣
불약산간화조 착집성문 고상자야(약) 자시유연회심
不若山間花鳥 錯集成文, 翺翔自若7 自是悠然會心.

채근담 / 後集 第55章

 하마터면 나는 20년 삼성 우승의 숙원을 날려버릴 뻔했다. 우승에 대한 열망으로 그때 내가 강하게 이승엽을 교체하라고 했다면 첫 우승의 감격과 야구 역사에 남을 명장면은 없었을 것이다. 그날 나의 조급함을 막아준 것은 삼성맨으로 오랜 시간 지내면서 나도 모르게 체득된 용인술 때문이었던 것 같다.
 삼성가에는 불문율처럼 내려오는 고전의 경구가 있다.

---

6 〈일반적인 해석〉 마음대로 이리 날고 저리 날아서 스스로가 한가롭고 자연스러움을 깨달음만 못하느니라.
7 위 고상자야 부분에서 일반적으로 약若을 어조사로 처리하는데 앞의 새조鳥자가 3성(niao)임을 생각하면 약若이 아니고 반야(지혜)를 뜻하는 야若 [rě]가 되어야 3성으로서 각운이 맞는다. 그러므로 자시自是 역시 이로부터라는 뜻으로 해석해야 한다. 회심은 마음을 깨닫는다는 뜻이기 때문에 문맥이 맞으려면 위의 해석이 더 원뜻에 가깝다고 본다.

불신물용(不信勿用) 용인필신(用人必信)

즉, 사람을 믿지 못하겠으면 끝까지 쓰지 말고, 사람을 쓰고자 한다면 반드시 믿고 맡기라는 뜻이다.

하지만 이 말을 실천하기는 쉽지 않다. 위에서 보면 아랫사람들이 하는 일의 잘잘못이 쉽게 보인다. 자신이 더 잘 아는 것 같고 부하는 어리석게 일을 하는 것처럼 보인다. 그래서 간섭을 하게 되고 간섭을 한번 하기 시작하면 점점 더 많이 하게 된다. 왜냐하면 윗사람이 한번 치고 들어오면 그때부터 눈치를 보지 않을 수 없고 점점 더 방어적인 자세로 책임을 윗사람에게 떠넘기기 때문이다. 특히 전문가를 써야 하는 분야에서 이런 일이 일어나면 최악의 결과를 낳고 만다. 그래서 삼성 그룹은 용인필신의 철학으로 사람을 채용하고 중책을 맡겼다.

채근담은 이 부분을 좀 다른 방법으로 접근해서 우리에게 알려준다. 전문 분야에 특출난 사람을 '새'로 바꾸어 보면 위 말의 깊이를 실감할 수 있다. 새장이나 화분은 윗사람의 통제를 상징한다. 통제가 강해지면 새는 제 목소리를 잃고 그 미묘한 맛을 잃어버리게 된다. 또한 마지막 구절에 '새는 유연해져 마음을 깨닫는다(회심會心)'고 하지 않았는가? 이는 문제해결 능력이 보통 인간과는 차원이 다른, 깨달은 사람의 그것과 같음을 말한다.

김응용 감독의 수십 년 노하우로 바라본 그날 한국시리즈 6차전과,

구단주를 하고 있는 야구 문외한이 바라본 6차전은 전혀 다른 깊이를 가지고 있었을 것이다. 20타수 2안타라는 통계를 보며 이승엽을 교체하고 대타를 내세워야 한다는 것이 2년 된 문외한의 판단이라면, 김감독은 20타수 2안타이기 때문에 이제 터질 때가 되었다고 보는 것이었다. 그리고 그 뚝심 혹은 혜안이 삼성 우승을 만들었다.

그날 내가 김응용 감독의 새장이 되지 않았던 것을 감사하게 생각한다. 그리고 그날 옆에서 조언해 준 사람 말을 듣길 잘했다고 생각하며 오늘도 흐뭇한 우승 순간을 떠올린다.

현명관의 21세기
채근담

菜根譚

전문가를 믿어라.
만약 그를 당신의 새장 속에 가두려 한다면
더 이상 아름다운 자연 속 새 노래는 들을 수 없을 것이다.
전문가를 믿어라.
같은 것을 보고 당신과 다른 판단을 하는 존재가 전문가다.
전문가를 믿으라고 하는 조언이 들어오면 한 번 더 생각하고 인내하라.
큰 승부를 앞두고는 더욱 그래야 한다.

위대한 거래

5장
제주도의 푸른 밤

어 린 시 절 이 야 기
유튜브 감상은 큐알코드로

| 장면12 |
제주도의 푸른 밤

    1989년 1월 8일 승진을 하고 현명관 대표는 분위기를 일신하고자 신라호텔의 모든 간부들이 참석하는 경영 전략회의 소집을 결심했다.
    1월 20일 충청북도에 있는 증평호텔에 신라호텔의 간부들과 현명관 대표가 도착했다. 임직원들은 저녁 식사를 하고, 야간 회의를 하기 전 각자의 방으로 휴식을 취하러 들어갔다. 현명관 대표도 배정된 객실로 들어갔다. 여러 가지 생각이 몰려왔다.
    잠시 머리를 식힐 겸 라디오를 틀었다.
    "대한이 소한 집에 놀러 갔다가 얼어 죽었다고 하는 말이 있잖아요. 원래 대한 추위가 별것 아니라지만, 오늘은 어쩐 일일까요?
    대한답지 않게 영상 7도까지 올랐네요. 참 포근한 겨울 날씨였죠. 아무리 포근했어도 과연 한 겨울에 어울릴까 싶은… 오늘 특별한 신곡이 나왔네요. 바로 록밴드 들국화의 베이스 기타 최성원 씨가 솔로 앨범을 냈는데요. 타이틀곡을 들어 볼까요? 제주도의 푸른 밤."

'제주도'라는 말에 뉴스 채널로 돌리던 손을 멈추고, 현명관 대표는 벌써 어둑해진 겨울 하늘을 보며 노래를 듣는다.

아, 제주도. 이 말은 현명관 대표가 듣기만 해도 가슴이 먹먹해지는 이름이며 가슴 아픈 아버지의 기억과 고생하신 어머니의 모습이 어지럽게 엉클어진 이름이었다. 노래는 잔잔한 파도 소리와 함께 시작했다. 현명관 대표도 그 소리와 함께 44년 전 제주도로 되돌아갔다.

〈 제주도의 푸른 밤 〉

최성원 작사 · 작곡

떠나요 둘이서 모든 걸 훌훌 버리고

제주도 푸른 밤 그 별 아래

이제는 더 이상 얽매이긴 우리 싫어요

신문에 TV에 월급봉투에

아파트 담벼락보다는

바다 볼 수 있는 창문이 좋아요

깡깡밭 일구고 감귤도 우리 둘이 가꿔 봐요

정말로 그대가 외롭다고 느껴진다면

떠나요 제주도 푸른 밤 하늘 아래로

제법 긴 간주가 나오자 현명관은 한 번 더 그 시절의 추억에 깊이 잠겼다. 노래 가사와 달리 그에게는 '신문도 필요했고 TV도 월급봉투도' 절실했다. 가고 싶어도 갈 수 없는 고향 제주. 그에게는 신라호텔을 이끌어야 하는 선장의 자리가 주어졌기 때문에 지금 감귤밭을 뛰어다닐 자유는 없었다.

> 떠나요 둘이서 힘들게 별로 없어요
> 제주도 푸른 밤 그 별 아래
> 그동안 우리는 오랫동안 지쳤잖아요
> 술집에 카페에 많은 사람에
> 도시의 침묵보다는 바다의 속삭임이 좋아요
> 신혼부부 밀려와 똑같은 사진 찍기 구경하며
> 정말로 그대가 재미없다 느껴진다면 떠나요 제주도
> 푸른 해가 살고 있는 곳

파도 소리가 끊어질 듯 이어지며 노래는 한 소절 길이만큼 기타 연주가 계속되었다. 이 노래는 현명관에게 긴 여운을 남겼다.

'그래 재미없어지면 제주도로 떠나자. 술집에, 카페에, 많은 사람에 지치지만 그래도 난 아직 이 일이 재밌다.'

자신의 신령스러운 기운이 왕성하다면 베옷을 입고 움집에 살아도
천지 우주가 부드럽게 화합하는 기운을 얻을 것이요
명아주 나물국을 끓여 밥을 먹어도 그 맛에 만족하면 인생의 담박한
(=욕심 없고 깨끗한) 참맛을 깨닫는다.

<small>신 감 포피와중 득천지충화지기</small>
神酣 布被窩中 得天地冲和之氣
<small>미 족 갱여반후 식인생담작지진</small>
味足 羹藜飯後 識人生澹泊之眞

채근담 / 後集 第87章

        1988년 8월 18일이 위 음반의 공식 발매일이지만 신문에는 89년 1월 10일에 들국화 최성원이 솔로로 데뷔하며 음반을 냈다는 기사가 나온다. 내 기억에도 그즈음 이 노래를 처음 들었던 것 같다. 원래 음악을 잘 듣는 사람은 아니지만 노래 제목이 '제주도'라 하여 관심을 갖고 끝까지 들었던 기억이 난다. 푸른 밤의 제주 풍광을 떠올리게 하는 아름다운 가사도 일품이지만 여기 '떠나요 제주도'라는 가사는 당시 나에게 완전히 반대의 의미로 해석됐었다.

    나는 제주도를 떠나고 싶었다. 사람들은 제주도로 떠나고 싶었겠지만 나는 제주도를 떠나고 싶다는 생각이 간절했고 또 그것을 실천해서 더 큰 세상으로 나올 수 있었다. 사람은 서울로 보내고 말(馬)은 제주도로 보낸다는, 말 그대로 내가 태어난 1941년의 제주도는 말(馬)을 제외하곤 내세울 것이 없는 곳이었다.

채근담에서는 자연과 벗하며 사는 안빈낙도를 찬양하지만 이미 자연만이 벗인 사람들에게는 바다와 바람과 돌과 해녀만 있는 곳은 떠나고 싶은 답답한 곳이었다. 나의 어머니(정갑순)는 해녀였고 아버지(현여방)는 지금의 교육 위원회에 해당되는 제주도청 학무과 계장이었다. 공무원이라는 안정된 신분과 어머니의 부업으로 당시로서는 어렵지도 넉넉하지도 않은 평범한 가정에서 6남 1녀 중 둘째로 태어났다.

그곳은 록밴드 들국화의 최성원 씨가 부르는 노래 가사 대로 금귤(금귤이 바른 말이고 낑깡은 일본어임)이 많이 자라 숲을 이룬 곳이고, 해변으로 가면 세계 문화유산 성산 일출봉이, 오른 편에는 섭지코지 해변이 있는 멋진 곳이다. 나는 세상이 다 이렇게 생긴 줄 알았다.

그러나 노랫말에 나오는 낭만적인 '제주도 푸른 밤 그 별'은 나에게 아름다운 푸른빛으로 기억된 적이 없었던 것 같다. 제주의 이미지는 8살부터 오래도록 붉은 피의 섬으로 기억되었다. 미국 드라마 '로스트(LOST)'의 무시무시하고 두려운 섬처럼.

붉은 피의 섬 4.3의 제주

　모두가 그렇듯 어린 시절의 기억은 대개 꿈처럼 흐릿하지만, 내가 8살에 겪은 제주 4.3 사건은 지울 수 없는 핏빛 기억으로 너무도 선명하게 남아있다. 제주도는 4.3 사건이 터지기 1년 전부터 피로 물들기 시작했다. 1947년 3월 1일, 민주주의 민족전선이 주최한 제28주년 3·1절 기념식에서 경찰이 총을 쏘는 바람에 주민 6명이 사망하는 3.1 사건이 터졌다. 그 후 1년여 동안 크고 작은 유혈 사태가 벌어지더니 급기야 1948년 4월 3일 제주도에 무장봉기가 일어나고, 무자비하고 끔찍한 진압이 뒤를 이었다. 무차별적인 공권력 폭력이 자행되고 평안남북도 청년들이 중심이 된 서북 청년단들은 폭력과 학살, 고문으로 제주도민을 공포에 떨게 했다. 그들이 무서웠던 이유는 공산당의 인민재판이나 다를 것이 없었기 때문이다. 혐의만 있으면 증거고 뭐고 없이 즉석에서 사람을 죽였다. 반대로 밤이 되면 좌익 세상이 되어 무장 공비들이 똑같은 학살을 저지르고 다녔다.

　아버지의 사촌 형 되시는 분도 서북청년단에 끌려가 죽었다. 어떤 마을에서는 동네 청년을 다 모이게 해 놓고는 전부 총살시켰다. 또한 군수사대는 마을에 한 명의 빨갱이가 나오면 마을 전체를 빨갱이로 몰아 수색 과정에서 많은 사람들을 좌익이라고 끌고 갔다. 그들은 끌려가 고문으로 반병신이 되거나 죽고 말았다. 이런 소문이 파다하게 제주 전체에 퍼졌고 우리 가족도 공포에 떨며 조심하자고 호롱불 밑에서 수군거렸다.

그러던 어느 날, 공무원이던 아버지가 퇴근 시간이 되어도 돌아오지 않았다. 그날 잡은 성게로 미역국을 끓이던 어머니는 몇 번이고 국을 데워 가며 아버지를 기다렸지만 돌아오지 않았다. 해녀였던 어머니는 깊은 근심에 잠겨 잠들었고 다음날부터 미친 사람처럼 남편을 찾아 나섰다. 그러나 아버지의 행적은 찾을 수 없었다. 멀쩡히 퇴근했다는 아버지가 집에 돌아오지 않자 어머니는 피 끓는 마음으로 밤을 새우다시피 하며 이튿날을 맞았다. 그렇게 3일이 지나 제주의 푸른 밤이 걷히던 새벽, 자는 둥 마는 둥 하던 어머니가 인기척에 놀라 마당으로 뛰어나갔고, 거기에는 온몸이 피투성이가 되어 기어 오다시피 들어오는 아버지가 서 있었다. 나와 형제들은 아버지를 보고 놀라 아무 말도 못 했다. 어머니는 숨죽이듯 낮은 비명을 지른 후 아버지를 부축했다.

"여보! 어떻게 된 거예요?" 어머니의 얼굴에는 생사를 알지 못하고 살아 돌아온 아버지에 대한 반가운 감정과 처참한 아버지의 모습에, 자신이 고문당한 듯 괴로운 고통이 섞여 있었다. 영원히 잊지 못할 충격적인 장면이었고 내가 제주도를 푸른 밤으로 기억하지 못하는 이유가 되었다. 나중에 커서 안 사실이지만 우리 집 말고도 나의 친구들, 친척들 중 끌려가 고문을 당한 사람은 한 둘이 아니었으며 그중에는 가장(家長)이 죽어 졸지에 아버지를 잃은 사람들도 있었다. 한집 걸러 하나씩, 반병신이 된 아버지, 삼촌이 있었다. 머리에 먹물 좀 들었다 싶으면 죄다 끌려가 조사를 받고, 고문을 받고, 더러 죽던 시절이니 학무과에서 일한 아버지가 조사를 받은 것은 당연했다.

그런데 조사 며칠 전, 아버지가 친구들과 막걸리를 한잔하면서 당시 시국과 이승만 대통령의 문제를 비판했던 모양이다. 사실 당시 지식인 중 친일파와 손잡은 독립 영웅 이승만 대통령에 대해 문제의식을 갖지 않은 사람은 없었을 터인데 이를 누군가 수사대에 밀고했던 것이다. 그 때문에 아버지는 계엄군에 끌려가 모진 고문을 당하고 말았다. 이후 아버지는 일생 동안 허리와 다리에 통증을 겪으며 장애를 안고 살게 되었다.

'아, 얼마나 맞으면 사람이 저렇게 될까……'

어른이 되어 나도 정강이뼈가 두 동강 나는 큰 교통사고를 당하면서 돌아가신 아버지를 떠올린 적이 있었다. 당시 얼마나 고통스럽고 원통했을까. 그런데 내가 자라는 내내 아버지는 그때 끌려가서 무슨 일이 있었는지 한마디도 하신 적이 없었다.

아버지의 상처는 고등학교 때 우리 집에 초대한 친구를 통해 짐작하게 되었다. 가장 좋아하고 친했던 친구가 있었다. 그 친구는 아버지, 어머니가 월남하신 분이었다. 당연히 그 친구도 평안도 사투리가 말투에 섞여 있었다. 같이 식사를 하는 도중 내 친구의 평안도 어투를 듣고 아버지는 갑자기 얼굴이 굳어지셨다. 식사를 마치고 아버지가 나를 조용히 불렀다.

"저 친구 고향이 어디니?"

"평안도 쪽이래."

그 말이 떨어지자마자 아버지는 분노와 공포가 뒤섞인 이글거리는 눈으로 얼굴이 무섭게 변했다. 서북청년단과 군수사대의 고문 후유증이 그 순간 아버지를 지배했던 것이다. 아버지는 아무 말 없이 획 돌아서 방을 나가 버리셨다.

그 시절 나는 아버지가 왜 그러셨는지 도저히 이해할 수 없었다. 그러나 대학에 가고 이것저것 알게 되면서 아버지의 그때 모습을 이해할 수 있었다. '아…… 아버지! 얼마나 속이 뭉그러지고 고통스러웠으면 아들의 친구 고향이 평안도라는 말에 온몸이 굳어 고문당했던 때의 기억을 떠올리셨나요?' 나는 그 일을 한 번도 위로해 드리지 못하고 아버지를 세상에서 떠나보냈다. 요즘 말로 하면 고문은 트라우마가 되어 평생 당신을 괴롭혔나 보다. 그리고 오래도록 아버지의 그때 그 얼굴은 내 마음을 안타깝게 하는 제주의 기억으로 남았다.

내가 7살부터 14살까지, 7년 동안 제주도에서는 사망자 1만 245명, 행방불명 3천578명, 후유장애자 163명, 수형자 245명이 발생했다. (제주 4.3 평화 재단이 밝힌 공식 자료 기준) 가옥 4만여 채가 소실되었으며, 중산간 지역의 상당수 마을은 폐허로 변했다. 제주 4.3은 한 사람에게 씻지 못할 외상 후 스트레스 장애를 입힌 정도가 아니라 섬 전체가 회복 불능의 트라우마를 앓게 했다.

한 번은 제주시에서 이런 일도 목격했다. 남녀노소 불문, 공비들을 떼로 잡아 와서 가슴에 '나는 공비다'라고 명패를 붙인 것을 보았다. 그리고 마을을 한 바퀴 빙 돌렸다. 그다음 리더를 죽이고 제주항 근처, 관덕정에 시체를 걸어 놓았다. 관덕정은 제주시에 있는 큰 광장이다. 그 광장에서 초등학생인 나도 매달린 시체를 구경했다.

야만의 시대였고 폭력이 일상화된 때였으며, 정신적 충격을 받을 대로 받으며 자란 어린 시절이었다. 제주에서 자란 나와 같은 또래의 어린이들 머릿속에, 제주도가 '제주도의 푸른 밤'보다는 '핏빛의 섬'으로 기억되는 이유다.

두 번 다니며 운명이 바뀌다

아버지 직장 때문에 초등학교 2학년 2학기 때 성산포에서 제주시로 이사를 하게 되었다. 학교도 성산초등학교에서 제주동초등학교로 옮겼는데 앞서 말한 관덕정이라는 곳에서 700m 떨어진 제주항 근처에 자리 잡은 학교였다.

그런데 전학 시기가 문제였다. 할 수 없이 6개월을 놀다가 이듬해, 2학년을 다시 다니게 되었는데 이것이 나의 인생을 전혀 새로운 국면으로 이끌게 되었다. 새 학교에 다니기 전까지 나는 공부에 취미를 둔 학구파가 아니었다. 놀기 좋아하는 보통 아이였으나 새 학교로 전학 오면서부터 모든 것이 달라졌다. 공부를 열심히, 그것도 아주 신나게 하는 학생으로 확 달라졌다. 이유는 단 하나, 수업 시간에 많은 칭찬을 받게 되었기 때문이다. 이미 성산포에서 배운 내용을 다시 배우게 되니 모르는 것이 없었다. 수업 시간마다 선생님의 질문에 척척 답을 하고 손을 들어 발표하니 선생님의 칭찬이 쏟아졌다. 그때 처음으로 공부의 재미를 느꼈고 그 칭찬과 기대에 어긋나지 않으려고 더 열렬히 공부하게 되었다.

난민촌 아이들

두 번째로 더 열심히 공부하게 된 계기도 생겼는데, 바로 6.25 때문이었다. 1950년 한국전쟁이 터지자 곧바로 7월, 육군 제5훈련소(구 주정공장 자리)가 설치되어 국군의 신병 훈련을 담당했다. 더불어 1만 명에 이르는 피난민들이 제주도로 물밀듯이 들어왔다. 1951년 4월 8일 자 동아일보는 제주 피난민이 71,228명이라고 기록한다. 심지어 1.4후퇴 때에는 피난민이 15만 명까지 되었다는 기록도 있다. 그러니 곳곳에 피난민 천막이 지천이었고 특히 학교 운동장은 피난민들의 주거지로 점령되었다. 제주 동초등학교(당시 국민학교) 운동장 역시, 하루아침에 밀려든 피난민들로 난민 수용소가 되어 천막이 쳐졌고 끼니때가 되면 여기저기 밥 짓는 연기가 운동장을 자욱이 뒤덮었다. 푹푹 찌는 한여름에 난리도 아니었다.

그때 자연스럽게 제주도 말을 쓰지 않는 외지인들의 자녀들과 같은 학교에서 공부하게 되었다. 한 반에 100~120명 되는 학급이 만들어졌는데 뭍에서 온 아이들은 제주 토박이 친구들과 비교도 안 될 공부 실력을 갖추고 있었다. 때문에 육지 아이들에게 지고 싶지 않은 오기가 생겼고 자연히 공부를 하지 않을 수 없었다.

그리고 서울에서 온 친구, 대구에서 온 친구, 부산, 광주, 강원도 등에서 온 아이들을 보면 나는 이것저것 캐물어 봤다. 서울에서 온 친구가 말해준 서울 풍경은 듣고도 믿지 못할 정도로 놀라웠다. 영화관이라는 곳이 있고 전차가 다니며 남대문, 중앙청 등 가 볼만한 곳이 많다고 했다. 또 다른 서울 친구는, 지금은 운동장 천막에서 살지만 서울에서는 이층집에 살고 있었으며 전쟁이 끝나면 다시 거기에서 살게 될 것이고 미제 구라이스라(크라이슬러) 자가용을 타고 학교를 다닐 거라 했다. 그런 말을 들을 때마다 내 눈과 귀는 반짝였다. '아, 내가 알지 못하는 다른 세계가 있었구나. 난 지금 엄청나게 작은 세계에 살고 있구나. 도대체 육지란 어떤 곳일까?' 넘치는 호기심이 날마다 거칠게 밀려와 내 심장을 뛰게 했다. 언젠가는 그 세상의 문을 열고 꼭 들어가리라 스스로에게 다짐했다.

사라진 아이들

이렇게 3학년 때 터진 6.25로 나는 전국의 친구들과 경쟁한 덕에 5학년까지 열심히 공부했다. 그런데 5학년 2학기가 되자 거짓말처럼 이 육지 아이들은 사라졌다. 전쟁이 끝난 것이다. 53년 7월 27일 휴전이 되자 육지에서 온 피난민들은 썰물처럼 순식간에 자신들이 살던 뭍으로 빠져나갔다. '그들이 있어서 열심히 공부도 하고 육지로 나갈 꿈도 꿨는데…….' 어수선했고 어지럽고 더러웠던 운동장은 제주의 저녁놀 밑에 아름답게 텅 비어버렸고 그걸 바라보던 내 가슴에 허전함과 서러움이 마구 밀려왔다. 나에게 공부의 짐을 지워준 녀석들이고 희망을 준 친구들인데, 나를 제주 촌놈으로 남겨 놓고 그들은 무심히 떠나 버렸다. 아이들은 사라졌고, 그들은 육지로 나갈 수 있다는 나의 꿈마저 앗아가 버린 것 같았다.

돈의 맛

허전함을 메우기 위해서였을까, 돈을 벌어 서울에 가고 싶어서였을까? 정확한 이유와 동기는 기억나지 않지만 갑자기 초등학교 5학년 때 돈에 꽂혔다. 사회 경험을 해 봐야겠다고 생각해서, 아버지 반대를 무릅쓰고 6개월가량 신문배달을 했다. 내친김에 6학년이 되자 방학 한 달 동안은 생선 유통업에 손을 댔다. 항구로 들어오는 생선을 새벽에 사서 제주 시내에 내다 파는 일인데 쏠쏠한 돈이 바로바로 들어오니 아주 재미있었다. 어린 나이에 돈맛을 알자, 무슨 이벤트가 있다고 하면 달려가 돈 벌 궁리부터 했다. 제주 공설운동장에서 도민 체육 대회가 열린다는 소식을 듣고 한참 궁리를 했는데, 역시 냉차 장사가 최고라 생각했고 물에 설탕을 타서 구경 온 사람들에게 팔았다.

돈을 버는 일은 신나는 일이었다. 사람들에게 좋든 싫든 머리를 숙이면 돈으로 보상받아 기쁨으로 돌아온다. 그걸 어린 나이에 알게 되면서 인내와 서비스를 배운 것이 아닌가 싶다. 반말로 '야 인마, 전마' 소리를 듣지만 시간이 지나면 좋은 말도 해주고 지난번 손님이 다시 찾아주고 하는 일에 서서히 눈을 떴다. 왜 이렇게 아르바이트에 목숨을 걸었는지 기억은 잘 안 나지만, 아마도 돈을 벌어 서울 가고 싶은 마음이 잠재의식 저편에 도사리고 있었던 것 같다.

D반 중학생

피난민 외지 친구들과 경쟁하며 공부의 틀을 갖춘 덕에, 나는 제주에서 명문으로 소문난 제일중학교에 거뜬히 합격했다. 여기서도 경쟁의 환경이 만들어지고 공부는 탄력을 받아 차분하게 학습을 이어갈 수 있었다. 지금은 상상조차 어렵지만, 당시 제일중학교는 고등학교 입시를 위해 엄격하게 학생들을 가르쳤다. 한 명이라도 더 명문고에 합격시키기 위해 학급을 A, B, C, D로 나눠 차등교육을 실시했다. 이른바 우열반으로 학생을 나눈 것인데 D반이 최우수 학생들로 구성되었고 이들은 교복 왼쪽 가슴에 'D'라고 써 붙이고 학교를 다녔다. 자존심 강한 나는 아르바이트도 다 때려치우고 죽기 살기로 공부하지 않을 수 없었고 줄곧 가슴에 D를 달고 중학교 생활을 했다.

사람에게 약점은 때론 강점이 된다. 자존심이 강하고 지기 싫어하는 사람들은 그것에 상처받을 때 고통이 큰 반면, 그걸 극복하기 위해 엄청난 노력도 하는 법이다. 그게 노력인지도 모른 채 목표에만 몰입하게 되는데, 나에게 그런 환경이 초등학교 3학년부터 중학교 3학년까지 찾아왔던 것이다. 서울 피난민 아이가 해준 서울 이야기가 점차 멀어지고 꿈도 사라질 즈음, 다시 한번 나를 서울병에 걸리게 하는 사건이 찾아왔다.

경기 배지

같은 마을에 사는 선배였다. 그는 내가 다니고 있는 제일중학교 출신인데 언제부터인가 안 보이더니 방학 때 불쑥 고향에 나타났다. 멋진 교복을 입고 촌티를 싹 벗어던진 채 반갑다며 한마디 던졌다.

"수남아 공부 잘하냐?"

당시 내 이름은 명관이 아니라 수남이었다. 명관은 22살이 되던 62년에 아버지가 '출세하고 집안을 일으키라'고 지어준 이름이다.

"네. 형 근데 어디 다녀요?"

"서울 경기고 다니고 있잖아."

몸이 떨리고 눈이 커지며 숨어있던 열망이 한꺼번에 터지는 단어였다. 서울 경기고등학교라니! 이곳 제일중학교에서 공부 좀 한다는 친구들은 대개 제주 명문고를 다니는 게 꿈이었고 나의 부모님도 그 정도면 대만족일 텐데, 이 형은 대한민국에서 최고 중 하나로 알아주는 경기고등학교를 다니고 있다니……. 그리고 자세히 보니 왼쪽 가슴에 '경기' 배지를 단 것이 보였다. 그 순간부터 그 배지는 지워지지 않는 내 욕망의 징표가 되어 줄곧 나를 괴롭혔다.

'과연 내 실력으로 경기고를 갈 수 있을까?'

'아니지, 이왕이면 서울고등학교가 낫지.'

'서울대를 더 많이 보내잖아!'

'서울로 나를 유학 보내야 하는데 우리 집 형편에 가능할까?'

'합격해도, 서울 친구들과 공부하다 뒤처져서 열등반 A 마크를 다는 건 아닌가? 그건 죽기보다 싫은데…….'

'아냐 아까 보니까 그 형 A, B, C, D 마크는 없었어.'

그날 이후 별의별 생각을 하며 밤마다 고민하며 잠들었다. 속이 터지는 날이 계속되었다.

| 장면13 |

군함은 폭풍우를 뚫고

제주의 푸른 밤바다에 부슬비가 뿌리던 날, 부부는 오늘도 6남 1녀의 자식들이 잠들자 이불 속에서 그들만의 대화를 수군수군 시작했다.

"여보 요즘 수남이(현명관의 어린 시절 이름)가 이상하지 않아요? 웬일인지 계속 부어 있네요."

비가 오는 날이면 고문 후유증으로 유난히 허리 통증에 시달리는 남편이 안쓰러워, 아내는 남편의 허리를 주무르며 물었다.

"뭐가? 중3이니 뚱할 나이 아닌가?"

"그게 아니라 매일 방파제 걸으며 하던 영어 암송도 요즘엔 안 하는 것 같고 잠도 평소보다 늦게 자는 것 같아요."

"아… 아… 거기 거기."

명관의 아버지는 통증에 신음 소리를 냈고 대화는 거기서 중단되었다. 아내는 남편의 아픈 허리를 계속 주무르다 잠들었다.

방 한편에서 잠 못 이루는 명관은 아버지와 어머니의 대화를 들으며 더 심란해졌다.

'아, 이렇게 내 속을 모른단 말인가.'

야속한 생각이 들었다. 다음날 아침, 밥상에 앉은 명관은 말 한마디 없이 밥을 먹었다. 먹자마자 자리를 박차고 인사를 하는 둥 마는 둥 자리를 뜨며 퉁명스럽게 한마디 던졌다.

"학교 다녀오겠습니다."

평소 현명관의 아버지는, 말 한마디만 내뱉어도 자식이 무슨 생각을 하는지 잘 안다고 생각했다. 평소와 다른 표정, 침묵, 국어책 읽는 듯 말하는 '다녀오겠습니다', 여기에 어제 들은 아내의 말이 생각나, 명관을 다시 보니 확실히 아들의 모습은 낯설고 이상했다. 그리고 동시에 답을 찾은 듯하여 자신 있게 아들에게 말했다.

"수남아 앉아봐. 너 요즘 무슨 문제 있냐?"

현명관은 귀가 번쩍 뜨여 자리에 앉았다. 그리고 곧바로 아버지의 답답한 말에 실망하고 말았다.

"네가 너무 공부만 하니까 사내답지 못하고 만날 뿌루퉁한 거 아니냐. 수남아, 공부도 좋지만 친구들하고 좀 나가서 놀아."

"휴……."

현명관은 자신도 모르게 밥상이 꺼질 듯 한숨을 내쉬었다.

"아버지······. 휴······."

아버지와 어머니는 현명관을 동시에 쳐다보고 자식의 입에서 무슨 말이 나올지 기다렸다. 한 번도 뭔가를 요구한 적이 없이 공부만 하던 아들이 작심한 듯 한마디 하려는 순간은 아무리 자식이라도 긴장이 되었다.

"아버지, 도대체 언제 나는 서울 구경합니까? 만날 아버지는 서울 출장 가면서 나는 언제 데리고 가는데요? 이렇게 촌놈으로 서울 한번 구경도 못하고 살아야 해요?"

화난 듯 말을 마치고 현명관은 자리에서 일어나 휙 나가버렸다. 사실 아버지는 한두 달에 한 번 서울 수협으로 출장을 다녔기에 마음만 먹으면, 아들 서울 구경시켜주는 일쯤은 크게 어려운 일은 아니었지만, 지금의 아들 모습은 낯설었다. 때문에 말을 마치고 다소 버릇없이 자리를 떠버려도 다시 불러 세우지 않았다. 아들이 학교 가는 뒷모습을 창밖으로 바라보며 아버지는 깊은 생각에 잠겼다.

그날 밤, 부부는 자식들 모두 잔 것을 확인하고 다시 둘만의 대화를 시작했다. 아버지는 근심 섞인 목소리로 아내를 불렀다.

"자네 자나?"

"아니요."

그 말에 잠을 깬 건 현명관이었다. 그리고 귀를 세우고 이불 속에서 대화를 엿듣기 시작했다.

"수남(현명관의 어린 시절 이름)이 이 녀석 암만해도 서울병이 단단히 났는데, 서울 학교 다니고 싶은가 봐. 서울 구경은 핑계고."

아버지가 한숨을 쉬면서 혼잣말처럼 말했다.

"걔가 서울 학교에 붙을 실력은 될까요?"

"글쎄 제주에서야 좀 한다지만, 아무리 봐도 무린데…."

하마터면 명관은 자리에서 벌떡 일어나 '나 합격할 수 있어요!'라고 외칠 뻔했다.

"그래도 저렇게 몸이 달아 있는데 시험은 보게 하면 어때요? 어차피 합격은 어려울 테니 소원이나 풀어줍시다."

"그럴까? 내일 수남이한테 서울 데려간다고 말해주구려. 그럼 무슨 말이 있겠지."

현명관은 기뻤다. 서울에 가게 된 것이다. 그뿐만 아니라 어렵게 가는 서울이니 시험도 치고 오는 것을 허락받았다.

그토록 무서운 바다는 본 적도 없었고 그런 바다에 배를 타고 자신이 뭍으로 향할 줄은 꿈에도 몰랐다. 중3 현명관은 이런 생각을 하면서 가방을 베게 삼아 배 바닥에 엎드려 뱃멀미를 견디고 있었다. 군함의 진동과 소음은 여객선과 비할 바가 못 되었다. 나름 섬사람이라는 자부심으로 웬만한 뱃멀미는 아무것도 아닌 척, 참아 내곤 했지만 지금 LST 해군 상륙정의 멀미는 일반인들이 타는 배와는 차원이 다른, 지옥 같은 뱃멀미를 만들어내고 있었다.

폭풍우 속에서 금방이라도 뒤집히고 침몰할 듯 배는 위아래로도 좌우로도 요동쳤다. 군함은 집채만 한 파도를 타고 수백 번 높이 솟구치고 처박혔다. 현명관은, 이런 일에 이골이 난 듯 지그시 눈을 감고 고통을 견디고 있는 군인들이 그저 놀랍다는 생각을 했다.

그렇게 1시간이 지난 후 현명관은 옆에 있는 아버지에게 죽을힘을 다해 말을 걸었다. 아버지는 눈을 감고 배의 흔들림에 모든 것을 맡기고 앉아 있었다.

"아버지, 목포까지 얼마나 남았나요?"

"아~ 아버지!!!"

목이 터져라 소리를 치고 바지를 잡아 흔든 후에야, 군함의 소음을 넘어 명관의 목소리가 아버지에게 전달되었다. 아버지는 손가락 4개를 내보이며 네 시간이라고 소리쳤다. LST는 배의 앞부분, 상륙램프가 있기 때문에 여객선보다 느렸다.

2시간 전 저녁, 원래 현명관은 제주항에서 여객선을 타려고 했었다. 그러나 풍랑으로 제주에서 뭍으로 가는 모든 배편이 취소되었다. 서울 구경을 하고 싶다는 건 핑계였고 한국에서 가장 서울대를 많이 보낸다는 서울고등학교에 원서 한번 내보는 것이 현명관의 소원이었다. 그렇게 아버지를 설득해 겨우 날을 맞췄는데 하필 풍랑에 배편이 모두 사라지다니, 현명관은 통곡할 지경이 되었다. 원서를 내야 뭐라도 해 볼 텐데 아예 원서조차 낼 수 없는 상황을 맞은 것이다. 아들의 마음을 안 아버지 현여방은 애가 타서 그때부터 육지 가는 배를 수소문했다.

'오늘 밤 반드시 목포로 가야 한다. 언제 다시 배가 뜰지 알 수 없고 그렇다면 시험도 보지 못한 수남이는 평생 한이 될 수도 있다. 난 네가 떨어질 거라는 것을 안다. 그러나 지금은 반드시 목포로 데려다주마. 그래서 시험만은 치르게 해 주겠다.'

이런 생각을 하며 물보라 치는 방파제를 바라보던 아버지 현여방은 뭔가 생각난 듯 갑자기 수협 쪽으로 아들과 함께 달렸다. 수협의 김계장이라면 그를 도와줄 것 같았다. 7년 전 군수사대에 끌려가 고문을 당할 때 현여방씨는 후배 이름을 대지 않았다. 흔한 '좌익 사상범' 한 명의 이름을 대고 나오면 될 것을, 고지식한 그는 스스로 죄가 없다고 생각하였고 끝까지 후배 김계장 이름도 대지 않았다. 그 덕에 보통 하루면 끝날 고문이 3일을 갔다. 하지만 수협 김계장은 현여방씨 덕에 고문을 받지 않고 무사히 4.3을 넘겼다.

"김계장, 나 좀 도와주게. 아들이 서울로 시험을 치러 가야 하는데 배가 없어서 갈 수가 없게 됐어. 어떻게 방법이 없겠나?"

"이 날씨에 배를요?"

폭풍우가 몰아치는 부두를 보며 김계장이 놀라 되물었다.

"그래 배. 배를 타야 목포에 가고 서울을 가지."

김계장은 현여방의 이야기를 듣고 고민하더니 잠시 후, 좋은 아이디어를 냈다.

"형님, 방법이 하나 있긴 합니다. 폭풍우라 민간 배는 절대 바다로 나갈 수 없지만 군함은 오늘 육지로 갑니다. 어쨌든 그 배는 가요.

제가 아는 분이 그 배 함장이에요. 형님도 아시는 분일 거예요. 잠시만 기다려 주세요."

그 말을 듣고 아버지는 김계장의 두 손을 꽉 잡으며 울 듯한 낮은 목소리로 말했다.

"고맙네. 김계장!"

현명관도 뛸 듯이 기뻤다. 물론 그 배가 무지막지한 LST고, 지옥의 뱃멀미를 만드는 군함이라는 것을 알기 전까지.

1시간 후, 해군 대령의 배려로 두 사람은 LST에 군인과 함께 올랐다. 함선에 오르자마자, 현명관은 군함을 타고 폭풍우를 견디는 일이 말처럼 쉽지만은 않다는 것을 알았다. 잔인한 폭풍우는 깡통 속에 든 메추리알처럼 LST를 탄 군인과 현명관 부자를 내동댕이쳤다.

'이러다 배가 침몰하는 것은 아닐까? 죽으면 시험을 못 보는데……'

군함은 밤을 새워 폭풍우를 뚫고 나아갔다. LST는 노르망디 상륙작전에 투입된 병사들처럼 상륙 램프를 열어, 현명관 부자와 군인

1944년 6월 22일 2차 세계대전 노르망디 상륙 작전 당시 유타해변에 있던 LST
(사진 David Kerr) 중3 현명관과 아버지가 함께 타고 간 LST와 같은 종류의 배

들을 목포항에 토해냈다.

현명관은 아버지의 서울 수협 친구 집에 머물며 서울고등학교 입시를 준비했다. 마침, 친구는 서울 중학교 3학년이었기 때문에 서울고 입시 예상 문제를 가지고 있었다. 그 문제집으로 현명관은 죽어라 공부했다.

현여방과 그의 아내는 아들이 이렇게 우여곡절을 겪으며 시험을 치게 되는 것을 보고 이상한 생각이 들었다.

'이 아이는 성공하고 출세하기 위해 여러 가지 고난과 해결책이 모두 예비되어 있는 것인가? 아니면 이대로 시험 한번 치고 끝나기

위해 이런 우여곡절을 겪는 것인가? 모를 일이다.'

"서울 명문고 들어가는 게 그렇게 쉽나요? 걔도 세상 넓은 줄 알겠죠. 합격은 꿈도 꾸지 맙시다."

"그렇지? 허허 어찌나 자신 있다고 하는지 깜빡 나도 넘어갔네."

현여방이 말했다. 듣고 있던 아내가 근심스러운 표정으로 한마디 덧붙였다.

"저러다 덜컥 합격해도 걱정은 걱정이죠. 뭔 돈으로 유학을 감당합니까."

"당신은 너무 걱정 마시구려. 그냥 소원 풀이해 주는 거니까."

내심 합격을 했으면 하는 마음과 낙방하기를 바라는 마음이 뒤섞인 이상한 대화가 부부 사이를 오갔다.

현명관은 시험을 봤다. 자신이 있었으나, 예상과 달리 평소 잘하던 영어는 망치고 자신 없던 수학은 선방을 했다. 10일 후 합격할 것이라는 자신감은 시험 보기 전보다 뚝 떨어진 상태가 되어, 중3 현명관은 명단이 붙어있는 서울 고등학교 정문으로 향했다.

숫돌

놀랍게도, 나는 합격했다. 이후 서울대학교 법과대학에 합격하고 사시 1차 시험에도 합격했지만 이때의 감격에 비할 수는 없었다. 흰 종이에 붓글씨로 적힌 내 이름 석 자를 발견한 순간, 이 감격은 오래도록 내 머릿속에 각인되었다. 드디어 제주를 떠나 피난민 친구가 말해준 서울 생활을 할 수 있게 되었고, 오랜 노력에 대한 보상을 하늘로부터 확인받은 이 날을 어찌 잊을 수 있겠는가?

합격 소식을 제주에 계신 부모님께 전했고 부모님도 놀라고 기뻐하셨다. 그러나 마냥 기뻐할 수 없는 학비 등 현실 문제도 뒤따라 왔기에 부모님의 근심은 더 구체적으로 두 분을 괴롭혔다. 그리고 그 돈 문제는 대학을 졸업하고 사법시험에 도전할 때까지 끊임없이 두 분을 옭아매었다.

그런데 나에겐 돈 문제보다 더 끔찍한 괴로움이 입학과 동시에 기다리고 있었다. 서울고등학교에 입학하자마자 문화적 충격과 열등감이 나를 완전히 짓누르고 말았던 것이다. 돈 문제는 내가 겪은 이 문제에 비하면 아무것도 아니었다. 적어도 나에게는 그랬다.

당시 서울고등학교는 지금으로 말하면 특목고다. 예나 지금이나 좋은 학교를 가는 데 있어서 가장 중요한 요소는 집안의 후원이요, 재력이다. 당시 서울고등학교는 최고 명문이었기 때문에 영화나 뉴스에서만 보던 유명인의 자제들이 너무도 많았다. 당시 자유당 부통령

이기붕 아들 이강석이 선배로 있질 않나, 둘째 아들 이강욱은 같은 학년, 장차관 아들부터 큰 기업의 자식까지, 동창 아니면 선배였다.

이런 상황에서 교장 선생님은 전체 조회시간에 학생들을 모아 놓고 '주옥같은 아이들'이라면서, 서울 중학교가 아닌 타교 출신 학생들을 소개하는 일이 생겼다. 서울 중학교가 아닌 타 중학교, 그것도 지방 출신자들이 서울고등학교에 들어왔다며 칭찬하는 말이었지만, 나를 포함해 불려 나온 타교 출신 삼십여 명의 아이들에겐 그 말이 수치심으로 돌아왔다. 지금으로 말하면 '수업 끝나고 다문화 다 모여'라고 한 것과 같은 것인데 그 사건 이후 나의 별명은 '주옥'이 되었다. 주옥 중의 주옥, 완전 깡촌 제주도 출신자 현명관은 '주옥'으로 불리며 놀림당했다.

"야, 한라산에서 공 차면 바다에 떨어지냐?"

내 귀를 거스르고 마음에 쓰라린 상처를 남기는 말들과 행동이 이어졌다. 그 거슬림. 화남. 자존심의 상처. 누구에게 이야기할 수도 없는 고독의 시간이 찾아왔다. 그리고 속에서 엄청난 오기가 생겼다. 저들을 다 공부로 눌러주겠다. 끝없이 '주옥'이라고 놀려대는 부잣집 아이들과 권력자의 귀공자들이 하는 말은 귀를 타고 마음으로 들어가, 그대로 숫돌이 되어 나의 마음을 갈고닦아 주었다. 거슬리는 말 한마디 한마디가 나태의 구렁텅이로 빠지려는 나를 순간순간 건져냈다.

고2가 되자, 방값을 내지 않아도 되는 달콤한 유혹이 찾아왔다. 같은 반 친구 집에 들어가 살아 보겠냐고 담임 선생님이 제안했다. 그 친구는 엄청난 부자였는데 그 부모가 공부 잘하는 친구와 함께 먹고 자며 공부를 시키기 위해 파트너를 찾는 중이었고, 나는 제안을 받아들였다. 자취보다 잘 먹을 수 있었고 방값도 들지 않았지만 맘이 편한 곳은 아니었다.

마치 TV 미니시리즈 드라마 속 가난한 주인공 생활을 하면서, 난 자존심에 금이 가는 일도 종종 당했다. 제일 큰 문제는 같은 방을 쓰던 부잣집 친구가 10시면 불을 끄고 자는 통에, 늦은 시간까지 달아오르던 내 학구열을 매번 식혀야 했다. 궁리 끝에 나는, 친구가 잠이 들면 몰래 그 집을 나와 불빛을 찾아 학교로 갔다. 학교 물리실로 가서 암막 커튼을 치고 새벽 세네 시까지 공부를 한 후 등교했다. 숙직하는 선생님한테 걸려서 쫓겨난 후에는 이불을 뒤집어쓰고 공부를 했고, 끝내 2학년 말에는 전교 일등을 할 수 있었다. 이런 고된 생활을 하면서도 포기하지 않고 나를 버티게 했던 힘은 괴롭고 거슬렸던 동료들의 놀림이었다.

귀로 항상 거슬리는 말을 듣고 마음속에 항상 거슬리는 일이 있으면
그건 곧 덕을 발전시키고 행실을 갈고 닦는 숫돌과 같은 것이다.
만약 말마다 귀를 기쁘게 하고 일마다 마음을 즐겁게 한다면
그것은 곧 인생을 무서운 독극물(짐독) 속에 파묻는 것과 같다.

이중 상문역이지언 심중 상유불심지사
耳中 常聞逆耳之言 心中 常有拂心之事
총시진덕 수행적지석
纔是進德 修行的砥石
약언언열이 사사쾌심
若言言悅耳 事事快心
변파차생 매재짐독중의
便把此生 埋在鴆毒中矣

채근담 / 前集 第5章

고3 1학기가 지나갈 즈음 폐병에 걸려 강제 휴학을 해야만 했었다. 결핵은 전염병이라 불리던 시절, 학교는 내게 휴학 조치를 내렸다. 식빵 하나에 허기를 달래며 공부하다 보니 영양 상태가 좋지 않아서 생긴 병이었다. 대입 준비로 정신없어야 하는 고3 시절, 병 때문에 제주 집에 내려가 쉬고 있으려니 조바심이 말도 못하게 생겼다. 이렇게 서울대는 꿈도 못 꾸는 상황이 되는 건 아닌가? 두려움이 엄습했다. 2학기 절반을 쉬고 올라와 다시 공부에만 매진했다. 그 매진은 전과는 비교도 할 수 없는 노력과 집중이었다.

그렇게 나는 꿈꾸던 서울대학교 법학과에 합격했다. 이 모든 건

마음속 숫돌이 있었기 때문에 가능했다. 같은 반 친구부터 부잣집 친구까지, 나를 놀리는 말은 숫돌이 되어 더욱 공부에 매진토록 해주었다. 그들의 말은 나를 연마한 숫돌이었다. 힘들 때마다 마음의 숫돌로 나를 갈고 닦았고, 그래서 지금도 나를 놀리고 모욕했던 친구들에게 깊이 감사하고 있다. 지나고 나서 생각하니, 그들이야말로 나의 진정한 친구였다.

현명관의 21세기
채근담
菜根譚

나를 놀리고 멸시하는 사람들이
진정한 나의 응원군이고 팬이다.
그들로 인하여 우리는 갈고 닦인다.

위대한 거래

6장
내 죽음을 아들에게 알리지 말라

아 버 지   이 야 기
유튜브 감상은 큐알코드로

| 장면14 |
아버지의 마지막 선물

    1962년 7월 12일, 사법고시 1차 시험을 본 후 기다렸던 합격자 발표가 있는 날이었다. 하숙집 마당에 새벽 신문이 떨어지는 소리가 났다. 현명관은 문 앞으로 달려가 동아일보를 펼쳤다. 1차 합격자 468명, 제목을 지나 깨알같이 한자로 쓴 이름을 한 줄 한 줄 찾아 나가기 시작했지만 자신의 이름은 좀체 찾을 수 없었다. 초조해졌다. 숨이 막힐 지경이 되어 맨 마지막 줄을 훑던 그의 손가락이 멈췄다.

    현수남. 아직 개명 전인 자신의 이름을 발견하고 두 팔을 번쩍 올려 소리 없는 환호를 질렀다. 사타구니에 습진이 생기도록 새벽부터 밤 12시까지 오로지 시험공부에만 매달린 보람이 있었다.

    현명관은 이 소식을 속히 고향의 어머니 아버지에게 전해야 했다. 오전 9시까지 기다려, 아버지 어머니가 사는 마을에서 전화기가 있는 집에 전화를 걸었다. 휴대전화는커녕 유선 전화도 몇 집 걸러 있던 시절이라, 가족과 통화하는 일은 매우 어려웠다. 시외전화라 교환까지 거치는 어려운 통화 끝에, 현명관은 기쁜 소식을 부모님께 전할 수 있었다. 대학 3학년에 장한 아들이 만들어낸 경사였다.

10일 후 치러진 2차 시험은 낙방했다. 첫 시험은 1차 위주로 시험 준비를 했다. 이듬해 사시 2차 시험에 집중하기 위한 전략이었기 때문에 예상했던 대수롭지 않은 불합격이었다. 사시 1차 합격자는 2차 시험에 불합격해도 1년 후 다시 2차 시험을 칠 수 있는 기회를 주었다.

1962년 7월 12일 동아일보 3면

1년 후 1963년, 할 수 있는 모든 노력을 다했으나 현명관은 2차 시험에 낙방했다. 그러나 그것은 좌절의 시작일 뿐, 이듬해인 1964년의 실패에 비하면 아무것도 아니었다. 그는 다시 사법시험에 낙방했다. 부모님과 현명관의 실망감은 이루 말할 수 없었다. 그해 가을의 좌절은 좀처럼 극복될 수 있는 것이 아니었지만 그는 마음을 추스르고, 싸늘해진 늦가을부터 한번 더 공부에 매진했다.

어느덧 크리스마스가 다가왔고 서울 거리에는 '북 치는 아이'가 눈발과 함께 울려 퍼졌다. 피카디리 극장에는 브리짓드 바르도 주연의 '폭군 네로'가 장안에 화제를 일으키며 연인들을 극장으로 불러 모았지만, 현명관은 책가방을 끼고 도서관을 오가며 대망의 1965년을 맞이하고 있었다.

'새해에는 1차, 2차를 한 번에 다 통과해야 한다. 졸업한 지도 2년째, 우리 집은 더 이상 버틸 수가 없다. 반드시 해야 한다.'

이렇게 결의를 다졌지만 사법시험공부는 고달픈 일상의 연속이었고 점점 현명관은 지쳐갔다.

멀리서 한 남자가 눈을 밟으며 다가왔다. 자세히 보니 아버지였다. 하숙집 앞에 있던 현명관은 갑작스럽게 방문한 아버지가 놀랍고 반가웠다.

"아버지, 말씀도 없이 웬일이세요?"

"공부 잘하고 있나 보러 왔다. 이제 4년째라 힘들지?"

"괜찮아요. 올해는 1, 2차 한 번에 붙을게요. 작명가가 저 된다면서요?"

"그래 우리 아들 장하다."

현명관은 서울대 합격을 하고 이 말을 아버지한테 들었었다. '수고했다. 장하다. 우리 아들.' 하며 얼싸안고 기뻐했던 아버지가 또 장하다는 말을 지금 다시 하고 있다.

"앞으로 어떤 어려움이 있더라도 지금처럼 잘 참고 견뎌라. 아버지는 이만 간다."

"네? 아버지! 집에 들어가서 쉬셨다 가시죠. 벌써 가십니까?"

"응 이제 그만 갈게."

"아버지……. 아버지……. 어디 가세요?"

현명관이 애타게 불렀지만 아버지는 빠르게, 횅하니 뒤도 돌아보지 않고 골목길을 벗어나고 있었다.

꿈이었다. 현명관은 새벽에 눈을 뜨고 가방을 챙기는 내내, 꿈 생각을 했고 아버지와 있었던 일들을 떠올렸다. 5.16 군사정변이 일어난 지 1년이 지나는 동안, 그의 가족에게도 엄청난 시련이 닥쳐왔다. 쿠데타로 쉰이 넘은 공무원들은 사회 개혁 차원에서 무조건 나가줘야 했기 때문에 현명관의 부친도 공무원을 그만두고 제주 산골로 들어가 소 키우는 일을 하며 생계를 이어가야 했다.

6남 1녀를 먹여 살리는 일에, 명관의 대학 등록금과 고시 뒷바라지에, 평생 펜대만 잡은 아버지의 손가락은 1년 새, 노동자의 손으로 변했다. 아들의 성공을 위해 자신은 노동자로 변신했지만, 아들은 고생하지 않기를 간절히 바랐다.

고3 때 폐병으로 제주에 내려가 있었을 때였다. 밤늦게 도서관에서 공부하고 오는데 집 앞 어귀에 아버지가 서 있었다. 흐뭇하게 웃으며 아버지는 성실한 아들에게 깊은 사랑을 보내고 있었지만 말은 엉뚱하게 했다.

"아픈 녀석이 무슨 공부를 그렇게 오래 하냐. 머리가 나쁘니 어쩔 수 없나 보네."

"하하…. 아버지 닮아서 그렇죠."

그날 밤 아버지는 집으로 걸어오면서 평소에 하지 않던 말을 아들에게 했다. 달빛도 없는 어두운 길과 별과 밤바람이, 아버지의 속내를 아들에게 털어놓게 했다.

"명관아, 내가 어중간해서 문제다. 그래서 고문도 당하고…….

최고가 되지 않으면 억울한 일이 많이 생긴다. 너는 사법고시 합격해서 꼭 판검사 해라. 그럼 아버지 같은 일은 당하지 않아도 돼."

현명관도 4.3 때 아버지가 겪었던 일을 잊지 않고 있었다. 아버지의 한도 풀어주고 판검사가 되어 잘못된 세상도 바로잡고 싶었다. 더욱이 이번 5.16 강제 퇴직도 어중간한 직급이라 그렇게 된 것을 알고 있었기에 반드시 합격해서 아버지의 한을 풀어드리고 싶었다.

'아버지는 지금쯤 뭐하고 계실까? 제주라도 산속이니 눈이 내리겠지?'

그날 저녁, 밥 먹기 위해 들른 하숙집에서 전화벨이 울렸다. 제주에서 온 시외전화였다.

"명관이 형, 저예요." 남동생 현척남이었다.

"어? 네가 어쩐 일이니?"

"형. 잘 지내고 있어? 음… 지금부터 내가 하는 말, 너무 힘들어하지 말고 잘 들어줘."

불길함을 예고하는 묵직한 떨림이 평소와 다른 동생의 어조에서 느껴졌다.

"형……. 아버지가……. 돌아가셨어."

"응? 야 그게 무슨 말이야!"

아버지가 돌아가셨다는 말에 현명관은 모든 피가 바닥으로 쏟아지는 느낌을 받으며 현기증이 났다.

"실은 한 달 전 갑자기 심장마비로 쓰러지셨는데……. 차마 사정이 있어서 알릴 수가 없었어. 미안해…"

"뭐… 뭐라고? 아니, 왜 이제야……."

"중요한 시험을 앞둔 형에겐 알리지 않는 것이 좋겠다고, 집안 어른들이 그렇게 했어. 어머니도 형을 위해 그러자 하셨고. 그런데 형한테 죄스럽고 도저히 이건 아닌 거 같아서 내가 연락한 거야. 이제야 알려서……. 정말 미안해 형!"

현명관은 망치로 얻어맞은 듯 그 자리에서 정신을 잃고 서 있었다. 아버지가 어떻게 돌아가셨는지 이야기를 들었지만 아무것도 들리지 않았다. 이럴 수가 있단 말인가? 자식으로서 임종을 지키지 못한 것도 모자라 아버지의 죽음조차 모르고 공부만 한 자신을 도저히 용납할 수 없었다. 이 사실을 알리지 않은 집안 식구들도 모두 원망스러웠다.

11월 21일, 한라산 추위는 매서웠다. 전국적으로 최저기온 2도에서 최고기온 9도의 날씨였으나 한라산의 아침은 그보다 더 추웠다. 그날 아침, 아버지는 쌀쌀한 한라산 중턱의 야외 화장실에 다녀온 후, 군불을 때는 따뜻한 오두막집 구들방으로 들어와 이불 속에 발을 넣고 몸을 녹였다. 그리고 갑작스러운 체온 변화를 겪은 탓에 심장마비가 왔다.

가슴을 움켜쥐며 방바닥으로 쿵 쓰러지는 남편을 보고 황급히 아내가 달려왔다.

"여보! 왜 그래요. 여보!"

"으……. 가슴이… 가슴이…"

"여보!"

한라산 중턱의 아버지와 어머니가 사는 농장은 전화도 이웃도 없는 오지였기에 의사를 부를 수도 없었다.

"……."

무엇인가 마지막 말을 하려는 남편의 입이 움직였으나 목소리는 나오지 않았다. 무슨 소린지 알아듣기 위해 아내는 희미하게 움직이는 남편의 입에 귀를 갖다 댔다.

"명관이… 명관이에게 알리지 마!"

그것이 현명관의 아버지 현여방씨가 남긴 마지막 유언이었으며 또한 고시공부를 하는 아들에게 주는 마지막 선물이었다. 그렇게 방 안에 들어온 지 1분도 안 돼서 아버지 현여방씨는 세상을 뜨고 말았다. 향년 55세. 너무 젊은 나이였다. 어머니는 손을 쓸 방법도 병원으로 옮길 재간도 없이 그대로 남편을 떠나보내야만 했다.

20분 거리에 있는 마을 사람에게 도움을 청해 겨우 시신을 수습하고 장례를 치렀다. 친척들은 현명관이 사시 1차, 2차 시험을 한꺼번에 준비 중인 것을 알고 있었다. 그중 사려 깊은 어른 한 분이 이 소식을 명관에게 지금 알려야 아무 도움도 안 되니, 유언대로 시험이 끝난 후에 알리자고 제안했다. 어머니도 강한 결심을 하고 유언대로 했다. 시험에 합격한 아들의 모습을 남편에게 보여주는 것이 자신이 할 일이라고 냉정하게 판단한 어머니는, 슬픔을 뒤로하고 아들에게 아버지의 죽음을 알리지 않았다.

금방이라도 비가 쏟아질 것 같은 먹구름이 잔뜩 낀 날씨였다. 한 손에는 3년 전 동아일보 합격자 명단과 다른 한 손에는 소주를 들고 현명관은 한라산 중턱에 마련된 아버지 묘지를 찾아갔다. 전화를 받고 나서도, 서울에서 제주로 오는 동안에도, 현명관은 눈물이 나지 않았다. 열차와 배를 번갈아 타고 고향으로 내려오는 내내 멍한 상태였다. 지금이라도 제주에는 아버지가 있을 것만 같은 헛된 기대감마저도 들었다. 어머니와 함께 묘지에 도착해서 술잔을 놓고 술을 따르고 지나간 합격자 명단을 제단 위에 올려놓았다.

"사법고시 1차 합격자 468명, 현수남 합격. 아버지! 3년 전처럼 여기 이 신문에 다시 한번 제 이름을 올릴게요. 아버지, 그동안 고생 많으셨……."

현명관은 목이 메어 말을 잇지 못하고 흐느꼈다. 그동안 참았던 눈물과 감정이 끝없이 쏟아졌다. 이제 다시는 아버지의 거친 손도 만질 수 없고 나를 향해 웃어주던 얼굴도 볼 수 없다. 돈을 많이 갖다 주는 아버지도 아니었고 다정하게 말하는 법도 몰랐던 아버지였지만 언제나 등 뒤에 서서 지켜보며 응원해 주던 분인데, 이제 완전히 이 세상에서 사라졌다는 것을 현명관은 실감했다.

"아버지께 꼭 하고 싶은 말이 있었는데… 아, 아버지 죄송했어요."

3년 전, 현명관은 아버지와 단둘이 고등학교 졸업식을 치렀다. 서울대 합격을 하고 지역 신문에도 난 경사스러운 일이었지만, 가난했던 아버지는 초라한 행색으로 아들을 찾아왔고 아들은 그런 아버지가 몹시 부끄러웠다. 친구의 사진기를 겨우 빌려 몇 장의 사진을 찍는 둥 마는 둥 그렇게 우울한 시간을 때우고 부자는 교문을 나섰다. 변변한 중국집에서 식사도 못했다.

'서울 아버지들은 세련된 옷차림에 화려한 꽃다발 들고 온 가족이 함께 와서 축하해 주는데 난 이 꼴이 뭔가.' 이런 생각에 현명관은 아버지에게 괜한 짜증을 부렸다. 죽기 살기로 자식을 공부시키겠다며 애쓴 아버지를, 철없는 아들은 더 초라하게 만들고 말았다. 명관의 짜증과 심통을 듣고도, 평소 엄격했던 아버지는 어깨가 처져, 아무 말 없이 잰걸음으로 앞서가던 아들을 뒤따랐다. 시간이 지나서도 명관은 이 일이 마음에 걸려 꼬깃꼬깃 묻어 두었고 언젠가는 아버지 앞에서 꺼내려 했었다. 그런데 사시에 전념할 때는 시간이 없었고 지금은 그 아버지가 세상에 없다. 명관은 스스로가 원망스럽고 한스러워 아버지의 묘지 앞에서 한없이 눈물을 흘렸다.

"아버지……."

때마침 늦가을 한라산에 부슬비가 내렸다. 마치 아버지가 현명관을 위로하듯, 부슬비는 얼룩진 현명관의 얼굴을 빗물로 씻겨 주고 있었다.

아버지는 인자하고 아들은 효성스러우며 형은 우애롭고
동생은 공손하여 비록 그것이 극진한 자리에 이르렀어도
모두 그렇게 되어야 합당한 것이므로
털끝만큼도 감격하는 마음을 두어서는 안 된다.
만약 베푸는 자가 덕으로 생각하고 받는 자가 은혜로 생각한다면
이는 길거리에서 만난 사람과 같아서 장사꾼의 도가 이루어지게 된다.

부자자효 형우제공 종주도극처 구시합당여차
父慈子孝 兄友弟恭 縱做到極處 俱是合當如此
착불득일호감격적념두
著不得一毫感激的念頭
여시자임덕 수자회은 편시로인 편성시도의
如施者任德 受者懷恩 便是路人 便成市道矣

채근담 / 前集 第133章

    채근담은 부모 자식의 관계를 장사하는 사람들처럼 되지 말아야 한다고 말한다. 부모 자식의 관계는 그보다 훨씬 깊고 그 무엇으로도 설명하기 힘든 것이어서 천륜이라고 한다. 그렇다고 아버지 어머니께 "감사합니다"라는 말도 하지 말고 살라는 뜻은 아닐 것 같다. 뼈에 사무치는 깊은 감사의 마음을 지니고 나도 그와 같은 일을 후대에 베풀며 살라는 뜻으로 받아들이고 싶다.

    주고받는 관계가 아닌 일방적으로 주는 사람이 부모이고 일방적

으로 받는 사람이 자식이지만 여기에서 덕과 은혜라는 생각을 갖게 되면 그 관계가 천해진다. 부모 자식의 관계는 그보다 더 깊은 천륜이기 때문이다.

아버지를 생각하면 나도 감사한다는 말로 설명하기 어려운 것이 있다. 아버지의 희생과 사랑을 어찌 상거래할 때 쓰는 단어로 표현할 수 있겠는가? 그래서 부모가 세상을 뜨면 생전에 받았던 사랑이 사무치게 그립나 보다. 나도 아버지의 묘지에서 그때 그렇게 후회하고 울었지만 지금 이 나이가 되어도 회한은 풀리지 않는다.

오히려 더욱더 후회가 된다. 젊은 대학생일 때 본 아버지와, 내가 아버지 나이가 되어 보는 아버지는 분명 다르기 때문이다. 가족을 먹여 살려야 하는 남자가 직장이 떨어질 때 겪는 스트레스는 상상을 초월한다. 나도 아무 대책 없이 결혼부터 하고 아이를 갖게 되었을 때, 직업이 없어서 고통을 겪었다. 그때 몹시도 아버지 생각이 났다. 평생 공무원만 한 사람이 50세의 나이를 넘어, 새로운 밥벌이를 한다는 것은 엄청나게 고통스러운 일이었을 것이다. 자식 한 명은 서울로 유학을 갔고 나머지 6명의 아이들도 먹여 살려야 하는 입장이 되자, 아버지는 물불 가리지 않고 산속으로 들어가 소를 키우겠다고 결심했었다. 나는 그런 아버지의 심정도 몰라주고 잘 사는 다른 아버지와 비교하며 짜증이나 냈으니 그 후회가 뼈에 사무친다. 다시 마주 앉으면 소주 한잔 따라드리고 용서를 빌며 환하게 웃는 모습이 보고 싶다. 그러나 그것은 꿈속에서도 불가능한 일이다.

히데오(ひでお 수남秀男)는 안 된다

아버지는 늘 자식들의 이름을 맘에 들어 하지 않으셨다. 일제 식민지 시대 때 지어진 이름이라 모두 일본식 훈독에 어울리는 이름들이었다. 나의 이름 현수남도 일본의 흔한 이름으로서 일본어로 읽으면 '히데오'가 된다. 아버지는 자식들의 모든 이름에서 일본의 잔재를 빼 버리겠다고 결심하고 우리 식으로 다시 지어 법원에 개명 신청을 준비했다. 지금 생각하면 대단한 분이다. 5.16 이후 직업이 떨어져 생계가 막막하던 시절이었는데 더 늦으면 안 된다고 생각했는지, 한두 명도 아니고 모든 자식의 이름을 다시 지어서 개명할 생각을 하다니…

그런데 법원에서 시간이 많이 걸린다는 이야기를 듣고 아버지는 모든 형제들을 제쳐 두고 내 이름의 개명을 먼저 시작했다. 먼저 제주에서 제일 유명한 작명가를 찾아가셨다. 서울에서 공부를 하고, 고시를 준비하는 아들이기에 이 자식만큼은 크게 되길 바라는 바람이 간절했기 때문일 것이다.

| 장면15 |
출세할 사주

"출세할 사주야."

"네?"

"38세부터는 막 치고 나가는데… 이런 돈도 많네. 걱정할 거 없어. 편관(偏官) 사주라 아주 질기고 독하거든. 죽 관을 타고 높은 자리에 오를 사주지."

현명관의 아버지 현여방씨는 아들의 이름을 짓기 위해 제주에서 용하다는 작명가를 찾아갔다. 작명가는 이름을 짓기 전에 사주부터 풀었다. 사람의 강점과 약점을 파악하고 부족한 오행이나 성향을 보완하려면 사주 감정이 먼저이기 때문이라고 했다. 작명가는 사주를 풀자마자 좋은 이야기를 쏟아 내었고 아버지는 기뻤다.

"아 그렇군요. 이름을 어떻게 지으면 좋을까요?"

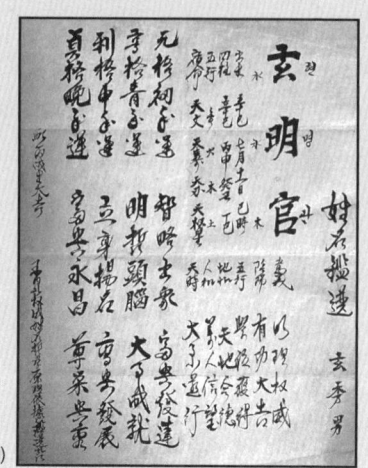

실제 현명관 작명서(1962년)

"이 친구는 물이 태과(太過)한 사주요, 너무 강하다는 뜻이지. 이럴 경우 물을 발산하거나 눌러야 해. 이 경우는 관성(官星)으로 눌러야 하는데 사주에 하나밖에 없거든. 그러니 그 관성을 이름에 넣어주는 게 좋겠는데…… 그리고 서울법대 생이고 사법시험 본다면서? 그럼 관청 관(官), 벼슬 관 자를 이름에 넣는 게 좋겠어. 잠시 기다리시오."

작명가는 1시간 넘게 고민하며 옥편을 뒤지더니 새 이름을 내놓았다.

"밝을 명자, 벼슬 관자. 명관(明官). 이 이름을 쓰면 순풍에 돛 단 듯 승승장구할 거요."

"아이고 감사합니다."

현여방은 붓글씨로 쓴 아들의 새 이름이 적힌 종이를 고이 접어 품에 넣었다.

서울에 출장 온 아버지는 서울대학교를 찾아 아들을 만났다. 가슴에 고이 품어 온 종이를 꺼내 아들에게 보여 주었다.

"수남아. 아니지 이제부터 너는 명관이다. 이 이름으로 살면 크게 출세하고 성공한단다."

"오~ 멋진데요! "

붓글씨로 쓴 새 이름이 낯설었지만 아들은 곧 자신의 새 이름이 익숙하게 되었고 정이 갔다.

"그런데 다른 형제들은 어떻게 바뀌었나요?"

"법원에서 모든 가족의 개명은 안 된다고 한다. 한 명만 해 주겠대. 그래서 네 이름만 새로 지었다."

아들은 아버지가 자신에게 거는 기대감이 어느 정도인지 깨달았다. 그때가 1962년 1월이었다. 대학 입학은 현수남으로 했기 때문에 이런저런 산더미 같은 행정 절차가 뒤따라야 했다. 법원 결정도 기다려야 했다. 하는 수 없이 1962년 사법시험은 현수남으로 치러야 했다.

아버지와 어머니, 친구들이 새 이름 명관을 불러주기 시작하자

왠지 모를 자신감이 샘솟았다. '정말 관을 쓰는 사주라 이 이름이 나한테 딱인가? 아버지, 고맙습니다.' 이름이 불릴 때마다 현명관은 종이를 품고 온 아버지가 떠올랐다. 아들의 출세를 철석같이 믿는, 그 눈빛을 잊을 수 없었다. 아들에 대한 완전한 신뢰는 이후로도 현명관이 삶의 장애물을 만날 때마다 용기를 주었다.

공무원에서 농부로

아버지는 6남 1녀 중 둘째 아들인 나의 성공을 위해 전폭적인 지원과 사랑을 쏟아부었던 것 같았다. 요즘 말로 몰빵을 한 것이다. 부모 입장에서 사랑하지 않는 자식이 있을 수 없지만 살기 어려운 시절, 복에 겨울 정도로 아버지는 나를 위해 특별한 일을 많이 했다. 작명가를 찾아가 이름을 지어 준 자식은 내가 유일했다. 다른 형제들의 개명을 포기하고 법원에서 허락하는 단 1명을 둘째 아들인 나로 정해서 복잡한 행정 절차를 진행한 것도 아버지였다. 5.16 이후 갑작스럽게 실직하고 간절히 돈이 필요했던 이유도, 나의 서울 유학과 대학 등록금, 사법시험 준비가 큰 부분을 차지한다. 그것 때문에 평생 농축산일을 해 본 적이 없는 분이 산속에 목장을 차릴 용기를 내었던 것이다. 공무원이 사업을 하면 망한다는데 아무 경험도 없던 분이 실패의 두려움을 딛고, 집을 담보로 융자를 얻어 목장을 만들었다. 트랙터를 빌려 초지를 개간하고 축사를 손수 짓고 축사 옆에 살림집까지 지었다. 그때는 몰랐으나 내가 공무원이 되어 감사원에서 일할 때, 아버지가 얼마나 힘드셨을지 알게 되었다. 모두 자식 하나 잘 되라는 마음으로 이겨내셨나 보다.

목장이 형태를 갖추면서 아버지의 손과 얼굴은 완전히 노동자처럼 변했다. 하지만 소들이 무럭무럭 자라면, 문제없이 가족을 건사할 수 있으리라는 희망으로 하루하루 노동의 고통을 이겨냈었다. 실제로 소 30마리, 돼지 5마리, 말 5마리는 아버지의 보물이 되어 해마다 나의 등록금 만들어 주었다.

그런데 1964년 1월, 소 값 파동이 일어났다. 1년 전 암소 한 마리는 당시 돈 2만 원 정도였으나 64년에 들어서며 값이 폭락해서 마리당 1만 6천 원을 받기가 어려워졌다. 각종 사료 등 들어간 돈을 생각하면 밑지는 장사가 되었다. 당시 사립대학 등록금은 8천800원. 국립대인 서울대는 훨씬 쌌으나 역시 등골 휘는 금액이 아닐 수 없었고, 거기에 각종 법 공부에 필요한 책값은 상당히 비쌌다. 아버지는 이제 소를 3~4마리 팔아야 겨우 고시 공부하는 아들의 학비와 가족의 생계비를 댈 상황에 처했다. 해녀인 어머니도 돈을 벌기 위해 더욱더 강한 노동을 감내해야 했고 독한 진통제인 '뇌신'을 매일 먹어

가며 잠수병을 견뎠다. 고생하는 아내를 매일 봐야 하고 생산 원가보다 낮아진 소들을 한심스럽게 지켜보며 아버지는 극도의 스트레스를 받았던 것 같다. 어쩌면 갑자기 찾아온 11월의 심장마비는 1년 동안 경제적인 고통을 받으며 생긴 후유증인지도 모른다.

사면초가 상황에서 아버지는 서울 상경을 결심했다. 돈을 꾸기 위해.

| 장면16 |
세상에서 가장 힘든 말

제주에서 목포로 가는 배를 타고 가면서 오직 한 생각만 했다. 열차에서도 서울 도착 후 버스를 타서도 현명관의 아버지 현여방은 어떻게 말을 꺼낼까 고민했다. 얼굴이 화끈거리고 모든 자존심이 무너진 모습이, 스스로 느껴져 괴로웠다. 그는 돈을 꾸기 위해 지금 친척 집을 찾아가는 중이다.

서울에는 꽤나 잘 사는 친척이 살고 있었다. 명절이면 얼굴을 보고 살갑게 서로의 안부를 묻고 좋은 일이면 축하를 아끼지 않던 매우 가까운 친척 집을 아버지는 유일한 희망으로 생각하고 용기를 내서 찾아갔다.

고문을 당하고도 어떤 일이 있었고 어떻게 얻어맞아 다치게 되었는지, 자식들에게 말하지 않은 현여방이었다. 그는 남에게 아쉬운 소리를 해 본 적도 없고 스스로를 굽혀 비굴함으로 목적을 달성하는 일도 체질에 맞지 않는 사람이었다. 그런 그가 도저히 할 수 없는 일을 하려고 한다.

서울 문래동 친척 집에 들어가서 자리를 잡고 앉은 후, 그는 제주에서 서울로 오는 내내 입안에서만 맴돌던, 세상에서 가장 하기 힘든 말을 입 밖으로 꺼냈다.

"저……. 명관이가 올해 시험을 봅니다. 소 값도 많이 떨어져서 문제가 생겼어요……. 돈 좀 빌려주실 수 있을까요?"

현여방은 자꾸 안으로 기어들어가는 목소리를 억지로 끄집어내어 친척에게 부탁했다. 소 값이 다시 오르면 반드시 갚겠다는 말도 덧붙였다. 어쩐 일로 이 먼 곳까지 왔냐며 반기던 친척의 얼굴이 돈 이야기를 듣자마자 싸늘하게 변했다.

"허허 자네는 내가 돈이 많은 줄 아는가 본데 나도 어렵네. 그런 소리 마시고 먼 길 오느라 고생했는데 차 한잔하게."

"어떻게… 안 될까요?"

"그동안 공무원 하고 목장 하면서 뭐 했나? 이런 때를 대비해서 저축을 했어야지. 그리고 내가 전에 말해 줬잖은가! 자네 형편에 대학을 보내는 게 아니라고. 상고 보내서 돈을 벌게 했으면 얼마나 좋은가? 이제는 언제 될지도 모르는 사법고시에 매달리니 답답하네, 답답해."

그렇게 시작한 친척의 장광설은 끝없이 이어졌다. 사람이 성실과 노력으로 아끼며 살아야 하고 분수를 지켜야 한다는, 자신이 신봉하는 세상의 진리를 현여방에게 훈계했다.

현여방은 저녁을 먹고 가라는 친척의 가벼운 선의를 뿌리치고 집을 나와 거리를 하염없이 걸었다. 서울까지 오느라 돈을 쓰고 괜한 헛걸음만 한 스스로가 한심스러워 견디기 힘들었고, 그보다 더 힘든 것은 이제 어디서도 돈을 구할 곳이 없다는 절망이었다.

서울에 온 김에 공부하는 아들 얼굴을 볼까도 생각했으나 절망한 모습을 들키고 싶지 않아 현여방은 그대로 목포행 기차를 탔다. 제주에 도착하자 아내가 달려와 물었다.

"돈은 어떻게 됐어요?"

"응, 사시 준비하는 사람 돕지 않으면 누굴 돕겠냐며 해 준대요. 지금 당장은 없고 며칠 기다려 달라네."

"이런 이렇게 고마울 때가. 제가 감사 인사라도 해야겠네요."

현여방은 아내에게 차마 사실을 말할 수 없었다. 아내가 자리를 뜨자 현여방은 축사로 갔다. 그는 소를 보며 거기서 오래도록 혼자 울었다.

위조악업은(爲造惡業恩)

불경 중에 부모의 은혜가 중함을 알려주는 경전이 있다. 부모은중경(父母恩重經)이 그것인데 그중 위조악업은이라는 말은 부모가 되어 한 번 더 뜻을 새기게 된다. 자식을 위해 악업(혹은 하기 싫은 일)을 짓는 은혜라는 뜻이다.

우리들의 아버지 어머니는 때론 자식들을 위해 악한 일인 줄 알면서도 어쩔 수 없이 악업을 짓기도 한다. 때로는 싫은 일, 꺼리는 일도 하게 된다. 나의 아버지 어머니도 그렇게 우리 자식들을 키우셨다. 특히 나의 성공을 위해 꺼리는 일, 자신에게 맞지 않는 일을 하셨다.

친척 집을 찾아가고 빈손으로 돌아오고 사업을 꾸리는 일은 절대로 아버지의 성격에 맞는 일이 아니었다. 그럼에도 나를 위해 그렇게 해야만 했다. 잠시 슬픔과 좌절이 아버지를 찾아왔을지는 몰라도, 언제나 감정이 없는 기계처럼 일상의 고통을 견디며 하루하루를 보냈고 나에게는 아무 걱정 말고 공부만 하라는 말을 녹음기처럼 반복하셨다.

아버지, 보고 싶습니다. 제가 살면서 어려움을 겪을 때마다 아버지 생각이 납니다. 어떻게 그 많은 일을 담담하게 견디셨나요? 언제나 의연한 모습만을 자식들에게 보여주시려 한 것을 압니다. 꿈속에라도 찾아와 주신다면 거칠어진 손을 꼭 잡고 그저 한없이 오래도록 안아 보고 싶습니다. 그리고 한마디 하고 싶습니다.

"아버지가 지어준 이름대로 살았습니다."

현명관의 21세기
채근담
菜根譚

세상에는 표현이 불가능한 말이 있다.
나에게는 아버지 어머니에 대한 고마움이다.

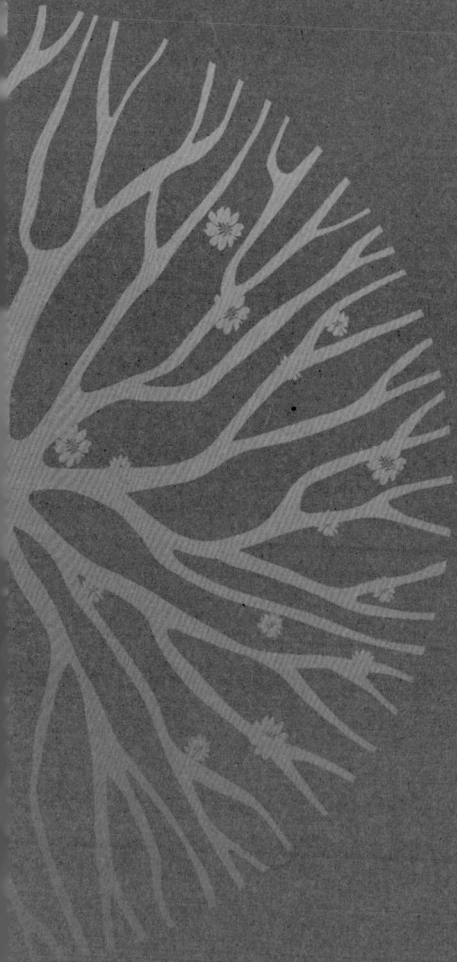

위대한 거래

7장
비리의 값

- 감 사 원 이 야 기
유튜브 감상은 큐알코드로

| 장면17 |
믿음과 불신 사이

　1962년 사시 1차 합격 2차 실패, 1963년 사시 2차 낙방, 1964년 또 2차 낙방, 1965년 역시 사법시험 2차 낙방. 도합 3회 사법시험을 낙방하자 현명관은 모든 것을 의심하지 않을 수 없었다. 1962년 '명관'이라는 이름을 아버지로부터 선물 받고 앞으로 인생이 술술 풀릴 것이라고 철석같이, 바위같이, 산처럼 믿었건만 오히려 새 이름을 받고 그 이름으로 원서를 넣은 1964년부터는 계속 낙방을 했고 어째 일도 더 안 풀리는 것 같았다.
　1964년 겨울, 갑작스레 세상을 떠나신 아버지의 한을 풀고자 사력을 다한 현명관은 이듬해 2차 시험에서도 제대로 미역국을 들이키자, 급격히 불신의 마음이 싹텄다.
　'이 모든 것은 전부 개명한 이름 탓 아닐까? 아… 이리도 일이 안

풀린단 말인가? 아버지는 내게 선물을 주고 떠나신 것인가 아니면 앞길을 막으려고 새 이름을 주신 것인가.'

강력한 믿음은 어느새 강력한 불신으로 변하고 있었다. 모조리 낙방을 하고 내려간 고향 제주의 상황은 좌절에 힘겨워하는 현명관을 더 짓이겨 놓았다. 제주에는 중노동을 할 수 없는 나이 드신 어머니가 여느 해녀처럼 '뇌신'이라는 강력한 가루약 진통제를 먹어가며, 물질을 견디며 아들에 대한 막연한 믿음을 스스로 담금질하고 있었다.

현명관은 고생하는 어머니, 고시 뒷바라지에 파산 지경이 된 가정 형편 등 현실을 생각하지 않을 수 없었다. 그는 꿈과 야망의 고시를 포기하고 살길을 찾아야 하는 생활인으로 급속히 변하지 않을 수 없었다.

'거지 같은 점쟁이. 아버지를 홀려서 이상한 이름이나 짓게 하고. 출세는 무슨… 굶어 죽지 않으면 다행이다. 아무 직업이나 갖고 평범하게 살자. 서울법대 나와서 고시에 실패한 낙오자라고 손가락질 받으면 어떤가! 평범한 가정을 일구고 그럭저럭 살면 그만이지' 결국 생각이 이렇게 정리되기 시작했다.

좌절의 시절, 그는 결혼을 했고 아이를 낳았다. 어른들이 말하기를 '일이 안 풀릴 때 여자가 꼬인다'라고 했지만, 현명관은 그런 미신 같은 소리를 깔보고 잘 살아보고 싶었다. 물론 여자를 만나서 결혼하고 가장이 되는 일은 어떤 면에서는 삶을 더 힘겹게 하는 일임에는 틀림없었다. 그러나 이미 지칠 대로 지친 현명관은 사랑을 위해 꿈도 접고 생계를 위해 원치 않은 일도 해야 하는, 커다란 인내가 필요한 결혼을 선택했다.

현명관은 처자식을 먹여 살려야 하는 상황이 되자, 제주로 내려가 고시할 때보다 더 고된 생활을 시작했다. 스스로가 선택한 것이라 누굴 원망하고 싶은 마음은 없었다. 아버지 어머니에게 물려받고, 수천 년 조상으로부터 물려받은 강인한 생활인으로서의 제주인 유전자가, 한 치의 망설임도 없이 그를 생활 전선에 뛰어들게 했다. 마치 오래전부터 준비되어 있었던 사람처럼 그는 자연스럽게 고등학교 교사 일을 받아들였다. 그는 제주 제일 고등학교 독일어 선생님이 되어 돈을 벌었다. 직업을 갖게 되자 온갖 잡념과 괴로움, 돈에 대한 갈증이 조금씩 사라지면서 현명관은 안정을 되찾았다.

그러나 매일 학생들을 가르치자 10여 전의 일이 자꾸만 떠올랐다. 그토록 떠나고 싶어 했던 제주, 서울에서 피난 온 뺑쟁이들의 서울 이야기로 심장 뛰던 시절, 경기고 배지를 보고 열병을 앓던 일, 어떻게든 상경해서 시험을 보려고 꾀를 쓰고 밤잠 설친 일들이, 칠판에 독일어 문장을 갈겨쓸 때마다 문득문득 떠올랐다. 게다가 아이들이 열심히 수업을 경청하고 동경의 눈으로 자신을 바라볼 때마다 꿈과 희망에 젖어 물불 안 가렸던 자신의 과거 시절이 더 뜨겁게 올라왔다.

여름은 꺾이고 추석을 얼마 남겨두지 않은 날이었다. 현명관은 고등학교 1학년 독일어 수업 중이었다.

"자 소리 내어 읽어 봅시다. 이건 독일어 속담인데 우리 속담과 비슷합니다."

영어도 벅찬데 독일어까지 해야 하는 학생들은 지겨워 죽는 얼굴이 반, 독일어 발음이 신기해서 장난삼아 따라 하는 아이들이 반의반, 나머지 반의반 정도가 열심히 수업을 듣고 있었다. "Übung macht den Meister(위붕 막덴 마이스터). 연습이 대가를 만든다." 현명관이 독일어를 선창하면 아이들은 비슷하게 따라 했다.

"위붕 막덴 마이스타. 연습이 대가를 만든다."

"덴(den) 단수 4격이죠. 대가를… 위붕 막덴 마이스터."

"위붕 막덴 마이스터."

"Bei gutem Willen finden sich die Mittel(바이 구템 빌렌 핀덴 쉬히디 미틀). 하려고 들면 길은 있는 법이다."

"바이 구템 빌렌 핀덴 쉬히디 미틀, 하려고 들면 길은 있는 법이다."

"Der letzte hat noch nicht geschoben(데어 레츠테 햇 노호 니히트 게쇼오번). 최후의 승자가 진짜 승자다."

"데어 레츠테 햇 노호니히트 게쇼오번. 최후의 승자가 진짜 승자다."

"니히트 게쇼오번 밀려나지 않는다. 게쇼오번은 쉬벤의 과거 분사죠. 다시 말해 최후의 승자다 그 말입니다. 따라 하세요."

"니히트 게쇼오번."

"니히트 게쇼오번."

"네 좋습니다. 자, 세 번씩 반복합니다."

현명관이 칠판의 글자를 짚어주자, 학생들은 열심히 독일어와 한국말을 반복했다. "하려고 들면 길은 있는 법이다." 학생들의 입에 맞춰 이 문장을 몇 번씩 읽어 나가자, 어느덧 현명관의 마음속 깊이 파묻어둔 지난 꿈이 꿈틀대는 것을 느꼈다. 하려고 마음만 먹으면 길은 있는 법인데 지금 제주에 있기 때문에 아내가 있고 자식이 있기 때문에, 또 돈을 벌어야 하는 처지 때문에 이대로 모든 꿈을 접고 제주인으로 뿌리를 내려야 하는가? 스스로에게 강한 의문이 들기 시작했다. 한 줄 한 줄 독일어 문장을 막대기로 짚어주자, 학생들은 결단을 촉구하는 명령을 현명관에게 내리듯 말했다.

"연습이 대가를 만든다!"

"하려고 들면 길은 있는 법이다!"

"최후의 승자가 진짜 승자다!"

점점 학생들의 외침이 가슴에 울려 퍼지자, 그는 교실 밖 제주의 초가을 하늘을 바라보며 결심을 굳혔다.

'그래, 아직 끝나지 않았다. 이름을 지어준 이도 틀림없이 관직을 얻는다고 했다. 아버지도 눈을 감는 순간까지 그렇게 날 믿어 주셨는데 이대로 끝낼 수는 없지 않은가?'

| 장면18 |
이기고 돌아오라

　　그는 아내와 상의한 후 다시 한번 고시에 도전하기로 결심했다. 옷 장사로 생계를 이어가기로 하고 일단 제주를 떠났다. 부부가 선택한 곳은 판자촌 우글거리는 서울 전농동이었다. 1년 만에 다시 고시 준비를 시작한 현명관은 학생 시절의 자세와 분명 달라진 자신을 발견했다. 아이를 돌보고 돈을 벌어야 하는 처지가 되니, 학생 시절에 비해 시간은 부족했다. 그러나 마음 자세와 절박함의 정도가 달라서일까? 공부는 학생 시절보다 훨씬 더 잘 되었고 집중력은 비교할 수 없었다. 잠재의식 속에 고시가 아니어도 할 일이 있다는 생각이 도사리던 때와 고시 외에는 길이 없음을 스스로 확인한 사람의 집중도는 전혀 다른 것이었다. 그렇게 몰입하자 시험에 붙을까 떨어질까 하는 걱정, 조바심 따위로부터 의연해졌다.

그러던 어느 날 전농동의 이웃 주민들이 현명관의 집에 들이닥쳤다. 그는 가난했지만 어쩌다 생긴 흑백 TV를 갖고 있었다. 1966년 6월 25일 밤 8시, KBS에서 중계하는 김기수 선수의 권투 경기를 보기 위해 사람들이 그의 집에 모인 것이다. 현명관도 잠시 고시를 잊고 경기를 지켜봤다.

"말씀드리는 순간 김기수 선수, 레프트, 라이트. 벤베누티 겁먹은 표정."

아나운서의 한마디 한마디에 주민들은 온 힘을 다해 함께 주먹을 휘두르며 함성을 질렀다. 경기 종료 후 판정 결과가 발표되었다. 2 대 1 김기수 승. 그 순간 현명관 집은 "와!" 하는 함성이 폭발했다. 주민들의 환호와 얼싸안고 뛰는 사람들 때문에 구들이 꺼질 지경이 되었다. 장충체육관에서 벌어진 WBA 세계 주니어 미들급 챔피언 결정전에서 모두의 예상을 뒤엎고 김기수 선수가 우리나라 최초의 세계 챔피언이 된 것이다. 가난했던 나라가 자존심을 세운 순간이었다. 전국의 다방에 모여 TV를 시청했던 애국 시민과 전농동 주민들은 목이 터져라 만세를 부르고 눈물을 흘렸다.

고시를 몇 개월 얼마 앞두고 벌어진 사건이지만 현명관은 시간을 빼앗은 이웃 주민들에 대해 불쾌하거나 그 시간 공부를 못해 초조해하지 않았다. 이것이 고시를 준비하던 학생 시절과는 달라진 점이었다. 개명한 이름이 좋은 영향을 주고 안 주고도 이젠 그의 머릿속에

1966년 8월 27일 동아일보 7면

서 사라졌다. 이로써 마음이 편해졌다.

1966년. 사법시험까지 6개월이라는 시간이 남아서, 현명관은 가볍게 행정고시도 보기로 하고 시험장을 찾았다. 행시와 사시는 과목이 겹치는 부분도 있었으나 그렇지 않은 부분도 있어서 큰 기대 없이 문제를 풀고 집으로 돌아왔다.

1966년 8월 27일 동아일보 1면은 월남으로 파병 가는 백마부대 군인에 대한 기사로 장식되었다. 합격자 발표를 보려던 생각도 잊은 채, 현명관은 무심히 기사를 읽은 후 신문을 넘겨갔다. 2면 3면 4면. 합격자 발표 기사는 찾을 수 없었다. 7면에 이르자 역시 파월장병에 대한 헤드라인이 크게 눈에 들어온다.

'이기고 돌아오라.'

천천히 기사를 훑다가 합격자 발표를 겨우 찾을 수 있었다. 전국에서 49명을 뽑았는데 서울에서는 23명을 뽑았다. 현명관은 서울 지역으로 지원했었다.

'3급 을류 임용고시 합격자를 발표' 행정직 서울.
최인기, 최병호, 안영수, 현명관.

첫 줄을 얼마 읽지도 않아 손가락이 딱 멈췄다. 현명관이 3급 사무관이 된 것이다.

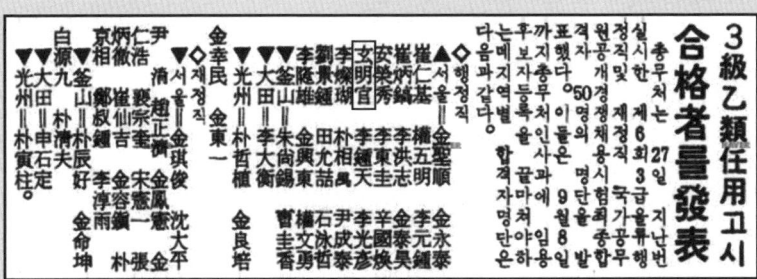

1966년 8월 27일 동아일보 7면 행정고시 합격자 명단

당시 행정고시는 2차 시험이 없었고 바로 임용이 진행되었기 때문에 현명관은 그 즉시 신분이 바뀌었다. 당시 사무관은 지방에 내려가면 군수였다. 현명관은 기사를 보고 또 봤다. 날짜도 다시 확인

했다. 보고도 믿기지 않는 합격이었다. 7면의 헤드라인처럼 그는 돌아와서 이겼다.

'아니 이렇게 쉽게. 드디어 합격이란 걸 하다니…'

현명관은 생각했다. 비록 사법시험은 아니지만 이것도 엄연한 등과였고 급제였다. 고생한 아내와 제주의 어머니에게 이 소식을 알리고 기쁨을 함께했다. 그리고 생각했다.

'아, 역시 이름대로 살게 되는가?'

마음의 속성은 텅 비어 있는 것일 수밖에 없어서
허공 같은 상태가 되면 거기에 의로움과 우주의 이치가 찾아와 머문다.
마음의 속성은 풍족하지 않을 수 없는 것이어서
풍족하다면 물욕이 들어오지 못한다.

심불가불허　허즉의리내거
心不可不虛　虛則義理來居
심불가불실　실즉물욕불입
心不可不實　實則物慾不入

채근담 / 前集 第75章

채근담의 저자는 도인이었다. 그는 불교의 공(空) 사상과 노자의 사상을 두루두루 책에 펼쳐 놓고 있는데 이 구절은 그가 마음의 속성을 관찰한 대목이다. 우리 마음의 속성은 본래 그 흔적과 위치를 찾지 못하는 텅 비고 허하다. 순간순간 잡념에 물들어 우리가 그 속성을 모를 뿐이지 원래는 진공이며 허한 것이라고 한다. 홍자성 선생은 이 상태가 되면 자연히 우주의 이치와 세상의 의로움이 거(居)한다고 말한다. 또한 그 상태는 이미 스스로 만족과 행복을 느끼는 단계라서 세상의 물욕이 들어올 자리가 없다고 단언한다. 참으로 위대하며 간결한 경구가 아닐 수 없다.

실제로 내가 고시에 실패하고 온갖 괴로움에 지쳐 있을 때와 재도전 후 합격했을 때 마음을 되돌아보면 위의 가르침과 일치한다. 마음이 본래대로 텅 빈 상태가 되지 않으면 우리의 생각은 지속적으로 부정적인 방향으로 흘러간다. 명관(明官)이라는 이름에 대한 신뢰는 불신으로, 가정 형편은 더욱 참을 수 없는 굴레로 바뀌며 급기야 출생 자체를 저주하는 방향까지 치닫고 만다. 반대로 허(虛)한 상태로 마음이 차분해지면 우주의 이치[理]에 부합하는 쪽으로 가게 된다. 그러면서 생활의 불만이나 부정적 생각은 줄어들고 작은 행복들이 눈에 들어오기 시작한다. 언제나 진흙탕 길이라 장화를 신지 않으면 다니기 힘들었던 서울 전농동 생활도, 하루가 멀다 하고 악다구니 치는 윗집 아저씨와 아랫집 아주머니의 풍경에서도, 처자식의 단칸방 고생에도 담담해진다. 그리고 동네 사람과 TV 시청만 함께 해도 행복에 젖어 웃음 짓는다.

죽어라 욕심에 가득 차서 매달렸던 사법시험은 줄줄이 낙방했지만 마음을 비운 채 별생각 없이 봤던 행정고시는 단번에 턱 붙었다. 결국 텅 빈 허(虛)한 마음이 본바탕에 가까워질 때 능력도 나오고 운도 열리고 자연스레 행복이 찾아오는 것이 아닐까? 문득 흑백 TV를 보면서 들었던 말이 생각난다. 그 옛날 권투 중계를 하던 해설자는 이렇게 말했다.

"아······. 어깨에 힘을 빼야 합니다. 가볍게 칠 때 KO도 나와요."
이것은 분명 진리다.

설국열차

2013년 8월 1일 개봉한 봉준호 감독의 설국열차는 우리 세상이 계급 사회라는 것을 상징적으로 보여 준다. 꼬리 칸에서 비참한 생활을 하는 사람과 특등실에서 귀족 생활을 하는 사람들의 대비가 아주 인상적이었다. 영화를 보면서 내가 살아온 인생이야말로 꼬리 칸에서 계속 전진하며 특등실을 향해 달려간 것은 아닌가 생각이 들었다.

서울 전농동은 꼬리 칸이었다. 거기서 행시에 합격하며 나는 꼬리 칸에서 한 칸 앞으로 넘어간 것이다. 그러나 내가 오직 출세만을 위해 달려간 것은 아니었다. 당시 우리나라는 몹시도 가난했고 어떻게 하면 잘 사는 나라가 될 수 있을까, 사회 전체가 노력하던 시기였다. 고시에 합격하고 공무원이 되는 것은 가문의 영광일 뿐 아니라 '조국과 민족의 무궁한 발전'을 위해 뭔가 멋진 일을 할 수 있는 기회를 얻는 것이었다. 고시에 합격한 젊은이들은 엄청난 자부심과 도전정신으로 나라의 발전을 이끌겠다는 생각이 강했다. 나 역시 그랬었다. '우리가 경제 개발을 이룩하자 청렴하고 깨끗한 공무원이 되자' 행시 합격 후 연수를 함께 받은 동료들의 생각이 다 이러했다.

스물일곱 살에 벅찬 꿈을 안고 처음 부임한 곳은 부산시청 인사과 고과계장이었다. 1년의 수습 기간을 마치고 처음 직책을 얻어 본격적인 공무원 생활을 시작하면서 연수 때 품었던 뜻을 지키는 것이 얼마나 어려운 일인지 바로 알게 되었다. 또한 공무원이 생각보다 멋지지 않다는 생각이 서서히 들기 시작했다. 인간의 마음은 간사하여 믿음과 불신을 수없이 오간다. 희망과 좌절도 그렇고 자부심과 자괴감도 그렇다. 나라를 위해 보람 있는 일을 해보자는 생각은 곧바로 '이런 한심한 일을 계속해야 하는가' 하는 낙담으로 바뀌었다.

당시 우리나라는 지방자치라는 것이 없었다. 모든 것을 내무부가 정하고 지방 관청에 하달하면 그 정책이 현지에 맞는지 안 맞는지 묻지도 따지지도 않고 실천하기 바빴다. 얼마나 불합리한 지시가 많았겠는가? 게다가 27살 어린 나이에 높은 직위를 얻었으니, 하급 공무원부터 시작해서 잔뼈가 굵은 10살 위 시청 터줏대감 공무원들과 좋은 관계를 유지하는 것도 여간 어려운 일이 아니었다. 그분들과 화합하며 지휘 책임이 있는 고위 공무원으로서의 역할도 충실히 하려니 매일 서류를 보자기에 싸 들고 집에 와서 공부하고 연구하며 결제를 하지 않을 수 없었다. 고시는 끝났으나 3급 공무원의 일상은 고시생과 다름없이 흘러갔다. 다행히 직급과 나이의 괴리에서 오는 불협화음은 노력으로 하나둘 좋아졌고, 바쁜 일상은 꿈틀대는 불만을 잠재우며 1년이라는 시간을 후딱 지나가게 했다.

그러나 부산 시청의 평화는 오래가지 못했다. 전혀 생각지도 않은 '시험'에 들게 되면서 큰 갈등이 생기고 말았다. 우리가 직장을 다니며 성장하는 이유는 이런저런 상황 속에서 자신의 소신을 시험받기 때문일 것이다. 내게 찾아온 공무원 생활의 첫 번째 시험은 윗사람의 청탁이었다. 예나 지금이나 임시 계약직을 정규직으로 전환하는 일은 한 사람의 평생 직업을 좌우하고, 나아가 한 가정의 운명을 가르는 일이기에 청탁이 많을 수밖에 없다. 나는 고과 계장이었기 때문에 비정규직 공무원의 정규직 전환 필기시험을 감독하고 관리하는 일을 했다. 일에 충실하면 아무 문제없을 거라 생각했던 나의 예상은 빗나갔고 수없는 청탁이 상사를 통해 쏟아졌다.

"현계장! 김○○씨 있죠? 그 사람은 꼭 합격시키세요."

"네?"

"아 이 사람… 참, 뭔 얘긴지 몰라요?"

"이런 식의 청탁으로 공무원을 뽑으면 뭐 하러 시험을 치나요? 원리 원칙대로 해야 하는 것 아닌가요?"

"청탁이라니… 현계장! 말 함부로 하지 마쇼. 당신 고시 출신이라고 여기 있는 사람들이 다 우습게 보이나 본데, 현계장보다 수십 년 더 공무원 생활한 사람들이고 다 이유가 있어서 하는 거야!"

이런 식의 압박이 하루가 멀다 하고 밀려들어 왔다. 국장님, 시장님의 친척, 국회의원 처가댁, 경찰청장의 누구, 중앙정보부에서 내려온 특급 청탁, 심지어 방송이나 신문사에서도 압력이 들어왔다. 비정규직 공무원들은 직급 전환 시험을 치기 전, 동원할 수 있는 모든 빽을 동원하여 내게 압력을 넣었다.

꼬리 칸에만 있었으면 몰랐을, 바퀴벌레로 만들어진 연양갱을 보자 입맛이 떨어졌고, 공무원 생활에 회의가 몰려왔다. 이런 부정한 방법과 타협하기 위해 내가 엉덩이에 못이 박히도록 공부를 하고, 물질하는 어머니의 등골을 뽑아서 시험 준비를 했단 말인가? 밤잠을 설치며 고민했고 속에선 열불이 올라왔다. 며칠 고민을 한끝에 마음을 비우기로 했다. 상사와의 인간관계, 승진 등을 포기하고 소신대로 하자고 마음먹었다.

예정대로 직급 전환 대상자들은 필기시험을 치렀다. 직급 전환 필기시험을 마치자마자 나는 시험지를 걷으며 아무도 예상하지 못한 특단의 조치를 취했다. 시험지 상단의 수험번호와 이름을 잘라내도록 지시했다. 그리고 시험지 채점자 전원을 부산의 한 호텔에 감금

시키고 채점을 한 후, 오직 필기시험 점수를 기준으로 합격자를 전격 발표해 버렸다. 지금 생각하면 무슨 배짱으로 그랬는지 알 수가 없다. 고시 출신자의 자존심일 수도 있었겠으나 아마도 원리원칙을 지켰던 이유는 청탁을 받아들여 윗사람들의 뜻대로 해주었을 때 그 불편한 마음을 견딜 자신이 없었던 것 같다.

전혀 예상하지 못한, 스물여덟 살 피도 안 마른 젊은 계장의 돌발 행동은 부산 시청을 완전히 뒤집어 놓았다. 그뿐만 아니라 수많은 권력 기관들의 원성이 하늘을 찔렀다. 공정한 단 한 번의 합격자 발표는 신문, 방송, 중앙정보부, 경찰 등을 모두 적으로 만들었다. 사방이 바다로 둘러싸인 제주가 싫어 힘들게 육지로 나왔는데, 또 다른 장벽이 나를 외딴섬에 가두고 말았다. 나는 왕따가 되었다.

점점 부산 시청에 정이 떨어졌다.

뜻밖의 행운은 불행으로…

가뜩이나 공무원 생활이 진취적이지 못하고 따분하다고 느끼던 차에, 상사는 물론 각종 기관들로부터 차가운 시선을 받고 욕까지 먹으니, 당장 때려치우고 싶은 생각이 밀려왔다. 하지만 어렵게 붙은 시험이고 가정이 있으며 무엇보다 제주에서는 생계 때문에 아직도 노동을 감수하는 노모가 있다. 경솔한 행동은 꿈도 꿀 수 없었다. 제주의 친인척과 이웃들은 아들이 서울법대 나오고 고시까지 했으니 '이제 살림이 확 피겠구나!' 짐작했겠으나 실상은 그렇지 못했다. 중노동을 감당할 수 없어서 해녀 일이 생선 장사로 바뀌었을 뿐, 수입이 변변치 않은 아들 때문에 어머니는 여전히 일을 할 수밖에 없었다. 지금이야 공무원이 좀 살만 하지만 1967년, 1968년 당시는 그야말로 박봉 그 자체였다.

이런저런 사정에 그만두지도 못하고 억지로 공무원 생활을 이어가던 차, 고시 1년 선배로부터 전화 한 통이 날아왔다.

"현 계장? 납니다."

"아이고 어쩐 일이십니까? 전화를 다 주시고?"

"현 계장 혹시 서울에 올라와서 감사관 해 볼 생각 없어요? 여기 중앙부서에서 대대적으로 고시 출신자들을 모아 조직을 쇄신하려나 본데, 지금 감사원에도 사람을 뽑고 있어요. 한번 지원해 보지 그래요?"

이게 웬일인가. 감사원이라니. 가슴이 뛰는 이야기였다. 처음 행시에 합격하고 연수를 받으며 부산 중구청에 배속되어 일을 배울 때였다. 감사원의 감사관들이 들이닥쳐서 직급 고하를 막론하고 엄정하게 감사하고 잘잘못을 밝혀내 문제를 바로잡는 모습을 보았다. 그때 감사원을 동경하는 마음이 있었으나 원한다고 갈 수 있는 부서가 아니었기에 체념하고 현실을 받아들였었다. 그런데 동경했던 그곳에 갈 기회를 하늘이 주시다니, 이보다 더 큰 행운이 어디 있겠는가?

즉시 감사원에 지원을 했고 곧바로 서울 감사원으로 자리를 옮기게 되었다.

고시파들이 모여 있으니 동료의식이 생기고 외롭지 않았다. 의기투합도 할 수 있고 진취적이며 국가 발전에 기여할 수 있다는 기대감에 매일 이어지는 야근도, 머리 터지게 법을 공부하는 시간도 견딜 만했다.

그러나 감사원에 왔다는 행운의 기쁨도 잠시, 의욕 넘치던 나를 점점 옥죄는 답답함이 엄습해 왔다. 감사원은 내가 생각하던 '부정'을 바로잡는 곳이 아니었다. 소위 큰 사건을 밝혀내고도 권력 기관들 눈치 보기에 급급한 나머지, 비리의 근본은 손도 못 댄 채 힘없는 하급직들만 쳐내는 나약한 곳이었다. 좀 더 노골적으로 표현하면 당시 감사원은 부정을 눈감아주고 나아가 부당함을 합리화시켜주며, 또 그런 일에 능숙해지면 개인의 이득까지 취할 수 있는 기회의 관청이었다. 당시 감사원의 문화나 의식은 그랬다. 게다가 적당히 눈치나 보면서 승진하려는 사람이 많았는데 그것은 혈기 넘치는 우리 고시파들이 꿈꾸던 정의로운 조직 문화가 아니었다.

"아니 뭔가 큰일을 할 것처럼 전국에서 고시파를 모아 놓더니 이게 지금 뭐 하는 겁니까?"

"그러게 말이요. 자, 한잔 받아요." 울분을 토하는 동기 고시파 한 명을 위로하며 나는 반주를 따라 주었다.

"현명관씨가 그랬다면서요? 지난번 국세청 건 주의조치는 너무 가볍다, 이건 징계감이라고 메모 올렸다면서요?"

"네 그랬죠. 아무 이상 없다고 하더군요."

"나 참, 그런 인간이 승진을 하고 팀장을 하니 감사원이 이 꼴입니다. 그건 명관씨 말이 맞죠. 이거 뭔가 있어 있다고. 반대로, 주의 줄 사람은 과도하게 징계하고."

"사적인 감정으로 감사 결과를 정하는 사람들이 있어서 큰 문제예요. 이런 조직을 정부 어느 부처가 신뢰하겠어요?"

다른 동료도 말을 거들었다. 신정 연휴에 나와서 고시파들이, 쌓이고 쌓인 울분을 풀자고 만든 회식 자리였다. 술이 들어가고 성토가 시작되자, 30대 초반의 고시파 청년들은 당장 조직을 뜯어고쳐야 한다며 과격한 혁명가로 돌변하기 시작했다.

"이게 다, 물러 터진 원장 때문입니다."

"여기서 이럴 게 아니라 지금 당장 감사원장을 찾아가서 이 문제를 이야기하는 건 어때요?"

"오! 그거 멋진 생각이오. 원장이고 뭐고 할 말은 해야지. 그분 자꾸 조직을 물로 만들고 있는 겁니다."

혁명을 주창하던 고시파들은 술도 한두 잔 했겠다, 끝내 결의를 실천에 옮기고 말았다. 명절 인사를 핑계로 소주 한 병을 사서 후암동 감사원장 집으로 향하며 원장 비서에게 미팅을 신청했다. 그러나

신정 연휴 대낮에 갑자기 미팅이 이루어질 리가 없었다. 미팅은 보기 좋게 거절당하자, 의기 높은 고시파 청년들은 감사원장 집대문을 발로 차며 소리 지르기 시작했다.

"원장님! 쪽팔린 감사원의 문제점을 알긴 아십니까? 나와서 저희 얘기, 들어나 보시죠!"

그러나, 감사원 고시파들의 피 끓는 객기로 결성된 혁명 원정대는 의로운 뜻을 전달하기는커녕 감사원장 그림자도 구경 못한 채 뿔뿔이 흩어져야만 했다.

문제는 연휴가 끝나고 터졌다. 사무총장이 난동 부린 사람들을 적발하라는 지시를 각국 국장들에게 하달했다. 또한 이런 하극상이 벌어진 것에 대해 공무원 기강 확립을 위해서라도 관련자들을 강력히 문책하겠다고 으름장을 놓았다. 그러나 고시파들이 술 먹고 한 실수니 한 번은 봐주자는 쪽으로 내부 의견이 모아지면서 사건은 시말서를 받는 것으로 겨우 일단락되었다. 나를 포함한 그날 객기를 부린 고시파들은 안도의 한숨을 내쉬었다.

동경하던 곳에 와서도 여전히 마음은 불행했고 답답함은 가시지 않았다. 분명 과거보다 좋은 위치임에도 불만은 커져만 갔다. 아마 대부분의 사람들이 그럴 것이다. 자신이 꿈꾸던 것을 얻었을 때, 그것이 기대에 미치지 못하면 우리는 꿈을 이루지 못했을 때보다 더 불행해지나 보다. 도대체, 언제 제대로 감사관 역할을 하며 국가 개혁의 선봉에 설 수 있을까? 과연 그런 보람 있고 폼 나는 시절은 올 것인가? 이런 생각을 하자 부산시청 때 가슴을 짓눌렀던 갑갑함이 또다시 나를 찾아왔다.

개혁은 피를 부르고

그러던 어느 날, 나의 이 갑갑함을 희망으로 바꿔주는 예상치 못한 사건이 발생했다. 출근해서 신문을 뒤적이다 눈이 번쩍 띄는 기사를 발견했다.

> **동아일보 1971.7.27**
>
> 평북 삭주 출신 육사8기 대구 법대 졸업 46살 젊은 최고회의 법사위원장 법학도이기도 한 그는 육사 8기로 5.16 혁명에 가담한 혁명 주체세력의 핵심 멤버이며 국가재건최고회의 법사위원장 내각 사무처장을 역임했다. (중략) 지난 총선 때 전국구 물망에도 올랐던 그는 "국회의원보다는 행정부 쪽이 더 적격"이라는 고위층의 배려 때문에 벌써부터 감사원장에 내정되어 있었다는 얘기.

1971년 7월, 나는 실세 감사원장의 내정 소식을 읽으며 마음속에서 의욕이 꿈틀대는 것을 느꼈다. 군사정권 시절이라 육사 출신이

1971년 8월 17일 동아일보 3면
이석제 신임 감사원장에 대한 인터뷰 기사

권력의 핵심부를 차지하고 있었는데 육사 8기인 사람이 감사원장으로 온다니, 이것은 감사원에 힘을 실어주겠다는 대통령의 의지였다. '이제는 뭔가 달라질 거야.'

7월 30일, 국회 동의를 얻어 이석제 감사원장이 임명되었다. 감사원 내부에서는 신임 원장은 전과 다른 강력한 감사원을 만들 것이라는 소문이 돌았다. 역시 부임하자마자 새로운 감사원장은 놀라운 선언을 하며 조직을 새롭게 만들었고 나 역시 다시 의욕적인 공무원으로 돌변했다.

> **7월 29일 이석제 신임 감사원장에 대한 국회 임명 동의안 통과**
> 8월 17일 동아일보 인터뷰 "송사리만 잡는 감사 탈피" 이석제 감사원장과의 인터뷰는 공화당 정권이 들어선 후 비록 사람은 달라졌지만 감사원장으로선 8년 만의 기자회견이다. 전임 이주일 원장은 재임 칠 년이 넘도록 단독이건 공동이건 한 번도 기자회견을 갖지 않았었다. 원장실 문엔 항상 '회의 중' 아니면 '부재'라는 푯말이 붙어 있었다. (중략) 신임 이원장에게 소감과 앞으로의 감사 방침을 물었다. "이제 겨우 업무를 파악하고 있는 중이라서…, 당장 무슨 대 개혁안을 갖고 있는 것은 아니지만… 앞으로는 산발적인 감사보다 감사역량을 집중적으로 투입하렵니다. 동시에 주변만 긁는 소극적인 태도보다 계통적인 감사를 단행하겠습니다. 계통적이란 부정의 연루자를 밑에서부터 위까지 꿰뚫어 모조리 적발하겠다는 뜻이 아닙니까? 송사리만 잡는 말단지엽 감사는 탈피해야지요. 과감하게 문제의 핵심을 파고들겠습니다." (중략) 작년만 해도 청와대비서실, 중앙정보부, 감사원 등의 위법부당사항은 적발된 게 없었다. 끝으로 특수권력기관에 대한 감사강화책은 없느냐고 물었다. 이원장은 안경 유리알 너머로 조용히 미소를 머금으며 "앞으로 두고 연구해 보지요"라고 대답했다. —조강환 기자

청와대 비서실, 중앙정보부에 대한 감사까지도 '앞으로 연구해 보겠다' 말하는 기사를 읽으며 놀라지 않을 수 없었다. 중앙정보부까지 건드릴 수 있고 물러서지 않겠다는 결의는 나를 비롯한 고시파들의 가슴에 불을 댕겼다.

그러나 나를 비롯한 젊은 동료들은 세상의 개혁은 반드시 피를 부른다는 것을 몰랐다. 이석제 신임 원장의 강력한 사정의 칼은 제일 먼저 '감사원'으로 향했다. 조직원 300여 명 중 30~40명의 감사관이 옷을 벗고 말았다. 어제까지 웃으며 인사하고 이야기를 나누던 선후배 동료가 갑자기 짐을 싸고 파직당하고 해임되어 집으로 가야 했다. 살벌한 분위기였다. 피감 기관으로부터 향응을 받고 관례로 챙겨 오던 용돈이 전부 개혁 대상이 되었고 그중 사안이 중하다고 판단되는 공무원은 그대로 잘리고 말았다.

나는 공무원 생활은 교도소 담장을 걸어가는 일이라는 것을 문득 깨달았다. 비슷한 시기에 나는 광주 농협통계소 감사를 하면서 지금 돈 2천만 원 정도의 횡령 사건을 적발한 적이 있었다. 해당 공무원을 파면 조치했는데 알고 보니 그 공무원의 횡령 이유는 수년간 병원에 입원 중인 어머니의 병수발 때문이었다. 심지어 최근에는 그의 아내까지 입원해서 엎친 데 덮친 격으로 곤경에 처한 사람이었다. 나는 감사 반장으로서 내 일을 했지만 영 마음이 편치 않았다. 나였다면 과연 저런 상황에서 어떻게 돈을 마련했을까? 여기에 갑작스러운 동료들의 징계를 보며 공무원 생활에 대해 다시 생각하게 되었다.

'공무원은 한 발 잘못 디디면 바로 교도소로 들어가는 생활이다. 공무원의 월급은 그저 용돈이라 생각하고 다녀야지, 이것을 생계의

수단으로 생각하고 오직 여기에만 매달리면 결국, 숨통을 터주는 뇌물을 받지 않을 수 없게 된다.'

그런데 나도 월급이 생계 수단의 전부였으니 문제였다. 공무원은 돈 있는 사람이 폼 잡고 하면 좋은 직업이지만 돈 없는 사람이 하기에는 너무 위험한 직업이라는 생각이 들었다.

1년 후 집 못 사면 바보

감사관으로서 어느덧 3년을 보내자, 나는 감사 업무에 베테랑이 되어 갔다. 이제 서류를 들추어 보면 어디에 문제가 있고 어디서 돈이 빠져나갔는지 바로 눈에 들어오기 시작했다. 이때 쌓은 노하우가 신라호텔에서도 요긴하게 쓰였던 것이다. 지방 출장을 가서는 외출이나 외박도 자제하며 최대한 업무에 충실하려고 노력했다.

한 번은 지방의 토석 채취 관련 부정을 밝혀냈었다. 일종의 특종이었다. 당시는 업자들이 허가된 구역 이상을 함부로 훼손하고 부당한 이익을 취하는 것을 당연하게 여기던 시절이었다. 이 과정에서 관계 공무원에 대한 향응과 접대, 뇌물이 살포된 것은 물론이다. 허가된 사항보다 더 많은 토석을 채취하게 한 담당 공무원을 징계시키고 원칙대로 처리한다고 통보하자, 해당 관청은 지금 돈 2백만 원 정도를 여관으로 가져와서 통사정을 했다. 징계감을 무마하고 감사관이 눈감아 주려면 그 정도의 돈이 들던 시대였다. 물론 거절하고 원칙대로 처리했다. 이후 모든 지방의 골재 채취 인허가 관행은 바뀌었다.

관세청의 큰 비리를 밝혔을 때는 뇌물도 끈질겼다. 현장에서 거절하니 집까지 찾아와서 돈을 주려 했다. 1주일을 그렇게 봐달라고 사정을 하고 그마저도 거절하니, 야밤에 담 너머로 돈뭉치를 던지고 갔다. 지금 돈 1천만 원 정도였던 것으로 기억한다. 당연히 거절하고 원칙대로 해당 공무원을 징계 조치시켰다. 내가 이렇게 포청천처럼 활동하게 된 데에는 사연이 있다. 이것은 나중에 설명하기로 하겠다.

살벌한 원칙주의자 감사관으로 이름을 알리게 되니, 자연히 이석제 신임 감사원장은 나에게 기동반(특별반) 반장의 직책을 맡겼다. 신임 원장은 그동안의 감사원 감사에다 새로운 임무를 추가했다. 각종 기관으로부터 취득한 정보를 바탕으로 타깃 감사에 나선 것이다. 이석제 신임 원장은 문제가 있다는 소문이 들리면, 당사자뿐 아니라 그 사람의 주변과 해당 기관의 정보를 집중적으로 수집하여 비리를 발본색원하겠다는, 아주 무시무시한 감사 원칙을 정하고 실천했다. 당장 5개 국으로 이루어진 감사원에 각국의 국장 직속으로 특별반을 신설하고 그 임무를 맡겼다. 3국의 특별반 반장이 되면서 나는 이제야 '이 사회에 뭔가 의미 있는 일 중요한 일을 하고 있구나'하는 자부심을, 공무원이 된 후 처음으로 갖게 되었다.

1970년대 거리에는 바이크를 탄 교통순경이 많았다. 그들은 교통위반자를 쏜살같이 추격해서 딱지를 떼었다. 문제는 이들이 딱지를 떼기보다, 눈 감아 달라며 건네는 교통 위반자들의 돈을 더 많이 챙겼다는 데 있었다. 사람들은 흔히 말하길 '교통순경 1년 하고 집을 못 사면 바보'라고 할 정도였으니 밥벌이하는 운전자들 원성이 오죽했겠는가?

이런 소문이 감사원에도 들렸고 원장은 특별 명령을 내려 돈 뜯어 가는 교통경찰을 소탕하라는 명령을 내렸다. 특별반 반장인 나는 즉각 출동하여 교통경찰들이 많이 모인다는, 소위 목 좋은 곳으로 달려가 잠복했다. 개똥도 약에 쓰려면 없다는 우리말 속담은 진리다. 그날따라 3~4시간이 지나도 교통 위반 차량이 없었고 근처에 있던 바이크 교통순경도 허탕을 치고 있었다. 날은 더운데 땡볕을 받으며, 육교 위에서 사거리 한 귀퉁이에 숨어 있는 교통경찰을 감시하는 일은 고욕이었다. 땀이 줄기차게 겨드랑이를 타고 흘러 양복까지 적시는 지경이 되었을 때 트럭 한 대가 신호를 위반하고 사거리를 통과했다. 경관은 곧바로 사이렌을 울리고 바이크를 몰고 달려갔고, 나와 특별반원도 육교를 내려와 교통순경을 뒤쫓았다. 멀리서 경관과 운전수가 이야기하는 모습을 보면서, 그때만큼 경찰이 돈을 받아주길 바라던 때가 없었다. 예상대로 운전수는 경관에게 지폐를 꺼내 주었고 경관은 주변을 살피더니 지폐를 받자마자 긴 가죽 장화 윗부분에 넣는 것이 아닌가! 현장을 확인한 우리들은 죽어라 경관에게 달려갔다. 우리는 감사원 특별반 신분증을 교통경찰에게 마패처럼 보여주고 경관의 신분증을 요구했다. 교통경찰은 처음에 돈 받은 사실을 완강히 부인했지만 내가 왼쪽 장화 윗부분을 보자고 하자 급하게 태도를 바꾸어 한 번만 봐달라고 통사정을 했다. 우리 특별반은 그렇게 교통경찰의 비리 몇 건을 보기 좋게 잡아내면서 함부로 돈 뜯다가는 낭패 본다는 것을 을지로 일대의 교통경찰들에게 심어주었다.

그러던 어느 날, 중요한 제보가 감사원으로 들어왔고 나와 특별반원은 상사로부터 긴급 명령서를 받은 채 무작정 열차에 몸을 싣고 경상도로 향했다. 특별기동반의 출동은 늘 이런 식이었다.

| 장면19 |
군수와 타자수

3국 기동반장 현명관은 차분히, 봉투를 묶고 있던 끈을 뱅뱅 돌려 풀었다. 경상도로 향하는 열차는 덜컹대며 무려 2시간 이상 리듬감 넘치게 흔들렸고 그 진동에 몸을 싣고 잠을 청하는 승객들도 제법 눈에 띄었다. 깨어 있는 사람들은 담배를 피우거나 계란을 까먹는 등 각자 할 일에 분주했다.

아무도 기동반장 현명관의 봉투를 눈여겨보는 사람은 없었다. 주변을 두루 살핀 현명관은 조용히 봉투 안 갱지로 된 명령서를 꺼냈다.

- 경상도 ○○군, 군수에 대한 첩보
A군수에게 다음과 같은 비리 혐의가 있는 것으로 첩보가 입수되

없음.
1. 그린벨트 지역에 건축허가를 내주고 지목 변경도 해주어 사업 시행자에게 큰 이익을 준 점.
2. ○○군청의 B양은 1년 전 군수의 타자수가 되었는데, 둘 사이가 불륜이라는 첩보가 있음. 이를 철저히 조사하시오.

감사원은 1971년 7월 29일, 신임 이석제 감사원장이 부임하면서 강력하고도 실질적인 힘을 얻어 개혁적인 감사를 진행하고 있었다. 감사원의 분위기도 이제는 제대로 비리를 색출하여 공무원 사회를 일신하자는 열기로 가득 찼다. 당연히 그런 시절이 오기를 학수고대하던 현명관은 세상 그 누구라도 잡아넣을 기세로 '감사'하겠다고 결의를 다지고 있었다. 때마침 그는 암행어사 같은 막강한 힘을 갖고 있던 3국 기동반에 배치되었다.

감사원의 의기 높은 고시 출신자들은 신이 났다. 하늘의 새가 우리 속에 갇혀 자신이 무슨 목적으로 날개와 깃털을 달고 있는지 모르던 시간이 흐르다가, 갑자기 우리가 열리고 저마다 하늘로 솟구쳐 날 수 있는 기회가 주어졌기 때문이다. 드디어 하늘을 날게 되자, 현명관도 그제야 자신의 삶의 목적이 이거였구나 하는 생각을 했다.

때문에 그는 늘 종교 의식을 치르는 마음으로 기동반장으로서

'임무 명령서'를 열차 안에서 열어 보고 현지에 내려가 감사를 시작했다. 그리고 개작두를 휘두른 판관 포청천처럼 지방의 비리 공무원들의 목을 사정없이 날렸다.

기동반에는 특별한 업무 수칙이 있었다. 출장 명령이 떨어지면 아무것도 모른 채 지령이 담긴 봉투만 받고 기차에 올라야 했다. 기차가 출발하면 그때야 명령서를 열어볼 수 있었다. 즉, 사전에 감사 대상자에게 첩보가 새 나가는 것을 막기 위한 조치였다. 전화도 삐삐도 카톡도 없던 시절이라 열차만 타면 더 이상 기동반이 누구를 추적하고 누구를 잡아넣기 위해 움직이는지 대통령도 알 수 없었기 때문이다. 그런데 이번 출장 명령서는 좀 야릇한 구석이 있었다.

'타이피스트와의 로맨스라……'

현명관은 눈을 감고 생각에 잠겼다.

'그 여성은 어떻게 생겼을까? 어떻게 하다 불륜까지 갔을까? 군수가 재주도 좋네. 아무튼 비리부터 캐 보자. 근데 불륜에 대해 어디까지 물어봐야 하나? 주로 어떤 여관에 다녔냐? 아니야 이건 좀 지나친 질문인데…'

그날 오후 경상도 ○○군청에 암행어사가 떴다. 감사원 특별기동반 신분증을 내 보이며 현명관 일행은 군청 사무실에 들이닥쳤다.

"감사원 3국 기동반장 현명관입니다. 잠시 일을 멈추고 감사에 협조해주시기 바랍니다." 암행어사 출두와 다를 바 없었다.

군청의 공무원들은 하던 일을 멈추고 들이닥친 감사관들을 일제히 쳐다봤다. 공무원들의 눈빛에 불안감이 가득했다. 여기서 잘못 걸리면 그대로 파면도 당한다. 시골 군청에서 마냥 편하게 생활했던 공무원들에게 자료 하나, 말 한마디의 실수에 실업자로 전락할 수도 있는 위험한 상황이 날벼락처럼 떨어졌다. 여직원 한 명이 현명관에게 다가왔다.

"차라도 한잔 드릴까요? 회의실로 가시죠."

"됐습니다. 군수실이 어딥니까? 군수님 먼저 뵙겠습니다."

"군수님은 지금 외출 중이십니다."

"그래요? 일단 방으로 안내해 주세요."

아무 통보도 없이 군수의 외출 여부도 따지지 않고 급습한 감사원 팀은 살벌한 분위기로 군수의 방으로 향했다.

"거기, 서류 손대지 마시고 그대로 두세요!" 동행한 감사관 한 명이, 군청 공무원 중 한 사람이 책상 위 서류를 서랍에 넣는 것을 보고 소리쳤다.

차가운 분위기가 3층 군청 사무실 전체를 뒤덮었다. 현명관과 일행은 직원의 안내를 받으며 군수 방으로 들어갔다. 방 입구에 임무명령서 두 번째 항목에 있었던, 20대의 젊은 여성 타자수가 앉아 있었다. 짧은 검은색 스커트를 입고 있던 이 여성은 일행을 보고 단아하게 천천히 일어나 가볍게 목례를 했다. 현명관은 잠깐 얼굴을 본

후 군수의 책상으로 갔다. 그러나 현명관의 관심은 1초 동안 마주쳤던 여성 타자수에게 가 있었다.

'미인이다! 도대체 어떤 군수이기에 이런 대담한 사랑놀음을 한단 말인가? 혹시 잘못된 정보는 아닐까?'

감사팀은 군수의 책상과 서랍을 가리키며 필요한 자료를 제출받았다. 서류 더미들이 상자에 차곡차곡 담겼다. 그렇게 감사할 서류를 챙긴 지 30분 정도 지났을 때 급하게 군수가 사무실로 들어왔다. 벌어진 상황을 보고 그는 적잖이 놀랐다. 감사원 3국 기동대는 신분을 밝히고 서류를 조사하기 위해 가져 가겠다고 군수에게 말했다. 그리고 현명관은 조사를 위해 자신들이 머물고 있는 곳으로 와줄 것을 군수에게 요청했다.

"어디로 간단 말입니까?"

"네, 저희 숙소에 가서 편하게 조사받으시면 됩니다."

몇 시간 후 군수가 찾아왔다. 현명관 일행은 군청에서 3km 떨어진 장급 여관에 머물며 조사를 진행했다. 여관에 3국 기동대의 임시 사무실이 차려졌다. 한쪽 방에서는 군수의 비리 혐의가 있는 서류를 꼼꼼하게 뒤졌고, 다른 방에서는 현명관의 강도 높은 대면 조사가 이루어졌다. 앉은뱅이책상 1개와 방석 2개, 재떨이와 주전자를 의지해 현명관은 10시간 이상 군수를 다그쳤다. 군수는 혐의를 완강히 부인했고 온갖 구실을 달아 자신의 행위가 적법했음을 주장했다.

일단 군수를 돌려보내고 다음날 다시 불렀다. 그리고 똑같은 일을 반복했다. 현명관도 지쳤고 군수도 지쳐갔다.

3일째 되던 날 아침, 군수가 여관방에 들어와 앉았고 현명관은 더 이상 시간을 끌 수 없다는 생각으로 그동안 아껴두었던 질문을 던졌다.

"군수님, 이틀 동안 조사받으시느라 고생이 많으십니다. 그런데 계속 이렇게 부인하시면 저도 이 말을 꺼내지 않을 수 없습니다. 같이 일하는 미스 박이 타자수죠?"

적잖이 놀란 기색이 되어 군수는 대답했다.

"네 그런데요?"

"두 분이 무슨 관계입니까? 왜 갑자기 건축과에 있던 사람이 군수님 비서가 되었나요?"

"그야 타자수가 필요해서 그런 거 아닙니까?"

현명관은 군수를 잠시 동안 빤히 바라보았다. 군수의 눈동자는 이미 불안에 흔들리고 있었다.

"계속 부인하시면 다른 사람에게 사실을 확인할 수밖에 없습니다. 목격자가 있습니다. 두 분이 사무실 말고 어디를 다니는지 우리는 알고 있습니다. 이거 공무원 윤리 규정에 어긋나는 일 아닙니까?"

군수는 더 이상 말을 하지 않았다.

5분 이상의 침묵이 방안에 흐른 후 군수가 입을 열었다.

"감사관님. 제 잘못입니다. 한 번만 선처를 부탁드립니다. 다른 일은 몰라도 그 친구 일은 사람들에 알리지 말아 주십시오. 앞길이 구만리 같은 처녀고 저도 가정이 있으니 다른 것이 안 된다면 이 부분만큼은 덮어 주시면 안 되겠습니까?"

현명관은 담배를 두 개비 집어 들고 군수에게 하나, 자신도 하나 입에 물고 불을 붙였다. 3일 동안의 긴 조사 끝에 기동대는 대어를 낚았지만 처음 열차를 타고 내려와 비리를 밝혀 세상을 바로잡겠다는 열정은 어느새 싸늘히 식어있었다. 대신 그 어렵다는 고시 패스로 군수가 된, 전도유망한 가장 하나를 짓밟아 죽이는 일을 실행해야 한다는 착찹함과 허탈함에 생각이 많아졌다.

두 사람의 담배 연기로 여관방은 금방 뿌옇게 되었고 현명관은 환기를 위해 자리에서 일어나 창문을 열며 말했다.

"여자 문제는 보고하지 않겠습니다. 그러나 나머지 일은 원칙대로 처리하겠습니다."

군수는 아무 말도 하지 않고 정신이 나간 사람처럼 한동안 멍하니 앉아있었다. 군수는 파면당했다.

기동대원들은 이번 원정 출장도 성공적이라 자평하며 통쾌해 했다. 그러나 상경하는 열차 안에서 현명관은 울적한 기분이 들었다. 처음 이 일을 맡아서 할 때와 달리, 한 명 한 명 비리의 대가를 치르게 하고 그 수가 점점 쌓이자, 쓰디쓴 회의감이 울컥 올라오기 시작했다.

'누구나 흠결은 있다. 내가 뭐라고 이렇게 사람들을 단죄하고 인생을 끝나게 하는가? 저 사람들은 어떻게 살아가게 될까? 만날 이렇게 잘했니 못 했니 만을 따지는 것이, 과연 가치 있는 일인가? 나에게 이 일은 맞는 것인가?' 이런 생각들로 머리가 복잡해져 있을 때 기동대원들이 맥주를 마시며 떠드는 소리가 또렷하게 들어왔다.

"햐, 그 여자 늘씬하고 미인이던데, 그 군수 진짜 좋았겠어?"

"하하하."

현명관은 그 소리가 불쾌했다. 그리고 생각했다.

'우리는 다 똑같은 놈들이다. 걸린 사람과 아직 걸리지 않은 사람이 있을 뿐.'

맞지 않는 옷

잘못을 저지른 공무원들에게 나는 저승사자였을 것이다. 내가 감사관으로 출동해서 각종 서류를 뒤지고 숫자 하나하나를 대조하고 심지어 항공사진과 지도와 비교하면서 토석 채취 문제를 지적했을 때, 그들은 얼마나 괴로웠을까? 한 사람 두 사람, 옷을 벗기는 숫자가 늘어나고 피눈물을 흘리며 직장을 떠나는 공무원들을 보면서 점점 마음이 편치 않아졌다. 제아무리 정의의 이름으로 법을 집행한다 해도, 천성적으로 이런 일들이 나와 어울리지 않는다는 생각을 하기 시작했다.

사람을 죽이고 악행을 저지른 자들을 옛날에는 참형에 처했다. 그 참형을 실행한 사람들이 망나니다. 망나니는 칼을 휘둘러 단칼에 죽어 마땅한 자들을 처단했지만, 그도 처음에는 괴로워 술 마시며 제정신이 아닌 상태에서 형을 집행한다. 그러다 나중에는 닭이나 돼지를 도축하는 일과 별반 다르지 않게 무감각한 칼질을 한다. 이것이 일반적인 사정기관에서 일하는 사람들의 마인드일 것이다.

그러나 나는 달랐다. 물론 감사관은 그런 망나니와는 다른 종류의 일이었으나 우리나라가 가난하던 시절, 한 사람의 안정된 직장을 날려버리는 일은 산 사람의 목을 치는 일과 다름없었다. 가난을 알았던 나는 해직된 공무원들이 자꾸 떠올랐다. 더욱이 시간이 흐를수록 칼질에 익숙해지는 것이 아니라 점점 마음이 불편해졌다. 내가 하고 싶었던 것은 '무엇인가 직접 만들고 진행하는 것'인데 나는 다른 사람들이 만들어 놓은 일들이 옳은지 그른지만 판단하고, 그중에서 잘못된 점만 철저하게 찾아내어 벌주는 역할을 하니 답답했다. 과연 나에게 맞는 일인지 아닌지 서서히 갈등하게 되었다.

이런 갈등의 이면에는 감사원 부임 초기에 있었던 경험도 크게 작용했다. 나는 오랜 시간을 청렴한 감사관으로 행동하며 살아왔으나 그렇게 된 것은 밝히기 부끄러운 경험 때문이었다. 감사원에 처음 와서 초급 감사관으로 일을 배울 때의 일이다. 지방 출장을 가서 여관에 머물며 현지 세무 공무원들의 비리를 밝혀내고 조사를 한 적이 있었다. 그때 나는 존경하는 선배와 함께 그 일을 맡았었다. 여관에서 공무원들 조사를 마치고 돌려보냈는데, 그들이 떠난 후 나는 여관방 이불 밑에서 돈뭉치를 발견했다. 지금 돈으로 2백만 원 정도였다. 너무도 놀라서 존경하는 감사관 사수에게 달려가 돈을 보여주며 물었다.

"선배님 이런 것이 이불 밑에 있는데 이걸 어찌해야 하나요."

"지금 자네가 조사하고 있는 사안에 징계 거리가 있나?"

"아니요, 그런 정도는 아니고 주의 정도에 해당하는 잘못은 있었습니다."

"하하하, 그러면 받아 두시게. 별 상관없네."

꺼림칙했지만 그 돈을 받아서 집에 갖다 주었다. 이런 정도는 해도 되는 것인가 갈등을 했지만, 당장 한 달 월급의 절반 이상이 들어오니 내 마음도 흔들렸다. 궁핍한 생활을 하고 있던 차에 돈을 갖다 주니 아내도 반겼다. 그걸로 돈 받은 일은 별 무리 없이 넘어갔다고 생각했다. 그런데 문제는 며칠 후 벌어지고 말았다. 갑자기 이주일 감사원 원장이 모든 직원들을 감사원 건물 옥상으로 불러올리고 엄중한 훈계를 했다.

"요즈음 들리는 얘기에 의하면 지방 감사를 떠난 감사관들이 피감기관 공무원들로부터 돈을 받는 일이 있다고 한다. 이로써 피감기관으로부터 원성이 자자하다는 첩보가 사정기관으로부터 들어왔다. 실제로 여러분들 중에 그런 사람이 있다면 나는 발본색원하여 반드시 그런 부패한 감사관은 대가를 치르도록 하겠다. 앞으로는 이런 소리가 들리지 않도록 주의해 주기 바란다."

그 소리를 들었을 때 나는 모든 피가 발바닥을 통해 땅으로 빠져나가는 아찔한 충격을 받았다. 어떻게 합격한 고시던가? 얼마나 동경하던 감사원이던가? 이 모든 것이 돈 몇 푼 받은 것으로 끝날 수 있다는 생각을 하니 아찔했다. 한 마디 한 마디가 모두, 나를 두고 하는 것 같았고 완전히 발가벗겨진 느낌이었다.

'역시 나에게 뇌물 수수나 비리는 어울리지 않는구나. 마누라 팬 날 장모 온다더니 나 같은 사람은 바로 걸리나 보다. 절대로 비리를 저지르거나 돈을 받아선 안 되겠다' 하는 결심을 괴로움 속에서 일주일 내내 뼈에 새겼다. 뇌물 수수는 나에게 맞지 않는 옷이었다. 그래서 그때부터 철저하게 포청천처럼 살게 된 것이다.

만약 내가 그날 감사원장에게 훈계를 듣지 않았거나, 노련하게 악습이 몸에 밴 1~2년 후에 그런 말을 들었다면, 지금과는 전혀 다른 인생이 되어 내가 파면시킨 공무원들 중 한 명이 되었을 수도 있었다. 어찌 보면 우연한 사건 하나가 나를 전혀 다른 사람으로 만들었다. 옷을 벗고 비리 공무원이 된 사람들은 나와 같은 경험을 하지 못하여 파국을 맞았을 뿐이었다.

하지만 포청천처럼 청렴을 신조로 살아가면서도 나는 늘 돈에 대한 유혹에 시달렸고 혹시 내가 이 유혹을 못 이기고 뇌물을 받게 될까 두려웠다. 박봉에 어려운 가정 형편, 거기다 인간관계 때문에 봐주지 않으면 안 되는 사안이 겹친다면 과연 지금처럼 계속 깨끗한 공무원이 될 수 있을까? 나 자신에 대해 확신하지 못했었다. 이런 두려움을 벗어나는 방법은 빨리 고위 공직자가 되어 월급을 많이 받는 길뿐인데 감사원은 다른 곳보다도 인사적체가 심해서 승진이 지독하게 느렸다.

부당거래

여기에 한 가지 더, 감사관 일에 회의감을 일으킨 사건이 하나 있었다. 서울의 어떤 구청이 하천을 덮고 그 위에 상가를 분양하는 복개천 공사를 진행했는데, 감사를 하면서 살펴보니 문제가 있었다. 용도변경 등 법을 위반하면서까지 무리한 분양과 건축 허가를 구청이 내주었던 것이다. 그 사업은 최고의 권력 기관인 중앙정보부의 간부가 구청에 압박을 넣어 진행하던 일이었다. 무슨 이유인지 알 수 없으나 중정의 간부가 나서서 불법을 저지르고 태연하게 돈을 벌고 있었다. 감사원이 이 사안에 대해 원칙적으로 처리하며 불법 건축물 철거를 명령하자, 중앙정보부는 즉각 반격을 시작했다. 중정은 세무서의 공무원들을 탈탈 털었고 '감사관들이 세무서를 감사하며 돈 받은 사실'을 알아내고 말았다. 그리고 해당 사안을 유력 방송국과 신문사에서 대대적으로 보도하도록 공작을 했다.

감사원에는 비상이 걸렸다. 예정된 보도 날짜는 시시각각으로 다가왔고 감사원은 긴급 대책 회의를 열어 이 보도를 반드시 막고자 했다. 그 막는 일을 나도 하게 되었다. 나는 먼저 유력 방송사들의 관세 부당 감면 부분을 찾아냈다. 이들 방송국들은 일본에서 방송장비를 들여오면서, 언론사의 힘을 이용하여 관세를 제대로 내지 않고 아주 싸게 들여왔던 것이다. 한두 건이 아니었고, 제대로 세금을 내고 벌금을 내면 방송국은 기둥뿌리가 흔들릴 정도였다. 나는 이것을 문제 삼아 방송국, 신문사 사람들과 보도 하루를 앞두고 딜을 했다.

"우리 감사원이 이 부분은 눈 감을 테니 국장님도 감사원에 대한 보도는 미뤄 주시기 바랍니다."

"걱정 마십시오. 내일 1면에는 '설렁탕 값 100원 인상'이라는 기사가 나갈 겁니다. 감사관들의 부정을 1면에 도배해 달라는 중앙정보부의 요청은 받아들이지 않겠습니다."

과연 다음날 헤드라인에 '설렁탕 값 100원 인상'이라는 기사가 나갔다. 감사원이 정보기관의 공격을 막아낸 것이다. 하지만 이 사건의 내막을 아는 사람은 감사원에서도 극소수였다. 나는 일을 성사시키고 소수의 간부들에게 인정을 받았다. 동시에 이를 계기로 '공정한 사회를 만들고 나라의 기강을 바로 세워 경제 발전에 기여하는 중요한 일을 하고 있다'라는 자부심은 서서히, 1주일 전에 꾼 꿈처럼 흐려지기 시작했다.

사건을 처리하면서 우리나라의 뿌리 깊은 부정부패 관행도 알게 되었다. 최고의 권력기관들이 심각하게 썩어 있다는 것을 확인하고 크게 실망했다. 중앙정보부도 권력을 이용해 돈을 벌려 했고, 이석제 원장이 부임해서 사정기관 본연의 자세로 돌아가자고 외치던 감사원도 구태를 못 벗고, 선배들은 여전히 돈을 뜯어내고 있었다.

세상이 돌아가는 메커니즘도 알게 되었다. 세상 물정에 눈을 뜨기 시작했다. 그렇게 강직한 공무원이던 내가, 권력기관의 부조리한 싸움 한복판에서 내 기관의 이익을 위해 피감기관과 딜을 했으니 말이다. 이런 상황에 처하면 그 누구도 피해 나갈 수 없으리라. 내가 아무리 정의로운 일을 하고 있을 때라도 한 번 냉정하게 돌아보면 자신이 몸담고 있는 조직이 꼭 정의롭지만은 않다는 것을 누구나 알 수 있다.

이런 성찰을 하게 되니, 스스로에 대한 자부심보다 반성과 회의가 마음속에서 올라왔다. 이런저런 불편함과 갈등이 서서히 그리고 어지럽게 모락모락 피어날 때 즈음, 한 가지 제안이 왔다. 청와대로 들어갈 것인가, 아니면 유학을 갈 것인가 하는 선택의 기로에 서게 된 것이다.

현명관의 21세기
채근담
菜根譚

청렴과 부패는 얇은 종이 한 장 차이다.
공무원이 월급을 용돈으로만 생각한다면
그는 위대한 공직자가 될 것이다.
그렇게 생각하지 않으면 교도소 담장 위를 걷다가 감옥에 갇히고 만다.
마음이 비워지지 않으면
언제나 희망과 좌절이, 믿음과 회의가 반복된다.

위대한 거래

8장
스파이가 된 남자

일 본 유 학   이 야 기
유튜브 감상은 큐알코드로

벼락출세냐, 도박이냐

　미래에 대한 나의 갑갑증은 72년 10월, 유신이 단행되자 더 커졌다. 체육관에서 대통령을 간접선거로 뽑아 대통령의 영구집권을 가능케 하는 말도 안 되는 일이, 그해 12월에는 현실이 되었다. 이때 나는 사정 담당 특별보좌관실로 오라는 청와대의 제안을 받았다. 한마디로 벼락출세가 보장된 길이었지만 유신이 무너지고 정권이 바뀌면 바로 역적이 될 거 같아서 고민이 되었다.

　그런데 감사원에서 같이 일하던 김정섭씨라는 분은 전혀 다른 방법으로 자신을 도약시킬 준비를 하고 있었다. 바로 유학이었다. 우리는 많은 이야기를 나누었고 결국, 더 실력을 키울 필요가 있다는 결론을 내리고 유학을 결심하게 되었다. 선택한 국가는 일본이었다. '우리나라가 일본의 경제 모델을 쫓아가고 있었기 때문에 일본을 배우는 것은 우리의 미래를 배우는 일이 된다.' 이렇게 생각이 정리되자 배움에 대한 열망이 걷잡을 수없이 커졌다.

어려운 결심을 하고 유학 신청을 감사원 인사부에 내면서 생각지도 않은 난관에 봉착했다. 휴직이 불가능하다는 것이다. 감사원은 직원이 휴직을 내고 유학 가는 것을 허락하지 않았다. 이런 방침을 통보받자 나는 또 한 번 고민하게 되었다. 당시 감사원의 방침은 '우수한 인력들이 휴직을 내고 유학을 갔다 오게 되면 감사원에 나쁜 전례가 된다.'라며 허락하지 않았던 것이다. 몇 주를 고민한 끝에 결국 사표를 내고 유학을 떠나기로 결심했다.

지금 생각하면 무모하기 짝이 없는 결정이었다. 처자식 있는 사람이 생계의 수단을 저버리고 공부를 하러 가다니……. 한번 베팅의 맛을 안 사람은 다시 베팅을 하게 되나 보다. 제주도에서 서울로 시험을 치고 싶어, 그렇게 열병이 났었고 끝내 군함까지 타고 가서 서울고등학교에 합격한 경험은 언제나 내 마음 깊은 곳에 숨어서, 결정적인 선택의 순간에 일정한 방향을 제시해 주고 있었나 보다.

| 장면20 |
고노야로

    현명관은 가족들과 함께 일본 하네다 공항에 도착했다. 생소한 일본어가 어지럽게 널려 있는 모습을 보면서 여기가 일본이고 이제 일본에서 2년간 살게 될 것이라는 것을 실감했다. 1973년 7월, 낯선 선진국 속에 이방인처럼 던져진 후진국 사람 현명관의 마음속은 일본인에 대한 저 밑바닥에 있는 분노와, 동시에 우리보다 잘 살고 발달된 선진문화를 향유하는 일본에 대한 열등감이 혼란스럽게 뒤섞여 있었다.
    출국 수속을 마치고 공항 출구로 가던 현명관은 갑자기 뒤에서 튀어나온 다섯 살 일본 남자아이 때문에 손에 들고 있던 가방을 공항 로비에 떨어뜨렸다. 어린아이는 자신이 놓친 공을 잡으려고 계속 달려 7m 정도 앞에서 공을 잡고 멈추었다. 아이는 돌아보며 현명관을 보고 웃었다. 현명관도 가볍게 웃어주었다.

'고노야로(이 새끼)'

현명관은 속으로 이 말을 되뇌었다. 그건 아이에게 하는 욕이 아니었다. 30년 전 제주도 고향에서 겪었던 일이 다시 떠올라서였다. 고노야로는 그가 처음 배운 일본 말이며 평생 지워지지 않는, 일본에 대한 묘한 적개심을 저 밑 잠재의식에 심어준 말이다.

고노야로는 번역하면 이놈이라는 뜻이지만 분위기에 따라 '새끼' 정도의 의미를 담을 수 있는 일본 욕이다. 원래 일본어에는 한국처럼 쌍욕이 없다고 생각하는 상식이 퍼져있지만 사실은 그렇지 않다. 성(性)에 직접 빗대어 만들어진 욕을 찾기 힘든 것은 사실이지만, 그들의 하류 문화 속에 퍼져 있는 욕들은 한국인들의 육두문자는 차라리 정감 어린 수준으로 만들 정도다. 쿠사망(臭マン 여성의 성기에서 고약한 냄새가 난다는 뜻), 메스부타(雌豚 암퇘지. 밝히는 여자), 사게칭(サゲチン 상대 여성의 운기를 떨어뜨리게 하는 재수가 옴 붙은 남자) 등 신체를 놀리고 여성을 비하하며 야비하게 인격을 모독하는 욕들이 발달되어 있는 언어가 일본어다. 이런 최악의 욕들에 비하면 '야로'는 귀여운 수준이지만 분명 일상에서 함부로 쓸 수 없고 사용하면 큰 결례가 된다. 빠가야로, 고노야로는 그래서 일본어로 상대를 기분 나쁘게 하는 욕이다.

'고노야로'

그 말은 현명관이 다섯 살 때 처음 들었다. 다섯 살이면 거의 모든 것을, 기억하기 어려운 시절이지만 현명관은 고노야로와 얽힌 한 가지 사건만은 어제 일처럼 지금도 생생하게 기억하고 있었다.

제주도 고향 골목길.

현명관과 또래 아이 몇몇은 귀하게 얻은 고무공을 가지고 놀고 있었다. 그러다 그 공은 마을의 비탈진 길을 따라 데굴데굴 굴러 큰길까지 튕겨나갔다. 5살 현명관은 열심히 공만을 바라보며 뒤쫓았다. 공이 그의 눈앞에 가까워지자, 아이는 저 멀리 바다로 빠지는 것을 막기 위해 다이빙하듯 미끄러지며 땅바닥의 공을 향해 몸을 던졌다.

공이 아이의 손에 잡혔다. 동시에 끼익 하는 굉음과 버스 앞쪽 부분이 아이의 머리 위를 아슬아슬하게 덮쳤다. 하마터면 버스의 바퀴가 그의 머리와 몸통을 밟고 지나갈 뻔했다. 아이 뒤를 뒤쫓아 달려온 어머니는 버스 밑에서 아이를 일으켜 세우고 죽을 뻔한 아들을 부둥켜안고 안도의 한숨을 내쉬었다. 그때 일본인 운전수가 차 밖으로 뛰어나왔다. 그는 화가 단단히 나서 겁에 질린 5살 아이를 향해 무시무시한 눈을 부라리며 얼굴을 갖다 대고 크게 소리쳤다.

"고노야로! 고노야로! 고노야로!"

어머니는 일본인에게 수 십 번 굽실거리고 울부짖으며 스미마셍을 외쳤다. 다섯 살 현명관은 울음을 터뜨렸다. 그때부터 그는 무시무시한 일본인 운전수의 '고노야로'라는 일본말을 지울 수가 없었다. 1944년, 해방을 맞기 1년 전에 겪었던 일이었다.

30년이 지난 지금, 깊이 숨어 있던 그 일본어가 튀어나왔다. 현명관과 그의 아내, 아들 둘은 도쿄 외곽 지역으로 가는 버스에 올랐다. 고속도로를 달리자, 저 멀리서부터 서울에서 보기 힘든 화려한 도쿄의 야경이 그의 시야로 서서히 다가왔다. 그는 일본의 수도 도쿄로 빨려 들어가고 있는 중이다. 그는 일본 속의 완전한 이방인이었다. 지금부터 먹고살기 위해서는 일을 해야 한다. 그의 부인도 일을 해야만 했고 아이들도 일본어를 배우며 학교에 다녀야 한다.

'과연 잘 해낼 수 있을까?' 현명관은 혼잣말을 했다.

다음날, 가족이 살게 될 집을 구하기 시작했다. 집주인들은 현명관을 보면 한결같이 물어보았다.

"조센진데스까?"

"이이에(아니요) 칸코쿠진데스."

일본인들은 조선 사람이냐고 물었다. 그리고 재일 조선인이든 한국이든 꺼려하는 모습을 드러냈다. 어떤 경우, 돌아서면 자기들끼리 하는 말속에 언뜻언뜻 '바카총(バカチョン 한국인을 비하하는 말)'이라는 말도 들려왔다. 현명관은 울화가 치밀었다.

'식민지 생활을 한 것도 분통이 터지는데 뭘 잘했다고 저렇게 우리 민족을 멸시하는지…' 참을 수가 없었다.

지금 우리나라의 국력과 기술력, 문화적 역량은 결코 일본에 뒤지지 않고 그들도 감히 우리를 무시하지 못한다. 그러나 1970년대, 대한민국의 국력은 일본과 비교조차 어려웠으니 우리를 향한 일본인들의 태도가 어땠겠는가. 모두가 그런 것은 아니었으나 개중 몇몇은 화가 머리끝까지 치밀게 만들었다. 마치 서울고등학교에 들어간 제주 촌놈이 겪었던 비슷한 일을 어른이 되어서도 또 한 번 겪는 상황이 된 것이다.

겨우 집을 얻고, 아르바이트 자리를 잡고, 게이오대학에 등록을 하고, 본격적인 유학 생활을 시작했다. 지성인들의 집합소인 대학은 다를 것이라 생각했으나 예기치 않은 국제적인 납치 사건이 터지면서 어려움이 생겼다. 먼저 내 주변의 한국 유학생들이 나를 이상한 눈으로 보기 시작했고 소문이 퍼지자 나에 대해 잘 모르는 일본 학생들이 수군대기 시작했다. 나를 한국의 '스파이'로 생각한 것이다.

| 장면21 |
납치 감금 폭행

현명관이 일본에 도착해서 겨우 1달 정도가 지난 1973년 8월 8일, 그는 빠징코 상품 교환원, 러브 카페 점원 일에 이제 막 적응하기 시작했다. 한 달 만에 엄청난 변화를 겪으며 정신이 없던 그때 그날, 또 다른 한국인이 자신에게 닥칠 절체절명의 위기를 알지도 못한 채, 도쿄 '그랜드 팔레스' 호텔 로비로 들어서고 있었다.

하늘색 남방셔츠에 갈색 줄무늬 바지를 입은 남자는, 한국에서 온 정치인 양일동과 김경인을 만나기 위해 2211호로 올라갔다. 그 남자도 현명관처럼 한 달 전인 7월, 일본에 왔다. 그전에 미국에 있었던 이 남자는 1972년 10월 비상계엄령 아래 유신이 선포되자, 미국과 일본을 오가며 사실상 망명 생활을 하고 있었다. 그는 1971년 4월에 대통령 후보가 되어 5백39만 6천 표를 얻기도 했다. 일본인들은 그를 '긴다이쥬'로 불렀다. 그의 이름은 김대중이었다.

김대중, 양일동, 김경인, 이 세 사람은 양일동의 호텔방에서 식사를 주문해 함께 먹었다. 이야기를 마치자 김대중은 자기 방으로 돌아가겠다며 자리를 떴다. 김경인이 배웅하겠다며 김대중과 함께 방을 나섰다. 김대중이 바로 옆방 2210호에 들어서려는 순간, 양복을 빼입은 일곱 명의 건장한 청년들이 김대중, 김경인을 에워쌌다.

"당신들 뭐 하는 사람들입니까." 김경인이 저항했다.

괴한 두 명이 김경인의 양팔을 전광석화처럼 낚아챈 후 방금 나왔던 2211호로 끌고 들어갔다. 괴한 두 명과 김경인이 들이닥치자 양일동은 크게 놀라 급하게 전화기를 들었다. 괴한 둘은 완력으로 양일동을 제지하고 조용히 시켰다. 그때부터 양일동, 김경인은 2211호에 20분 동안 감금되었다. 그와 동시에 5명의 양복 입은 괴한은 정중한 서울말로 김대중에게 부탁 한 가지를 했다.

"우리는 서울에서 왔습니다. 떠들면 우리나라 수치고 국제적으로 곤란해지니 조금만 참아 주십시오. 방에 들어가시죠. 할 말이 있습니다."

김대중은 5명의 괴한에 둘러싸여 자신이 묵고 있던 2210호로 들어갔다. 20분 후 양일동, 김경인은 자신들을 감금하던 양복 입은 괴한들이 방을 떠나자 급하게 뛰어나가 2210호 김대중의 방문을 두드렸다.

1973년 8월 14일 경향신문 1면

"선생님, 괜찮으십니까?" 대답이 없었다.

마스터키를 가져오게 하여 두 사람과 호텔 종업원이 방문을 따고 들어갔다. 강한 병원 약품 냄새가 코를 찔렀다. 김대중이 애용한 파이프, 북한산 담배꽁초 2개, 커다란 배낭, 노끈 그리고 테이블에는 권총 탄창까지 있었으나 김대중과 괴한들의 흔적은 그 어디서도 찾을 수 없었다. 일본 경찰은 사건 발생 1시간 후, 신고를 받고 대대적인 수사를 벌였으나 실종된 김대중의 어떠한 이동 경로도 찾지 못했다.

한국의 외교차관은 일본 대사를 초치하여 이 사건을 엄중 항의까지 했다. 그로부터 5일 후인 8월 13일 밤 10시 20분, 김대중은 대한민국의 자택 근처에서 풀려나 집으로 돌아왔다. 해상에서 삼일, 육지에서 이틀을 끌려다니며 입술은 터지고 눈썹 위 부위는 3cm나 찢어진 상태였다. 일본에서 갑자기 사라진 거물 야당 정치인이 홀연히 5일 후, 한국에서 발견된 것이다. 발목에는 심하게 노끈에 묶였던 자국도 있었다. 김대중의 증언은 더 충격적이었다. 공해상에 떠 있던 배로 끌려가 바다에 던져질 뻔했다고 한다. '해외에서 계속 한국을 비방하면 죽일 수밖에 없다'라는 이야기도 들었다고 했다.

사건 초기부터 일본은 발칵 뒤집혔다. 전 신문사, 방송국이 하루 종일 이 사건을 취재하고 보도했다. 초기 실종에서, 납치로 사건의 성격이 바뀌자 전 일본인은 분개했다. 한국의 중앙정보부가 개입하여 일본 한복판에서 반대파 정치인을 제거하려고 납치라는 범죄를 감행했다면, 이것은 명백한 주권 침해이기 때문이다. 일본 경찰은 사건 해결에 총력을 기울였다. 사건 현장에서 발견된 담배꽁초의 지문을 채취하고 주일 한국대사관, 주일 총영사관의 한국인 직원을 피의자로 지목하고 수사 협조 요청을 했다. 한국 정부는 이를 거부하고 중앙정보부 직원으로 의심되는 피의자를 즉시 한국으로 귀국시켜 버린다. 이렇게 되자 일본인들의 분노는 극에 달했다.

'식민 지배를 받던 놈들이 감히 일본을 무시해! 그것도 일본의 심장 도쿄 한복판에서 납치 극을 벌이다니! 이건 일본 주권에 대한 도전이다. 게다가 적반하장으로 일본이 책임지고 사건의 범인을 잡아야 한다는 둥 터무니없는 주장을 펼치다니! 조센진은 상대할 수 없는 족속이다.'라는 생각이 강하게 전 일본을 강타했다.

그자는 스파이일 거야!(その人はスパイだろう。)

김대중 납치 사건의 불똥은 엉뚱하게 내게 튀었다. 함께 공부하던 게이오 대학교의 일부 한국인 유학생들은 의심을 하기 시작했다. '20대 청년도 아닌데, 한국의 정부에서 일하던 사람이 갑자기 대학에 와서 공부를 한다?' 나를 잘 모르는 일본 학생들도 중앙정보부 직원이 신분을 위장한 것이라며 쑥덕거렸다.

'다로우(だろう)'는 일본어의 조동사로서 '아마 그러할 것이다'라는 뜻이다. 강의실에서 수업을 기다리던 중, 그 말끝이 멀리서 언뜻 들렸다. '그자는 스파이일 거야!(소노 히또와 스파이다로! その人はスパイだろう。)' 억울한 일이지만 어느 정도 이해가 가는 구석도 있었다.

김대중 납치 사건의 수사가 진행되면서 점점 한국의 중앙정보부의 개입 정황이 드러나자 내게 쏟아지는 일본인들의 차가운 눈초리는 더욱 매서워졌다. 사건이 하루하루 쇼킹한 스토리로 전개되었고 일본 전 언론의 뉴스는 김대중 납치 사건으로 도배되다시피 했다. 더불어 전국의 일본인들은 대한민국에 대해 두 단어를 알게 되었다. 김대중, 한국중앙정보부 KCIA. 초등학교 어린이조차 자국의 수상 이름은 몰라도 '긴다이쥬(김대중)'는 알고 있을 정도였다. 일본인들은 후진국인 한국이 일본의 국법을 무시하고 활개 치고 다닌 것을 아주 불쾌하게 생각했고 한국인을 전보다 더 멸시했다. 특히 한국에서 온 공무원들을 향해 혹시 중앙정보부 사람이 아니냐며 의심의 눈초리를 보냈다.

비록 우리나라 중앙정보부가 부끄러운 짓을 저질렀지만 일본에서 일본인들에게 비난과 멸시를 받으니 부아가 치밀어 올랐다.

'고노야로. 이놈들 내가 한국에 돌아가면 우리나라를 반드시 너희들보다 잘 사는 나라로 만들어 본때를 보여주겠다.'

나는 과거 서울 고등학교 시절처럼 이를 갈며 공부했다. 가족의 생계를 위해서도 투잡 쓰리잡을 마다하지 않고 닥치는 대로 돈도 벌었다. 오기가 발동한데다, 서서히 일본의 하수구 문화가 시간이 지나면서 눈에 들어왔고 그걸 보면서 오만함도 싹텄다. 일본의 뒷골목은 필설로 옮기기 부끄러운, 난잡한 성문화가 넘쳤고 신주쿠의 무질서한 젊은이들은 삶을 포기한 듯 길바닥을 나뒹굴고 있었다. 대중가요계도 영혼이 팔려나간 듯 외국 가수들이 주름잡고 있었다. 대만 가

수 등려군이 '굿바이 마이 러브'를 히트 치며 가요계를 평정했다. 자국 밴드보다 별 이름도 없는 서양의 신인 그룹인 '퀸(우리가 알고 있는 퀸이 맞다)' 같은 밴드에 사족을 못 쓰며 열광했고 공연마다 만석에 만석을 거듭했다. 이런 모습을 보며 이 나라는 미래가 없다는 생각을 했다. 젊은이들이 썩었다는 생각도 했다. 대학은 대학대로 도쿄대 사상 투쟁의 잔해가 널려있어 어지러웠다. 미일 군사 방위조약 반대 시위가 매일 벌어졌다. 반면 극우 운동도 만만치 않게 세력을 확장하고 있었다. 4년 전인 70년 11월 25일 자살한, 금각사의 작가 미시마 유키오의 망령은 도쿄 시내 곳곳에 우익들의 선전 포스터를 장식하고 있었다.

'도대체 이게 나란가? 한심하군.' 그러나 열등감 속에서 솟아난 나의 자부심은 그리 오래가지 못했다. 대학생들은 한국 학생들보다 무섭게 공부하고 있었으며 지하철 어디를 가나 시민들은 책을 놓지 않았고 철저하게 공중도덕을 지켰다. 당시 한국은 흑백 TV 방송을 하고 있었는데 일본은 14년 전인 1960년 9월 10일, 아시아 최초로 컬러 방송을 하고 있었다.

한 자루의 연필(一本の鉛筆)

빠징코 선물 교환 아르바이트를 마치고 늦은 밤 집으로 돌아오는 길에, 나는 쇼윈도에 전시된 컬러 TV를 발견했다. 가던 길을 멈추고 다가가 무심코 TV를 시청했다. 일본의 쇼 프로그램이었는데 외부에 설치된 스피커로 노래도 들을 수 있었다.

그리고 문득, 한국과 일본의 차이를 확연히 깨달았다.

'저들은 이미 다양한 컬러의 문화를 수용하고 앞으로 나아가고 있는 중이다. 우리는 흑백의 단순한 유신 독재 체제였구나. 저들의 문화를 뛰어넘지 못하면 우리는 일본을 이길 수 없다.'

TV에서는 일본의 국민 엔카 가수 '미소라 히바리'가 '한 자루의 연필(一本の鉛筆)'을 열창하고 있었다.

"한 자루의 연필이 있다면 나는 당신에 대한 사랑을 쓴다."

"한 자루의 연필이 있다면 나는 전쟁은 싫다고 쓴다."

무심히 지켜보던 나는 어느새 미소라 히바리가 이 노래를 하게 된 사연까지 듣게 되었다. 이 곡은 원폭이 떨어진 히로시마에서 열린, 음악 축제에 참가하면서 부르게 된 노래였다. 미소라 히바리는 관객들에게 이렇게 말하고 있었다.

'제 아버지도 징병되었었죠. 어머니는 혼자 힘들게 저를 키웠습니다. 저도 요코하마 대공습을 어린 시절에 경험했고 전쟁이 싫었습니다. 어렸을 때 저도 그 전쟁의 공포를 잊을 수 없습니다. 그래서 여러분과 함께 하기 위해 음악 축제에 참가하게 되었습니다. 오늘 매우 덥습니다만 히로시마 사람들은 그때 더 뜨거웠다지요? 참아 보겠습

니다.'

나중에 게이오대학 친구들에게 들은 톱스타 미소라 히바리 이야기는 나를 더 놀라게 했다. 그녀는 냉방된 대기실을 거부하고 뜨거운 무대 옆에 있었다고 한다. 나는 그 이야기를 들으며 충격을 받았다. 그리고 생각했다.

'무서운 진심이다. 누가 보던 안 보던 스스로 뭔가를 지키고 있는, 일본인들의 밑바닥에 흐르는 소프트파워를 꺾지 못하면 우리는 일본을 이길 수 없다. 그때까지 고노야로는 아껴둔다.'

상대를 미워만 하면 자칫 왜곡된 허상으로 자만에 빠질 수 있다. 이 부분에 대한 채근담의 교훈은 아주 명쾌하게 이 원리를 짚어준다.

> 머리에 늘 관대함과 후함을 생각한다는 것은 봄바람이 너그럽게
> 길러냄과 같아서 만물이 이것을 만나면 살아난다.
> 머리에 늘 증오와 해칠 일만 생각한다는 것은 북쪽 지방의 눈이
> 음산한 기운만 뭉치게 하는 것과 같아서 만물이 이것과 만나면 죽는다.

염두관후적 여춘풍후육 만물조지이생
念頭寬厚的 如春風煦育 萬物遭之而生
염두기각적 여삭설음응 만물조지이사
念頭忌刻的 如朔雪陰凝 萬物遭之而死

채근담 / 前集 第163章

무심히 읽어보면 크게 감흥이 없는 말이다. 관대한 마음은 만물을 길러내고 증오의 마음은 만물을 죽인다는 것은 상식 수준의 말 같다. 그러나 이를 실생활에 적용하고 일상에서 부딪히는 온갖 종류의 분노와 질투, 시기 등 자신을 불편하게 하는 스트레스에 비추어 본다면, 보통 실천하기 어려운 말이 아니다. 매우 심오한 말임을 금방 알 수 있다. 우리는 나를 괴롭히는 상사나 거래처의 갑질로 견디기 힘든 고통을 받게 된다. 누구나 이런 상황을 만나면 분노가 치솟고 상대를 증오할 수밖에 없다. 극단적인 상황이 되면 살인까지도 생각하게 된다.

하지만 이것은 곧바로 자신을 죽이는 일이다. 일도 더 안 풀리고 운도 막히게 된다. 왜냐하면 스스로의 마음이 만물을 죽여 버리는 쪽으로 향하고 있기 때문이다. 만물이 봄바람에 싹트듯 생기를 찾게 만들어야 발전할 수 있는 게 당연하다. 자신의 주변 환경이 살아나야 하는 것인데 스스로 북극의 눈보라같이 어두운 음기가 응어리지게 되면(삭설음응 朔雪陰凝) 나의 주변 환경, 인간관계는 모두 죽어버리게 된다. 무서운 진리가 아닐 수 없다. 채근담의 홍자성 선생이 지적하고 싶은 바가 바로 이것이 아니었을까? 선생은 '염두'라는 말을 쓰며 강조한다. 염(念)이란 늘 반복해서 머리에서 떠나지 않게 하는 것이다. 그것이 염(念)이다. 염불이라는 말을 할 때, 그래서 이 '염' 자를 쓴다. 머리에 박아 넣고 늘 지침으로 삼으라는 뜻이다. 왜 살면서 분노와 증오의 마음이 생기지 않겠는가. 하지만 그것은 내 주변의 만물을 죽이는 행위이므로 염두에 두어서 경계하라고 한다.

이 원리는 사람이 아닌 국가로 확대해도 마찬가지다. 나는 이 경구를 가장 어려운 가르침이라고 생각한다. 인간적 본성을 극복하고 우리는 관대함과 후덕함을 염두하고, 봄바람 같은 에너지로 나의 환경을 모두 살아나게 하고, 스스로도 발전시킬 수 있을까? 개인이 확대된 국가 대 국가에서도 이것은 가능한 것인가 자문해 본다. 물론 어렵다. 그러나 나를 살리고 대한민국이 살고자 한다면, 우리는 관대함과 후덕한 마음으로 상대를 보고 일본을 바라봐야 한다. 나중에 다시 보복하고 응징하는 한이 있더라도 일단 그들을 이기고 싶다면 관대하게 긍정하며 일본을 봐야 한다. 그때 강점도 보이고 내가, 우리나라가 발전하고 살아난다고 믿는다. 극일의 시작은 증오를 버리고 후덕한 마음으로 바라보는 것이 먼저다. 혐일은 극일이 될 수 없다.

나에게 모든 것이 거지 같게 만 보이던 일본이라는 나라가, 어느 순간 바늘구멍만큼 열린 관대한 마음 때문에 새롭게 보였다. 그리고 일본을 이길 방법을 찾게 만들었다. 10년 후 신라호텔에서 근무할 때 악착같이 일본의 호텔을 벤치마킹을 하며 일본보다 더 나은 호텔을 만들겠다는 각오를 다지고 노력한 것도, 그 시작은 일본 유학 때였다. 우리가 채근담에서 말하는 것처럼 되지 못한다면, 우리는 자

만에 빠져서 지고 만다. 2019년부터 일본과 무역 전쟁을 치르고 있는 한국이 조금 더 냉정하게 일본을 바라보고 준비해야 이 전쟁에서 우리가 이길 수 있다. 어설픈 증오나 폄훼는 우리 스스로를 죽이고 창조의 싹을 자를 뿐이다. 음기가 잔뜩 뭉친 상태로, 어떻게 우리보다 앞선 기술이 있는 상대의 강점을 찾을 수 있고 그걸 뛰어넘으려는 노력을 할 수 있겠는가? 고순도 불화수소를 생산하는 기술을 일본이 갖고 있다면, 일단 그들을 관대하고 후덕하게 바라본 후에야 강점이 그대로 보여 우리도 따라 만들 수 있고, 나아가 그들을 우리 발 아래 둘 수 있게 된다.

흔히 요즈음 말로 국뽕 한 사발 기분 좋게 들이킨다고 그들을 이길 수 있는 것은 아니다. 지금 유튜브에는 온갖 거짓 정보를 버무려 일본이 아무것도 아닌 것처럼 포장하는 콘텐츠가 인기를 누리고 있다. 나도 가끔 보는데 일단 보면 기분은 좋아진다. 그러나 잠시 생각을 해 보면 이들 콘텐츠들은 대부분 모두 상대를 깎아내리고 공격하려는 (기각릉刻) 마음으로 만들어진 것이 아닌가 의심을 하게 된다. 홍자성 선생이 지적하길 이렇게 되면 음기가 뭉쳐서 만물을 죽인다고 했다. 경계할 일이다.

고급 스파이가 되어

유학을 떠나기 전 나의 관심사는 '한국경제가 어떻게 하면 지금보다 발전할 수 있을까'였다. 일본은 어떻게 지금과 같은 경제 발전을 할 수 있었으며 모든 것이 열악한 대한민국은 일본의 발전 전략을 어떻게 수용해야 하는 것인지 궁금했다.

게이오대학원의 경제학부에 등록하고 공부를 시작했다. 연구 방향도 그래서 '한국경제의 발전 전략'으로 정하고, 관련 자료와 서적을 닥치는 대로 수집하고 읽었다. 다행인 것은 이곳에서, 이념 문제 때문에 우리나라에서는 전혀 찾아볼 수 없었던, 사회주의 계획경제학의 대가를 만난 것이었다. 가토 칸 교수가 그 주인공인데 그는 소련의 사회주의 계획경제에 관한한 일본에서 일인자였다. TV 토론자로도 자주 나왔던 그는 나의 연구 주제에 관심을 갖고 많은 도움을 주었다.

내가 그를 만난 것은 행운이었다. 당시 우리나라는 유신체제였으며 사실상 경제개발 5개년 계획을 세워 정부 주도의 계획경제를 실천하던 때였기에, 계획경제의 대가가 전해 주는 지식은 내가 우리나라의 경제 정책을 새롭게 보고 문제점을 찾을 수 있도록 해 주었다.

매스컴이나 길거리에서 만나는 혐한 주의자들만 일본에 있다고 생각하면 큰 오산이다. 일본의 엘리트 중에는 괜찮은 사람이 상당히 많은데 그중 한 사람이 가토 칸 교수였다. 그분 외에도 많은 실력파 일본인 교수들에게 도움을 받았고 한국의 고시 인맥을 동원하여 경제기획원으로부터 각종 자료를 구해 연구를 진행했기 때문에 연구는 순조롭게 마칠 수 있었다.

모순되게도 처음 게이오대학에서 '스파이'로 의심받으며 난처한 유학 생활을 시작했지만, 결과적으로 나는 한국의 발전을 위해 일본을 배우고 정보를 정리한 '고급 스파이'가 되어 고국으로 돌아왔다.

태산을 본 사람은 다시 뒷동산에 오를 수 없고

3년간의 유학을 마치고 귀국을 했을 때 나는 한국 경제에 관한 전문가가 되었다고 자부했다. 일본에 대해서도 당연히 전문가 급 지식을 얻게 되었으니 뭔가 더 큰일을 할 수 있을 거라 생각했다.

하지만 귀국했던 1977년, 대한민국의 경제는 최악이었다. 거리에는 실업자가 넘치고 갈 곳은 없었다. 처음 유학을 갈 때부터 공부해서 어떤 직업을 얻겠다는 명확한 계획이 없다 보니, 유학을 마친 상황에서도 막막한 일을 당하게 되었다. 할 수 없이 예전 직장인 감사원에 복직을 신청했다. 매정하게 휴직을 받아주지 않고 퇴직을 하라고 했던 감사원 사무총장이, 미안한 마음에 인사담당 과장을 통해 유학 중 복직을 제안했던 것도 작용했다.

과거에 하던 일을 하며 하루하루를 보내는 시간이 다시 시작되었다. 이것은 3년 전의 일상이었으나 나는, 그때 그 현명관이 아니었다. 1년이 10년처럼 지나갔다. 점점 공직 생활이 괴롭고 지루한 시간으로 변해 더 이상 견딜 수 없는 상태에까지 이르렀다. 이미 일본이라는 큰 세상을 보았고 지식을 바탕으로 뭔가 직접 일을 만들고 싶은 생각이 과거와는 비교도 안될 만큼 커져버리자, 도저히 감사원의 공무원 생활을 견딜 수 없었다. 태산을 본 사람은, 다시 시시한 동산에 올라 등정했다는 자부심을 가질 수 없는 법이다.

'세상은 팍팍 돌아가고 있는데 서류나 뒤지며 남의 잘못이나 잡고 있다니……. 이것은 시간 낭비다.' 이런 생각이 떠나지 않았다.

그때 삼성으로부터 제안이 왔다. 처음 삼성의 비서실장으로부터 받은 제안은 중앙일보였다. 나는 싫다고 했다. 두 번째 제안은 삼성그룹 중 상장 1호 기업이면서 안정된 경영실적을 자랑하는 전주제지였다. 나는 전주제지를 선택했다. 전주제지는 원래 삼성제지라고 해야 맞지만 지역민들의 요구에 의해, 전주제지라는 이름으로 사업을 하고 있었던 삼성그룹의 계열사였다.

나는 미련 없이 사표를 던지고 민간 기업인 삼성으로 자리를 옮겼다. 일본 유학이라는 겁 없이 시작한 도전이 아니었다면 꿈도 꾸지 못할 일이었다. 앞으로 한국은 민간 기업의 역할이 커질 수밖에 없고 그렇게 되어야만 나라가 발전한다고, 일본 유학 생활을 하면서 깨우쳤기 때문에 가능했던 또 한 번의 도전이자 결단이었다. 당시 고시 출신이 안정된 직장을 버리고 언제 잘리거나 망할지 모르는 불안한 민간 기업으로 간다는 것은 분명 모험이었지만, 일본 유학 덕분에 큰 세상을 체험한 나는 미련 없이 새로운 인생을 선택할 수 있었다. 젊은이들은 나의 이 말에 선뜻 수긍이 가지 않을 수도 있겠다. 삼성이 오라는데 무조건 가야 하는 것 아닌가? 전혀 그렇지 않다. 지금 우리가 아는 삼성과 1978년의 삼성은 전혀 다른 회사였다. 현재 우리가 아는 삼성 그룹의 위상은 이건희 회장의 신경영 이후 만들어진 것이다. 1978년의 삼성은 글로벌 기업도 아니었고, 언제라도 망할 수도 있는 그렇고 그런 대기업 중 하나였을 뿐이다. 하지만 나는 일본에서의 경험을 밑천으로 38살에 공무원 생활을 마치고, 민간 기업에서 새로운 도전에 나설 수 있었다.

그로부터 23년 후, 나는 삼성물산의 대표이사 회장이 된다.

공무원으로 시작해서 그룹 회장이 된 결정적 계기는 무엇이냐고 내게 누군가 묻는다면, 일본 유학이라고 말해주고 싶다. 큰 세상에 나가보지 않으면 우리는 자신이 우물 안 개구리인지, 호수에 사는 개구리인지 알지 못한다. 일단 자신이 어떤 상태인지 알아야 꿈을 꿀 수 있고 목표가 생긴다. 우물 안 개구리에게는 좁은 원에서 떨어지는 상쾌한 빗물이 꿈의 전부일지 모르지만, 호수로 나온 개구리는 석양의 지는 해와 드넓은 지평선이, 자신이 헤엄칠 무대라는 것을 알고 자유를 느낀다. 물론 호수에는 뱀도 많다.

일본을 이기는 극일 꿀팁

한일 무역 전쟁에서 성숙한 불매 운동과 극일을 외치는 젊은이들에게, 젊어서 여러분들과 똑같이 끓는 피로 굴욕적인 한일수교회담을 반대하고, 일본에 대한 적개심으로 불타는 심장을 가졌던 대한민국 국민의 한 사람으로서, 일본을 이기는 길은 무엇일까 고민해 보았다. 요즈음 젊은이들의 표현을 빌려 '일본, 이렇게 하면 반드시 이길 수 있다'는 극일 꿀팁을, 내가 살아오면서 경험했던 일화에 실어 전한다.

| 장면22 |
은혜 갚은 두루미(학鶴)와 이발사

1987년 11월 19일 저녁 5시.

이병철 삼성그룹 창업주가 서울 이태원동 자택에서 77세로 세상을 떠났다. 다음 날 20일부터 세상을 주름잡는 거물들이 이태원 승지원에 차려진 빈소에 몰려들었다. 노태우 민정당 대통령 후보, 김영삼 민주당 대통령 후보, 김대중 평민당 대통령 후보가 분향을 하는 등 600여 명의 정관계 실력자들이 장례식을 찾았다. 정부가 주는 국민훈장 무궁화장이 이병철 회장의 초상화 옆에 놓이고 500여 개의 조화는 빈소부터 세워져 삼성의 영빈관이었던 승지원 담벼락을 따라 길게 늘어섰다.

1987년 11월 20일 KBS 9시뉴스 화면 (분향하고 있는 고 김대중 대통령)

그때였다. 일본인 한 사람이 저 멀리 대문에서 빈소를 향해 걸어 들어왔다. 현명관은 호텔신라의 사장으로서 손님맞이에 분주했지만 인파 속에서 낯익은 일본인을 발견할 수 있었다. 적잖이 놀란 현명관은 반갑게 다가가 정중히 허리 숙여 맞이하고 일본어로 인사를 했다.

"모리타 선생 안녕하셨습니까. 어떻게 여기까지 오셨습니까?"

"제가 이곳에 오는 것이 저를 믿고 찾아 준 고인에 대한 보은이라고 생각합니다." 그의 이름은 모리타였고 이발사였다.

모리타는 일본 도쿄에서 100년 넘게, 몇 대를 이어 이발소를 운영하고 있었다. 모리타는 정중하게 내게 인사를 하고 이병철 회장의 빈소로 갔다. 꽃을 들고 헌화하고 향을 사른 뒤 지극히 정중한 자세로 예를 올렸다.

그 모습을 본 현명관은 일본에 대해 다시 한번 생각했다. 모리타 이발소는 이병철 삼성그룹 회장이 도쿄에 머물면, 늘 들러서 이발을 했던 곳이다. 이병철 회장은 다른 이발소나 미장원을 찾은 적이 없었다. 오직 최고의 이발사 모리타를 찾아서 자신의 머리를 맡겼다.

사장 겸 이발사 모리타는 이회장의 별세 소식을 일본에서 매스컴을 통해 듣고 그다음 날, 스스로 비행기를 타고 한국에 와 조문을 한 것이다. 자신을 알아주고 찾아 준 손님에 대한 예의를 갖추기 위해서였다. 생전에 이병철 회장이 모리타씨에게 돈을 더 많이 준 것도 아니었다. 단지 한국의 대기업 회장이 자신을 알아주고 찾아 준 것에 대한 보은을 위해 그는 이발소를 닫고 비행기 표를 사서 한국의 장례식장을 찾았다.

현명관은 모리타의 조문을 보면서 10여 년 전 일본 유학을 하며 읽었던 일본의 전래 동화가 생각났다. 직역하면 '학의 보은(츠루노 옹가에시 鶴の恩返し)'이라는 제목의 민간 전래 동화였다.

노부부가 눈보라 치는 벌판에서 학을 덫에서 구해준다. 그날 밤 한 여인이 찾아와 눈보라를 피하게 해달라고 노부부에게 부탁한다. 노부부는 친절을 베푼다. 그때부터 여인은 실을 사 오게 해서 옷감을 만들어 노부부에게 준다. 세상에 볼 수 없었던 아름다운 옷감이었다. 부부는 매번 옷감을 팔아 부자가 된다. 이름 모를 이 여인은 절대로 밤에 자신이 작업하는 모습을 보지 말라고 신신당부했으나 뭘 하는지 궁금했던 할머니는 몰래 여인의 작업장을 훔쳐본다. 여인은 없고 거기에는 한 마리 학이 자신의 깃털을 뽑아서 옷감을 만들고 있었다. 여인은 학으로 변했고 그동안 감사했다고 하며 날아가 버린다.

이 기묘한 동화를 다시 떠 올린 현명관은 일본인의 자기 규칙과 보은을 생각했다.

'일본인은 신세를 지면 반드시 갚아야 한다는 생각이 강하고 실제로 그렇게 도리를 지키는 것을 중요하게 여긴다. 자신의 깃털을 뽑아 상처가 나고 힘들어도 지켜야만 하는 무서운 도덕률이다. 또한 아무리 은혜를 베푼 사람이라도, 자신의 영역에 함부로 들어오는 것은 허락하지 않는다. 그 선을 넘으면 그들은 떠난다.'

그리고 왜 일본인과 사귀는 데 시간이 오래 걸리고 좀처럼 가까워질 수 없는지 알게 되었다. 서로에게 신뢰와 믿음이 생기면 자신의 깃털도 뽑아 주어야 할 정도로 부담스러운 일이기 때문에 쉽게 마음을 내줄 수 없었던 것이다.

한국의 전래 동화는 양상이 전혀 다르다. 다리를 고쳐 준 제비가 자신의 털을 뽑아 은혜 갚기를, 베푼 이도 원하지 않는다. 다만 잘 되었을 때 박씨 같은 작지만 큰 한방을 주면 그만이다. 현명관은 이렇게 생각이 정리되자 노트를 꺼내 메모를 하기 시작했다.

> 일본의 소프트 파워 I. 은혜를 입으면 반드시 보은한다.
> 이로써 타인에 대한 신뢰를 근간으로 하는 자본주의에서 일본인은
> 동양의 여러 나라들과는 다른, 신뢰 관계를 형성할 수 있게 되었다.
> 우리가 그들을 이기려면 서로 믿을 수 있는 사회를 만들어야 한다.

| 장면23 |
삼성전자가 소니를 이긴 비결

신경영을 선언하고 그룹 개혁에 박차를 가한 지 1년이 지났다. 뭔가 변화는 시작되었으나 가시적인 성과가 나온 것은 없었다. 삼성전자의 각종 상품은 소니에 한참 못 미쳤고 이건희 회장은 답답한 마음에 그날도 집무실에서 줄 담배를 피우며 일본을 이길 방법에 고심하고 있었다.

이건희 회장이 현명관 비서실장을 갑자기 방으로 들어오라고 했다.

"현실장, 당신은 일본에서 유학을 했었죠?"

"네."

"그럼 말해보시오. 도대체 어떻게 해야 일본 소니를 누를 수 있겠소?"

"지금처럼 계속 노력해야 하지 않겠습니까?"

"아니 그런 거 말고 그들과 우리가 뭐가 달라서 이렇게 차이가 난 건지 얘기해 보시오."

"그럼 좀, 길게 말씀드리겠습니다."

이건희 회장은 담배를 끄고 현명관 비서실장의 말에 귀를 기울였다.

"사토 규이치로라는 친구가 있었습니다."

현명관은 이건희 회장의 의중을 알아채고 자신의 유학 시절 겪었던 일화 하나를 들려주었다.

현명관은 여름방학을 맞아, 같은 학교 친구의 초대를 받았다. 친구의 이름은 사토규이치로였다. 그는 같은 게오대학 대학원을 다니며 경제학을 공부하고 있었다. 사토는 졸업 후, 아버지가 운영하는 회사를 물려받기로 한 유복한 가정에서 자란 친구였다. 그의 집은 센다이 역에서 차로 20여 분 거리에 있었다. 현명관은 초대받은 날을 며칠 앞두고 사토로부터 깨끗하게 정리된 도표 한 장을 받았다.

"사토! 이게 뭔가?"

"응, 자네가 우리 집에 놀러 올 때 필요한 스케줄 파일세."

놀랍게도 그 도표는 마치 방송국의 프로그램 진행 큐시트처럼 현명관이 우에노 역에서 타고 올 열차의 시간표, 편명부터 센다이 역에 도착한 후 사토가 차로 픽업할 장소까지 자세히 적혀 있었다. 그뿐만 아니라 사토의 집에 도착하면 진행될 일들도 시간별로 정리되어 있었다. 3시 아버지와 인사, 3시

30분까지 짐 정리 및 환복 등 깨알같이 1박 2일 동안의 스케줄이 여행사의 그것보다 더 자세하게 설명되어 있었다. 현명관은 충격을 받았다. 이렇게 무슨 일이든 철저한 일본이 무섭기까지 했다.

이 이야기를 다 들려주고 현명관은 이건희 회장에게 한마디를 붙여 일본이 우리보다 강한 부분을 설명했다.

"기본을 지키는 철저함입니다."

이야기를 다 듣자마자 이건희 회장은 무릎을 치며 즉각 결단을 내렸다. "이걸 모든 계열사에 전파하시오. 우리도 모든 일에 철저하면 되는 거 아니오. 즉시 이 내용을 정리해서 사장들에게 전달하고 모든 공정, 기본이 되는 시스템부터 꼼꼼하고 철저한 자세로 임하라고 하시오."

현명관은 이건희 회장의 지시를 실행에 옮겼다. 그는 노트에 이렇게 적었다.

> 일본의 소프트파워 2. 작은 일도 대충 하지 않는다.
> 기본부터 철저하게 지킨다. 열정, 에너지, 창의력, 강한 유대감을
> 바탕으로 한 일심동체가 되는 힘은 우리가 일본을 앞선다.
> 우리에게 부족한 것은 기본부터 다지는 철저함이다.
> 우리가 철저해진다면 우리는 일본을 잡을 수 있다.

> グローバル競争時代のものづくり ～日本企業復権への10カ条
> **サムスンの躍進を支えた3つのイノベーション**
> 東京大学大学院経済学研究科　ものづくり経営研究センター特任研究員　吉川良三 氏
>
> 2014/3/3
>
> ×日本企業ほど効率的なものづくりをしているところはない
>   ↓
> ○これまでのやり方そのものを変えなければ、生産性の大幅な向上は見込めない
>
> 「トヨタのカンバン方式」に象徴される日本のものづくり信仰からか、日本ではいまだに「日本企業の生産性は高い」「日本ほど効率的にものづくりをしているところはない」と思い込んでいる人が多いようだ。
>
> **日本企業の生産性が低い理由**
>
> そもそも生産性とは、インプット（労働力や資本）に対して、どれだけアウトプット（利益や付加価値）を生み出したかを意味する。そして「生産性が高い」というのは、かけているコスト（労働力や資本）に対して、より多くの利益や付加価値が生み出されている状態をいう。
>
> 多くの日本企業が「乾いた雑巾を絞るような」コスト削減努力を重ね、人員削減にまで手をつけている。にもかかわらず、利益率など収益性が国際的に見て低いままなのは、努力の方向が間違っているからにほかならない。

2014년 3월 3일 니케이 비즈게이트에 실린 도쿄대 모노츠쿠리
경영 연구 센터 특임 연구원 요시카와 료조의 기고문
'삼성의 약진을 지탱한 세가지 혁신'

　　삼성전자는 그때부터, 더 철저해지고 꼼꼼해졌다. 이건희 회장은 단순히 기술 개발을 열심히 한다고 일본을 이기는 것이 아니라고 생각했다. 일본이 우리보다 앞서게 된 근본 원인을 분석하고 우리의 단점을 보완하는 것이 중요하다는 것을 이건희 회장은 동물적으로 알았고, 내 이야기를 듣자마자 약점 보완을 실행에 옮긴 것이다. 그로부터 8년 후인 2002년부터 삼성전자는 결국 이건희 회장의 소원대로 기업가치 면에서 소니를 이기기 시작했다.

현명관의 21세기
채근담

菜根譚

상대를 객관적으로 보지 못하면 이길 방법을 찾을 수 없다.
객관적으로 보는 방법은
일단 '고노야로(적개심)'를 버리고 관대해져야 한다.
젊은이여! 냉철한 마음으로 반드시 일본을 이겨라.

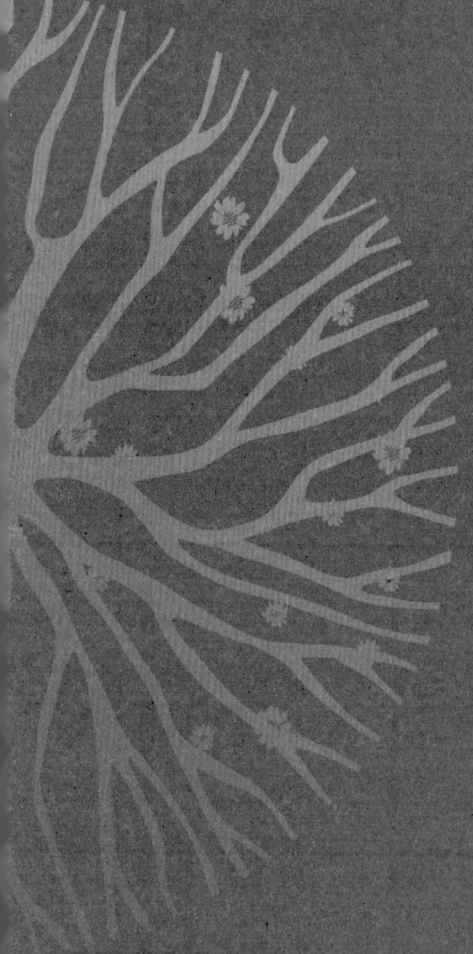

위대한 거래

9장

그건 내 운명

제 주 도 지 사 선 거 이 야 기

유튜브 감상은 큐알코드로

| 장면24 |
정치초보, 선수를 만나다

2006년 5월 31일 치러지는 제4회 지방선거를 1년 앞둔 시기에, 현명관은 서울에 있는 재경제주도민회로부터 끝없이 재촉을 당하고 있었다.

"현회장, 이렇게 가만히 있을 거요? 삼성그룹 회장이나 되었으면서 제주도를 외면하기냔 말이오!"

지역민들에게 삼성물산 회장과 삼성그룹 회장의 구분은 무의미했다. 그들에게 현명관은 삼성그룹의 회장이었고 제주를 구해줄 인물로 여겨졌다.

"출세는 했지만 제주를 위해서 한 게 뭡니까?"

지방 출신자라면 모두 이해하는 지역 정서 앞에서 현명관도 꼼짝 못 했다. 제주향우회, 중학교 동창회까지 모임에만 나갔다 하면 제주도시자 출마를 권유받았다. 처음 권유로 시작했던 부드러운 말들은 점점 강한 협박으로 변해 현명관을 괴롭혔다.

'정치는 내 체질에 맞지 않는다. 표를 위해 거짓말도 해야 하고, 만나기 싫은 사람에게 허리까지 굽혀야 할 텐데… 과연 내가 할 수 있을까?'

그러나, 한편 그의 마음속에는 제주도민으로서 강렬한 열망도 품고 있었다. 거대 그룹을 경영하며 알게 된 돈의 메커니즘을 제주에 적용시켜 하와이를 능가하는 관광지로 만들고픈 열망이 그것이었다. 또한 제주신라호텔을 지으며 겪었던 고리타분하고 꽉 막힌 행정에 넌더리가 났기 때문에 제주의 발전을 막고 있는 한심한 관료제를 부숴버리고도 싶었다. 8월이 되자 마침내 그는 제주도시자에 출마해서, 기업이 아닌 제주를 경영해야겠다는 생각으로 점차 기울어져 갔다. 2005년 8월 29일, 제주 한라아트홀에서 제주농업포럼 창립기념 한국 벤처농업대학 공개강좌가 열렸다. 그는 초대를 받았고 여느 강연과 다른 묘한 기분으로 제주 농업인들과 처음 만났다. 그 후 특강이 이어졌다. 10월 11일 제주 퍼시픽호텔, 가나안 농군학교 신용협동조합 초청 특강. 10월 14일 오전 제주은행 본점 4층 대강당에서 은행장을 비롯해 임직원 120여 명을 대상으로 특강. 10월 18일 오후 제주대 평생교육원, 여성 지도자 과정 수강생들을 대상으로 '제주의 미래'라는 주제로 강연. 11월 4일 제주시 민속관광타운 제9회 제주시 농업인 한마음대회, '제주농업경제의 문제점과 경영전략'을 주제로 특강.

자신의 고향에서 여러 특강을 하면서 그의 마음은 확 달라졌다. 제주 도민들이 자신의 말에 경청하며 기대 어린 눈으로 바라봐 줄 때, 그의 마음속에서는 도지사를 해야 한다는 강한 울림이 올라왔다. 특강이 끝나갈 무렵, 현명관은 자신의 출마 결심을 언론에 알렸다. 또한 삼성물산의 회장이었기 때문에 이건희 회장에게도 자신의 결심을 보고했다. 자신감도 넘쳤다. 이 정도의 경력과 능력이면 도지사가 되는 것은 어렵지 않을 것이라 생각했다. 지인을 중심으로 선거운동 준비에 들어갔다.

그러나 두 달 후 첫 여론 조사가 나오자 현명관은 얼굴빛이 바뀔 정도로 충격을 받았다. 2006년 1월 3일 제주 도지사 후보 선호도 여론조사 김태환 32.2%, 진철훈 제주 국제자유도시개발센터 이사장 16.8%, 현명관 삼성물산 회장 8.3%, 강상주 서귀포시장이 6.2%.

'2등도 아니고 3등이라니…' 현명관은 입을 다물 수 없었다.

'이래가지고는 전략공천도 명분이 없고 경선해서 후보가 된다는 보장도 없다.'

현명관은 11월에 출마 선언을 하고 열린 우리당과 한나라당 중 고민하다, 경제를 살리려면 역시 보수당이 맞다고 판단하여 한나라당 후보가 되기로 결심했었다.

'누구와 어떻게 시작해야 한단 말인가? 이제 선거는 5개월도 안 남았다.'

그는 제주도 출신 국회의원 현경대를 만났다. 현경대 전 의원은 한 여성을 소개시켜주었다. 그 여성은 지금 한나라당 제주도당에서 활동하고 있으니 큰 도움이 될 것이라고 했다. 현명관은 반신반의하며 제주에 내려갈 테니 같이 만나서 이야기하자며 약속을 잡았다.

2006년 1월 중순, 제주는 싸늘했지만 육지와 비교하면 봄 날씨 같았다. 현명관이 소개받은 전영해는 한나라당 제주도당의 디지털 위원장이었다. 그녀는 정치적 멘토이자 은인인 현경대 의원이 삼성물산 회장과 점심 약속을 잡아서, 하는 수 없이 약속 장소로 가는 중이었다.

현명관은 이미 언론 보도에서 내년 도지사 선거의 예상 출마자로 지목된 사람이었기 때문에 그녀는 제주도당의 디지털 위원장이라는 직함을 갖고 있는 사람으로서 조심하지 않을 수 없었다. 자칫 오해를 사면 위원장이라는 빛 좋은 개살구 같은 직함으로, 9년을 저임금으로 봉사하며 공을 들인 제주도의회 의원의 꿈이 날아갈 수도 있기 때문이다. 모든 제주도당의 각 분과 위원장들이 도의원을 꿈꾸는 것은 아니지만, 서른둘에 아이를 둘이나 둔 그녀는 꼭 도의회에 진출하고 싶었다. 의원이 된다는 것은 이제 막 결혼 생활이 파국을 맞아 홀로되어, 가장 역할을 해야만 하는 그녀에게 생계 문제를 해결해 줄 확실한 직업이었으며, 자신이 가장 잘할 수 있는, 오랜 시간 꿈꾸던 분야로 첫발을 내딛는 일이었다. 그녀는 스스럼없이 처음 만난 사람과 비밀을 나눌 수 있을 정도로 친화력이 뛰어났으며, 지금 당장 몇 사람을 때려죽일 듯 화가 난 권력자도, 1분이면 웃게 만드는 재주가 있었다. 자칭 타칭 제주 마당발 그녀는 고향을 떠난 지 40년이 되어, 현지 인맥이라고는 하나도 없는 정치 초보자를 만나서 과연 어디까지 도와줘야 하나, 오분자기 전문점에 들어와 방문을 열고 현명관과 현경대 의원에게 인사하면서도 고민이 떠나질 않았다.

"안녕하세요. 처음 뵙겠습니다. 전영해입니다. 뵙게 돼서 영광입니다." 환하게 웃으며 그녀 특유의 친화력으로 명함을 주고받았다.

"반갑습니다." 거기까지였다.

오랜 시간 CEO로만 살아온 현명관은 자신을 크게 도와줄 사람 앞에서도 뻣뻣했다. 뜨거운 오분자기를 먹으며 시답지 않은 주제로 몇 마디 떠들던 그녀와 현명관과 동석자는 금세 화제가 떨어졌다. 침묵 속에서 뜨거운 국물을 먹다 1~2명은 분명 입천장을 데었으나, 아무도 입천장을 데었다는 소리를 하지는 않았다. 분위기 띄우는 데 선수인 그녀였지만 왠지 오늘은 조용히 있어야 할 것 같아서 말을 아꼈다. 후식 타임이 되자 세 사람은 차를 마셨다. 현명관이 먼저 자신의 이야기를 풀어놓았다.

"제주는 제주 주식회사가 되어야 합니다."

그녀는 다소 황당한 이 주장에 갑자기 정신이 들었다. '정치를 전혀 모르시네' 하지만 신선하다는 생각도 들었다. 하지만 그녀에게 강렬한 인상을 남긴 것은 그의 비전이 아니었다. 삼성그룹에서 회장씩이나 지낸 사람이면 분명 일반인과 다른 아우라가 뿜어져 나올 것이라 기대했는데 그녀가 보기에 현명관은 그렇지 않았다. 동네 복덕방에서 만났다면 눈여겨보지도 않았을, 소일거리 찾아 헤매는 이웃집 김씨 아저씨 같은 모습이었다. 얼굴에 광채도 없었고 풍채도 왜소했다. 현명관은 선거 초보자로서 스트레스가 컸던 탓인지 지칠 대로 지쳐 초라한 모습이었다. 여기에 화룡정점은 현명관 회장의 헤어스타일이라고 생각했다.

'도대체, 어느 미장원에서 염색을 한 것일까? 젊어 보이려고 급하게 염색하다 저렇게 되었나? 아 촌스러워! 회장이면 돈 좀 쓰지 너무 싸구려틱한 브라운 컬러다. 제주시 흑돼지 미장원이 염색은 죽이는데, 거길 알려줄까? 아니야……. 누구나 이 판에 처음 들어오면 저런 모습이 되지…'

현명관도 뭔가 선거 묘안을 전영해 위원장에게 듣기를 기대했으나 말을 아끼는 그녀를 보며 실망했다.

보름이 지나 2월이 되었다. 선거 120일 전이라 현명관도 예비 후보 등록을 마치고 명함을 뿌릴 수 있게 되었다. 현명관은 특유의 성실과 돌파력으로 현장을 뛰어다녔다. 그러나 뭔가 체계가 없었다. 세상의 모든 선거꾼들이 현명관의 사무실에 바글거렸다. 선거에 대해서는 아무것도 모르고, 돈만 많다고 하는 그룹 회장 출신이 출마를 한다니… 선거꾼들이 보기에 이보다 더 좋은 호구는 없었다.

'회장님 여기서는 돈 좀 쓰셔야 합니다.'

'이 사람 잡으면 한림읍은 끝납니다.'

'볼 거 없어요. 성산포! 여기 가서 휘젓고 올 테니 탄약만 장전해 주세요.'

'다들 이렇게 선거하거든요. 법 지키며 어떻게 당선되나요. 회장님은 너무 모르신다.'

'이래가지고는 한나라당 경선도 통과 못 해요. 상대 쪽에 선수가 있는데, 영입해 올까요? 돈이 좀 들지만…'

완벽한 오합지졸과 난장판의 샘플이 있다면 그곳은 바로 현명관의 선거운동 사무실이었다. 그렇게 명석한 판단을, 삼성물산을 경영하며 수없이 했건만 선거판에서 그는 혼이 없는 사람이 되어갔다. 이리 휘둘리고 저리 휘둘리며 돌아다녔으나 경쟁자들과 비교해서 지지율은 좀체 오르지 않았다.

제주도 푸른 밤을 바라보며 현명관은 평소 잘 먹지도 못하는 맥주를 한 캔 땄다. 그리고 수화기를 들어 믿을 수 있는 멘토 A에게 전화를 했다.

"현명관입니다. 이거 어쩌면 좋을까요?"

"선수가 필요합니다."

"이승엽 같은?"

"아니죠. 김응용 같은 전략가가 필요합니다."

"그런 사람이 있어야죠."

"이미 만났잖아요?"

"누구요? 아 전영해씨? 그 사람은 김태환 지사 참모인데 어떻게 빼오나요. 게다가 이번에 내가 입당했다고 김 지사는 한나라당도 탈당할 기세인데?"

"하하 현회장님도 참. 이래가지고 어떻게 선거에서 이길 생각을 하시나요?"

그러면서 멘토 A는 중국 초나라 굴원(屈原)의 어부사(漁父辭) 이야기를 거룩하게 꺼내며 한마디 했다.

"창랑의 물이 맑으면 갓끈을 씻고, 물이 진흙탕일 때에는 발을 씻으라는 말 못 들어 보셨나요? 여긴 그런 거 없어요. 수단과 방법을 가리지 말고 데려오세요. 그래야 게임이 됩니다."

현명관은 전화를 끊으며 고민에 빠졌다. 그리고 두 번째 맥주 캔을 따면서 생각했다.

'이건 기업들 경쟁보다 더 하군. 완전히 진흙밭이네.'

치세를 만나면 마땅히 도리에 맞게 의롭게 해야 하고
난세를 만나면 마땅히 둥글둥글 원만하게 해야 한다.
모든 것이 타락한 말세에 처해서는
방정함과 원만함을 모두 사용해야 한다.

처 치 세　의 방　처 난 세　의 원
處治世 宜方 處亂世 宜圓
처 숙 계 지 세　당 방 원 병 용
處叔季之世 當方圓並用

채근담 / 前集 第50章

가장 비싼 경기-이전투구(泥田鬪狗)

　　진흙 니, 밭 전, 싸울 투, 개 구. 진흙밭에서 싸우는 개라는 뜻이다. 정치는 그 자체가 싸움판이고 한쪽이 죽어야 끝이 나는 잔인한 경기다. 또한 그 어떤 게임보다 점수를 많이 내야 이기는 경기다. 야구가 점수를 많이 내봐야 10점 정도고 고스톱도 100점에서 많게는 1천 점이지만, 정치라는 게임은 10만 점, 20만 점을 내야 이긴다. 정치는 경기 시간도 가장 길다. 어떤 스포츠나 게임도 48시간을 넘기기 어렵지만 선거는 3달 이상 진행되며 물밑 작업까지 하면 6개월이 훨씬 넘게 걸린다. 출전비도 가장 비싸서 도지사 선거는 3천만 원 국회의원은 1천500만 원을 내야 후보 등록을 할 수 있다. 세상에 이런 게임이 또 어디 있을까? 그런데 이 경기는 세상에서 가장 더러운 싸움이기도 하다. 이것이 선거고 민주주의다. 처칠의 말대로 '실로 민주주의는 지금까지 시도되어 온 다른 모든 형태의 제도를 제외하면 최악의 정부형태'[8]라고 할만하다.

그러나 싸움에서 승리한 개는 진흙밭을 평정하고 세상을 바꿀 힘을 얻게 된다. 이것이 내가 정치에 뛰어든 이유였다. 제주를 바꿔 하와이를 능가하는 동양의 보석으로 만들고 싶었기 때문이다. 물론 그룹 회장이라는 아름다운 비단옷을 벗고 끔찍한 진흙밭 개싸움에 들어서는 것은 쉽게 내키는 일이 아니었지만 내가 경험한 두 가지 사건은 끝내 나를 진흙밭 투견으로 만들고 말았다.

첫 번째 사건. 사라질 뻔한 붉은 지붕

1990년 7월 1일, 제주 서귀포시 색달동 2만 6천 평 부지에 영화 '쉬리'의 촬영지로 유명한 제주 신라호텔이 완공되었다. 신라호텔 사장으로서 임직원들과 기쁨을 누렸어야 했지만 건축 과정에서 겪었던, 3년 동안의 분노와 안타까움이 쉬 가라앉지 않았던 기억이 지금도 생생하다.

---

[8] Indeed it has been said that democracy is the worst form of Government except for all those other forms that have been tried from time to time.

1986년, 유럽풍 리조트식 호텔을 만들어 세계 최고의 호텔을 짓고자, 신라호텔의 임직원들과 나는 1988년 3월 착공을 목표로 죽을 힘을 다해 뛰었다. 전 세계 호텔을 돌아다니며 최고의 컨셉을 찾아내려고 애썼다. 그때 이인희 신라호텔 고문(이병철 회장의 딸)이 고민하고 있던 우리들에게 아이디어 하나를 주었다.

　"미국 서부 해안을 따라가면 LA와 샌프란시스코의 중간 즈음에 '스페니쉬 베이'라는 호텔이 있어요. 여기를 한번 보고 오시죠?"

　나는 몇몇 임원들과 함께 미국으로 날아가, 영화 속에서 자주 나왔던 서부 해안 도로를 굽이쳐 돌며 '스페니쉬 베이'를 찾아갔다. 캘리포니아 1번 해안도로는 제주의 해안 도로를 연상시키며 멋지게 바다를 따라 휘돌아 가고 있었는데, 저 멀리서 붉은 기와지붕의 멋진 호텔이 눈에 들어오기 시작했다. 우리는 차를 타고 가면서 넋을 잃고 점점 다가오는 '스페니쉬 베이' 호텔을 감상했다.

　오른쪽 짙푸른 태평양 바다를 두고 높은 언덕 위에, 스페인풍의 붉은 지붕을 얹은 지중해식 호텔 건물은 우리나라 제주 해안에 들어설 제주신라호텔의 미래였다.

　당장 건물을 설계한 회사와 내부 인테리어를 책임진 사람을 찾아냈다. 귀국 후에는 중역 회의를 거쳐, 우리가 보고 온 남캘리포니아의 붉은 스페인 지붕을 얹은, 지중해 스타일의 컨셉으로 제주신라호텔을 짓기로 합의했다. 제주 중문단지에 위치한, 호텔의 입지도 매우 훌륭했다. 아름다운 제주 바다의 풍광을 한눈에 볼 수 있는 것은 물론이고 주변에는 여미지 식물원, 주상절리, 천지연 폭포, 천제연 폭포가 있었다. 고향 제주에 내가 꿈꾸던 모습의 호텔이 들어서고 국내는 물론 해외 관광객들까지 유치할 수 있을 것이란 기대에 부풀었다.

그런데 지금도 생각하면 분노가 치밀어 오르는, 마른하늘에 날벼락 같은 일이 터졌다.

오직 깔맞춤만 인정

"다 좋은데 이 색깔은 안 돼. 청기와로 해. 중문 골프장과 색깔을 맞춰야 보기 좋잖아. 붉은 기와라니 이게 뭐야?"

이 말은 그룹 총수가 한 말도 아니고 이인희 신라호텔 고문이 한 이야기도 아니었다. 제주 중문 관광단지 관리사무소의 B소장이 호텔 신축 계획서의 접수를 거부하며 한 말이었다. 그는 군 출신이었는데, 모든 군 출신들의 명예를 짓밟는 행동을 우리 신라호텔 임직원들에게 보여주었다. 군대처럼 모든 것을 녹색으로 깔맞춤해야 직성이 풀렸는지, 얼토당토않은 이유를 들어 중문단지 내 건축물 승인을 내주지 않았다. 그에게 스페인풍 건물 컨셉을 아무리 설명해도 민간 기업을 부패한 적(敵)들쯤으로 생각하는지, 아니면 사병들을 골려주며

쾌감을 느끼는 사디스트의 본성에 충실한 것인지, 여러 번 통사정을 하고 설명을 해도 요지부동이었다. 그것이 공직자가 갖추어야 할 청렴결백의 표상인 양, 꽉 막힌 사람처럼 행동했다.

보다 못한 내가 한마디하고 말았다.

"이게 누구 겁니까? 당신들이 뭘 안다고 기와 색을 바꾸라 마라 하는 겁니까? 이런 디자인을 찾는데 얼마나 많은 돈이 들었는지 아십니까?"

이 한마디로 B소장과 신라호텔의 관계는 돌이킬 수 없게 되었다. 나중에 서울 교통국장에게 설명을 하고 장관 보고까지 올라간 후 겨우 건축 허가를 받아냈지만, 수천억이 들어가는 사업이 소장 한 사람의 우매한 갑질에 농락당하는 게 한국의 현실이구나 하는 것을 뼛속 깊이 통증을 느끼며 배웠다.

그뿐만이 아니었다. 중문 해수욕장으로 내려가는 계단 하나를 만드는데, 관청을 들락거리며 1년 넘게 시달렸다. 완공 후에는 준공 검사가 나지 않았다. 아래 신문에서 7층이라고 한 것은, 경사면의 흙을 제거하여 지하층이 빛이 들어오는 지상층처럼 된 것을 사업승인 위반이라고 감사원이 지적했기 때문이다.

> **제주 호텔신라 신축 '우왕좌왕'**
> **사업승인 5층에 건축허가는 7층**
> **도, 5층으로 변경 지시**
>
> 【제주=허호준 기자】 제주도는 서귀포 중문관광단지에 건립되고 있는 호텔신라가 사업계획승인내용과는 달리 건물일부가 지상 7층으로 건립되고 있다는 지적에 따라 20일 서귀포시에 설계를 변경, 당초 사업계획승인내용과 일치시키도록 지시했다.
> 호텔신라는 중문관광단지내 서귀포시 색달동 3039-7일대 부지 8만4천5백46㎡에 총사업비 4백98억원을 투입, 지하 2층 지상 5층 3백13실 규모의 특급관광호텔을 건립키로 하고 지난 87년 12월10일 관광진흥법에 따라 제주도로부터 사업계획을 승인받았다.
> 그러나 호텔신라는 지상 7층으로 다시 설계하고 객실도 3백30실로 늘려 지난 88년 1월에 서귀포시로부터 건축허가를 받아 공사에 착공, 20일 현재 99%의 공정을 보이고 있다.
> 이 때문에 호텔신라는 관광진흥법상 도에서 승인받은 사업계획내용과 실제 서귀포시에서 건축허가를 받은 내용이 각각 달라 말썽을 빚게 됐고 지난달 23일부터 이달 9일까지 실시된 감사원 감사에서 하자있는 행정행위로 지적을 받았다.

1990년 6월 21일 한겨레신문 15면

결국 아래 2개 층 앞에, 아름다운 바다 풍경을 온통 가로막는 흙담을 쌓아 겨우 검사를 통과했다. 눈 가리고 아웅도 이런 아웅이 없다. 이런 일을 아무렇지도 않게 하는 사람들이 공무원이라는 것을 뼈저리게 느꼈다.

'우리가 이래선 안 된다. 이런 병폐를 고치지 않으면 우리나라는 더 발전할 수 없다. 아니 망할 수도 있다.'

그때의 울화는 아직도 내 몸속 어딘가에서 떠돌고 있지만, 2005년 제주 도지사 선거 이야기가 나오면서 한꺼번에 요동치며 출마를 고민하게 했다. 도지사 후보자들의 면면을 보니 전부 공무원 출신들이었기 때문이었다.

김태환 현 지사–제주특별자치도 기획관리실 실장, 제주특별자치도 내무국 국장 출신. 진철훈 열린우리당 후보– 서울 도시계획국장 출신.

예비 후보들도 하나같이 전부 관료 경력을 쌓은 사람들뿐이었다. 그러니 내가 울화통이 터지지 않을 수 없었다.

'공무원 출신들은 문제가 안 되게 옹벽을 쌓아 준공검사를 넘기는 재주가 있을지 모르지만 발전 전략이 있거나 비전이 있을 리 만무한데, 심지어 제주도의 대통령인 지사까지 하다니… 내 고향을 이렇게 내버려 둬도 되는가?'

이런 안타까움이, 제주만이라도 새롭게 탄생시켜 부유하게 만들고 발전의 표상이 되게 할 수 없을까 하는 생각으로 이어졌고, 이전투구의 세계지만 그곳에 들어가 싸워 이겨보자는 결심을 하게 했다.

두 번째 사건. 책임질 사람이 생기다

2012년 11월 23일, 안철수 대통령 후보는 사퇴 기자회견을 했다. 이 뉴스를 보면서 나는 놀라지 않을 수 없었다. 선거에 출마하면 자신이 내려오고 싶어도 내려올 수 없는 현실적인 문제가 생긴다. 직업을 때려치우고 달려오는 사람, 무보수로 몸을 바치며 돕는 사람, 상대방의 온갖 불이익을 견디며 중요한 역할을 해주는 사람들이 있기 때문에, 후보자는 반드시 승리를 하여 이들에게 보상을 해야 하는 의무가 생긴다. 그런데 이런 걸 모두 무시하고 도지사보다 훨씬 엄청난 규모의 대선 후보 자리를 내려오는 것을 보고, 과거 내가 출마했던 제주지사 일이 떠올랐었다.

내 경험에 비추어 본다면, 출마를 고민하는 순간부터 나를 도와주는 무수한 사람들이 생겨난다. 더구나 나를 위해 뛴 많은 사람들은 좁은 제주지역에 계속 살 사람들이고 그들은, 주변 사람과의 인간관계와 위신이 무너지면 이후의 삶이 고달파진다. 특히 지지하는 후보가 완주도 안 하고 내려오면, 멸사봉공한 지역 인사들은 선거에 진 것보다 훨씬 더 큰 내상을 입게 된다. 특히 그 지역 인사 중에 나 때문에 자신의 직업이 날아간 경우가 생기면, 이제는 무슨 일이 있어도 당선을 위해 뛰지 않으면 안 되는 것이다.

| 장면25 |
뼈아픈 지적

　현명관은 경선을 치를 예정이었던 김태환 현직 지사의 선거 참모를 빼올 결심을 하지 못했다. 더욱이, 2006년 1월 27일 한나라당에서 현명관을 영입하자, 한 달 후 김태환 지사는 한나라당 탈당을 심각하게 고려 중이었다.
　현명관이 멘토 A의 조언을 듣고도 그대로 할 수 없었던 이유는 불난 집에 부채질할 수 없어서였다. 최소한의 상도의는 지킨다는 순진한 생각에서였지만 실제로 현명관이 오라고 한들, 지지율 1등 후보자의 참모가 3등 후보에게 올 이유도 없었다. 현명관은 사람을 빼오는 대신, 조언을 듣고 그 조언을 실천하면 된다고 생각하여 전영해 디지털위원장과 조심스럽게 접선을 시도했다.
　2월 초 어느 날, 그녀는 초등학교 은사님으로부터 연락을 받았다. 은사는 오남두 전 제주도 교육감과 친했는데 갑자기 교육감 사무실로 오라고 했다. 그녀는 교육감 사무실로 들어서며 은사에게 인사하고 교육감에게 명함을 건네다가, 순간 놀라고 말았다. 교육감 옆에 현명관이 있었기 때문이다.

라이언 고슬링, 조지 클루니 주연의 2011년 할리우드 영화 '킹메이커'에는 이런 이야기가 나온다. 조지 클루니 측 참모가 상대 후보 선거본부장의 전화를 받고 만나는 장면인데, 이것이 문제가 되어 어떠한 거래도 없었음에도 라이언 고슬링은 한 번에 조지 클루니한테 잘린다. 선거판은 이런 곳이다. 한나라당에 입당해서 자신이 모시던 현직 지사가 반발하여 탈당을 고려 중인데, 경쟁 후보자를 만났다는 사실만으로도 괜한 오해를 살 수 있었다.

"우리 선거 운동의 문제점이 뭔지 이야기해주심 좋겠습니다."

현명관은 처음으로 전영해 한나라당 디지털위원장에게 부탁을 했다. 디지털위원장은 당시 뜨고 있던 온라인 홍보와 기존 언론 홍보를 총괄하는 자리였기에, 현명관은 자신의 홍보 문제에 대해 조언을 듣고 싶었다. 그녀는 만남 자체가 부적절한 것이라 판단하고 간단히 몇 가지 사항만 지적하는 선에서 이 만남을 서둘러 정리하고 싶었.

"언론 대응이 너무 어설퍼요. 계속 다른 후보들이 공격을 하잖아요? 특히 입당 후 오마이뉴스에서 '한나라당 입당이 삼성의 뜻이냐'

라는 등 공격적으로 나왔는데 오마이가 반론 기회까지 주었는데도 그냥 '절대 아니다, 대단한 상상력이다, 삼성은 정치적 중립을 지키기 위해 애쓰는 회사다'라고 하거든요. 이런 기사를 읽고 누가 회장님 말을 믿겠습니까?" 현명관은 부끄러워서 얼굴이 달아올랐다.

"삼성은 돌다리도 두드리는 회사고 신중한 회사다. 굳이 나를 한나라당에 입당시켜 현 정권과 척을 둘 일을 하지 않는다. 만약 그런 전략이라면 보험으로 열린우리당에도 한 명 집어넣었을 것이다. 더구나 내가 열린우리당 공천심사위원도 하면서 영입 대상이었는데, 상대를 약 올리면서까지 무리수를 둔다는 것은 상상할 수 없다. 뭐 이런 인터뷰를 했어야 하지 않나요? 그리고……"

그녀는 현명관이 도지사 후보들 중 한 명이라 쭉 지켜보고 있었기에 그 팀의 문제점을 잘 알고 있었다. 내친김에 그녀는 보도 자료가 너무 어설프고 미숙하다, 오히려 문제를 만드는 느낌이다 등 잘못된 사례 한두 가지를 더 알려주고 대화를 마무리 지었다.

현명관은 선거운동 사무실로 돌아오자마자 문제점을 전달하고 개선할 것을 지시했다. 자신의 선거운동이 얼마나 아마추어적인지 새삼 깨달으며 앞으로의 대응이 걱정되었다.

'상대방에는 저런 사람들이 수두룩할 텐데, 큰일이군.'

현명관은 한번 조언을 듣고 나니 선거 캠프의 약점이 더 크게 느껴졌다.

| 장면26 |
삼고초려

현명관은 겨울이 끝나가는 줄도 모르고 2월을 보냈다. 당내 경선에 이기기 위해 한나라당 책임 당원을 만나고 지지를 호소하다 보니 3월이 되었다. 한 달 앞으로 다가온 당내 경선이 문제였다. 4월 12일 체육관에서 치르는 한나라당 후보자로 선출되지 못하면 도지사는 꿈도 꾸지 못하게 된다.

4월 5일, 당내 경선을 위한 후보자 토론회를 벌써부터 준비하느라 현명관은 정신이 없었다. 토론회에 들고나갈 논리와 공약을 그대로 지금부터 언론에 말하고 다녀야 하기 때문이다. 그리고 4월 5일 열리는 CBS 주최 토론회에서 논리와 입심으로 상대를 압도해야 하는데, 현명관은 대기업 사장 이상의 직급으로 17년을 살아온 터라 언쟁보다는 지시가 익숙했다. 사무실에서 각종 인터뷰 자료와 토론

자료를 읽으며 고민에 빠져있던 그는, 문득 선거 사무실에서 북적대는 사람들을 물끄러미 바라보았다.

모두가 마흔 이상 쉰이 넘은 사람들이었다. 자신도 65세였지만 선거 실무를 띌 사람들이 전부 쉰에 가까운 사람들뿐이라는 것은 새삼 놀라운 일이었다. 지금 현명관과 반말로 대화를 주고받아도 하나도 거북하지 않을, 같이 늙어가는 처지의 사람들이었다.

'다음 달 후보자가 되어도 힘들게 생겼군. 이를 어쩌냐…'

현명관은 자료를 덮고 급하게 자리를 박차고 일어섰다. 그리고 조용히 선거사무장을 불렀다.

"사무장님, 다음 달 경선도 중요하지만 도지사 선거에서 떨어지면 한나라당 후보가 되는 게 무슨 소용입니까? 사무장은 지금부터 토론회나 경선은 신경 쓰지 마시고 내가 12일 이후 후보자로 당선되었다 생각하시고 그때 붐을 크게 일으킬 전략을 짜 주세요. 특히 전영해라는 김태환 지사 참모가 있는데, 우리 선거 캠프에 인맥이 있으니 전략 짜는 일 정도는 도와줄 수 있을 겁니다. 부탁드립니다."

"아 전영해씨요? 아예 이리로 데려오면 안 되나요?"

"그건 본인도 나도 원치 않습니다. 그냥 전략만 받아오면 됩니다. 그건 인간관계 때문에 안 해 줄 수 없을 겁니다. 현경대 의원 아시죠? 현경대 의원이 그 여성의 멘토라는군."

"알겠습니다."

그녀는 제주도당에서 한나라당의 유력 도지사 후보이자 현직 지사인 김태환의 선거를 돕기 위해 바쁜 시간을 보내고 있었다.

그때 그녀의 휴대폰에 문자가 도착했다. 급하게 문자를 확인한다.

「전화가 안 돼서 문자드립니다. 꼭 연락 바람 ^^」

다시 휴대폰을 보니 부재중 전화가 세 통이나 되었다. 딸에게서 1통, 현명관 선거 사무실 지인으로부터 2통. 딸에게 먼저 전화를 했다. 몇 시에 들어오냐고 딸이 물었다.

"어쩌지……. 오늘도 좀 늦어. 먼저 밥 먹어. 아냐 오늘은 술 안 먹어. 또 연락할게. 딸, 사랑해!"

그녀는 이제 난감한 전화를 해야 한다. 잠시 고민이 밀려왔다. 자칫 여기서 실수를 해서 몸담고 있는 현 선거운동 본부에 오해를 사면, 수년을 벼르고 벼른 도의원 공천은 날아간다. 그녀는 조심스럽게 지인에게서 온 부재중 전화번호를 눌렀다.

"안녕하세요. 전화 못 받아 죄송합니다."

"아이고 모시기 힘드네. 전 위원 한 번만 도와줘요. 우리 노인네 선거를 너무 몰라. 현 후보는 성산에서 자란 사람인데, 같은 제주도 사람끼리 한번 도와줘요."

"우리 김태환 지사님은 제주 출신 아닌가요?"

"그런가? 아무튼 지난번 일도 있고 한데, 이럴 때 전 위원이 내 얼굴 한번 살려 줘야지."

그녀는 난감하고 난감했다. 전영해는 제주 출신이다. 그녀는 제주인의 특징 중 어려운 부탁을 아주 쉽게 하고, 또 상대도 쉽게 들어주는 점을 자랑으로 생각하고 있었다. 그런데 이번 경우는 그 특징이 몹시 싫었다. 지금 자신이 무슨 일을 하는지 너무도 잘 아는 사람이 상대 후보를 위해 선거 전략을 짜 달라고 하다니……. 기가 막혔지만 10여 초라는 그녀에겐 장고의 시간이 흐른 후 제주인답게 상대의 요구를 들어주고 말았다.

"알았어요, 알았어요. 그 대신 일정 한 개만 짜 주는 거예요? 메일 주소 불러주시면 그리로 문서 작성해서 보낼 테니 읽어보시고 해 보세요."

전화를 끊고 그녀는 자신의 머리를 쥐어뜯고 싶었다. 제주에 사는 사람은 인맥이 동원되는 부탁을 피할 수 없다. 풍랑이 쳐 부모를 잃거나 집이 없어지면 이웃집을 찾아가 비바람을 피할 수밖에 없는 환경이 그렇게 만든 것인지, 제주인에게 나와 남의 경계는 모호했다. 외지인을 향해 쳐진 울타리는 만리장성처럼 견고하고 끝이 없었으나 그 성안에 사는 사람들은 모두 한 가족이라는 의식이 강했다.

그녀는 신세 진 지인의 부탁을 거절하지 못하고, 혼란스러운 김태환 지사의 선거 사무소 한편에서 보도 자료를 작성하는 척하면서, 현명관의 첫 일정을 무엇으로 잡을지 5분 동안 고민하고 대충 휘갈겨 타이핑을 했다. 그리고 메일을 보냈다. 메일 말미에는 자신의 이름도 넣지 않았다.

> 민생의 현장을 가지만 정책 투어라고 이름 붙여 홍보한다.
> 상대 후보보다 공약의 깊이와 전문성이 돋보이므로
> 철저히 정책 투어로 포장
> 첫 번째 현장은….

현명관은 선거사무장이 이 출력해 온 문서를 보면서 입가에 미소가 퍼졌다.
"아주 제주 구석구석을 도는 스케줄이군. 사무장 이거 좋은데? 바로 이대로 합시다. 근데 전영해씨는 더는 어렵다는 거죠?"
"네. 아는 사람의 아는 사람을 동원해서 겨우 얻어 왔습니다."
"근데 여기 현장은 전부 전영해씨 인맥들인 거 같은데 우리 쪽에서 안내해 줄 사람은 있나?"
"없죠. 어디 보자….
총 일곱 군데인데 아는 사람이라곤, 1명 정도네요."
그녀는 자신에게 다시 전화가 오리라고는 전혀 생각하지 못했다. 그 전화가 민생투어 현장에 동행해서 안내를 해 달라는 부탁이라고는 더더욱 상상할 수 없었다. 자신이 모시는 도지사 후보를 놔두고 경쟁 후보의 일정을 수행까지 해 달라니… 있을 수 없는 일이었다.

"이건 정말 아니죠. 날 죽이려고 그러시는 건 아니죠? 내가 어떻게 안내를 해요!"

"아니 전 위원. 그 스케줄을 소화하려면 현지인과 아는 사람이 있어야 하잖아. 전 위원 말고 우리 쪽에서는 현지인과 아는 사람도 없고 심지어 가본 적도 없는 곳이란 말이야. 이건 차라리 아무것도 안 해 준 것만도 못 한 거지. 그냥 딱 하루만 내 얼굴을 봐서 조용히 안내만 해줘요. 딱 하루야, 하루. 누가 그걸 알아? 따지고 보면 같은 한나라당이잖아요. 딱 하루도 안 돼?"

"어휴 참… 나 이러다 정말 큰일 나요!"

"아니 언제부터 천하의 전영해가 간이 이렇게 쪼그라들었나? 아 그냥 해 줘~."

이럴 때 그녀는 얽히고설킨 지방 생활을 떠나고 싶었다. 특히 좁디좁은 제주는 완전히 머릿속에서 지우고 아무도 모르는 도시의 빌딩 숲으로, 이 편한 세상 같은 아파트에서 숨어 살고 싶었다.

그렇게 마음속으로 거부했건만, 3일 후 그녀는 제주시 인력 시장에서 현명관을 안내하고 있었다. 경쟁 후보자인 현명관을 이롭게 하는 일은 자칫 그녀의 입지를 좁힐 수도 있었지만 '행사 하루 연결하는 게 뭔 대수겠냐'라는 그녀 특유의 낙천적인 배짱이 덜컥 안내까지 하고 말았다.

그렇게 하루를 보낸 후, 녹초가 되어 집으로 돌아왔고 다음날 오전 내내 휴식을 취했다. 그리고 전영해는 무심코 인터넷을 열어 보았다. 어제 민생투어가 어떻게 보도되었는지 직업 정신이 발동했기 때문이다.

'잘 나왔네.'

비록 상대 후보지만 자신이 만들어낸 작품이 마음에 들어, 피로를 날려버리는 잔잔한 만족감이 기분 좋았다. 그러나 클릭을 몇 개 더 하면서 관련 기사를 보던 그녀는 입을 다물지 못했다. 기사 중 하나가 '한나라당 전영해 디지털 위원장'이 동행했다고 보도했기 때문이다. 그녀는 머릿속이 하얘졌다. 숨이 막히고 가슴이 답답했다.

그렇게 정신을 못 차리고 있을 때 전화기가 울렸다. 도저히 견디기 힘든, 배신자라는 원망의 말과 함께 전화가 끊겼다. 지금 달려가 해명을 하겠다는 그녀의 목소리는 전달되지도 못한 채. 그녀는 다급한 마음에 자신이 일하는 김태환 지사 선거사무실로 달려갔다. 사무실 사람들은 싸늘하게 그녀를 쏘아보았다. 그녀의 책상은 이미 치워져 있었다. 그녀가 작성한 문서와 서류도 모두 사라지고 없었다.

선거판에서 중책을 맡은 사람이 배신을 하면, 혹시 후보자가 당선이 된다 하더라도 감옥에 갈 수 있다. 조금이라도 의심이 가면 절대로 권력의 중심에 설 수 없는 것이 이곳의 불문율이며, 차기 도의원 공천을 따 놓은 중요한 참모는 더욱 그랬다.

대한민국의 선출직 공무원은 딱 두 종류, 선거법으로 전과자가 되거나 아직 걸리지 않아서 전과자가 되지 않은 사람이 있다. 그 운명의 갈림길은 내부자의 고발 혹은 배신이 있거나 없거나로 결정된다. 지금 자신이 조금 전까지 몸담고 있던 선거 사무실은, 대단히 합리적인 결정을 한 것이라는 것을 그녀는 알고 있었다. 그런 불문율을 9년 동안 몸으로 배워온 그녀였기에 어떠한 변명도 통하지 않을 것이라는 것을 직감하고, 그대로 가벼운 목례만 한 채 정든 사무실을 나왔다.

제주도는 눈물을 믿지 않는다. 눈물은 어떤 힘도 없다고 믿었다. 아버지가 이어도에 나가 풍랑으로 죽어 돌아오지 않아도, 제주 아낙들은 바위섬에 올라 쓴 소주를 눈물과 함께 삼킬 뿐, 가족들에게 눈물을 보이지 않는다. 사무실에서 쫓겨난 날, 전영해도 딸에게 밥을 차려주고 재운 후, 홀로 바닷가로 나가 소주를 마시며 눈물을 파도와 함께 삼켰다.

'아… 왜 이다지도 되는 일이 없는가.'

그녀는 방파제 삼바리 돌 위에 올라가 휘몰아치는 제주 밤바다를 바라보았다. 삼바리 밑은 바닥까지 족히 10미터가 넘었고 모래 바닥은 관광객들이 흘리고 버린 모자며 빈병이 뒹굴고 있었다. 모두 자신처럼 버려진 물건들이고 쓸모없는 것들이라는 생각이 들자, 이대로 모든 것을 끝내버리고 싶은 충동이 올라왔다. 그런 충동과 싸우며 1시간이 흐른 후, 그녀는 마지막 한 모금의 소주를 비우고 집으로 돌아와 딸아이 옆에서 잠을 잤다. 그리고 3일 동안 휴대폰을 꺼둔 채 집에만 있었다.

현명관은 감사한 마음에 전영해에게 식사를 대접하고 싶었다. 현명관 측 사무실에서는 3일 동안 연락을 했지만 허사였다. 그렇다고 상대 후보 사무실에 전화를 걸 수는 없었다. 겨우 그녀와 연락이 되어 식사 자리가 만들어졌다.

식사하는 내내, 그녀는 표정이 어두웠고 특유의 밝은 목소리도 묵직이 가라앉아 있었다. 여자의 마음을 알아채는데 지독하게 숙맥인 현명관조차 그녀에게 좋지 않은 일이 생겼음을 감지할 만한 분위기였다.

"전 위원장님? 무슨 일 있어요?"

잠시, 밥 먹던 그녀의 숟가락이 멈추었다. 그녀는 심각한 표정으로 5초 간 현명관 회장을 바라보았다. 그리고 금방 특유의 환한 표정이 되어 현명관의 질문에 질문으로 답했다.

"짤렸어요. 저 어떻게 하죠?"

현명관은 전영해가 디지털 위원장에서 해임되었다는 소식을 처음 들었다. 그녀가 우려했던 일은 현실로 나타났고 현명관은 정치가 이런 곳이구나 하고 새삼 깨달았다. 그녀는 수년을 공들이며 선소리꾼처럼, 도지사가 행차할 때마다 굽실거리며 "게 물렀거라."를 외치고 명함을 수 만장 뿌리며 충성했던 곳에서 잘린 것이다. 당연히 그녀가 꿈꾸던 도의원 공천도 날아갔겠다는 생각이 들자, 현명관은 죄인처럼 마음이 움츠러들었다.

현명관은 그녀의 해맑은 웃음 뒤에 숨어 있는 좌절과 절망을 보았다. 수 십 년 전에 자신도 겪었던 좌절과 절망을. 그러나 전혀 다른 방식으로 표현되고 심지어 아름답기까지 한 담담한 처신에 현명관은 묘한 감동을 느꼈다.

"전 위원장님, 이렇게 된 이상 나도 가만있을 수는 없죠."

"네?"

"나랑 이번 선거 함께 합시다."

선거를 3개월 정도 남겨 둔 2006년 2월, 본격적으로 선거 운동이 개시된 것도 아니고 단순한 민생투어 하루 한 것뿐인데, 첫 번째 실업자가 탄생했다. 위 에피소드에 소개된 한나라당 전영해 디지털 위원장은 나를 도와주었다는 이유로 당장 직업을 잃어버리고 도의원 공천의 꿈을 접어야 했다. 사실 전영해 위원장은 한나라당 당적을 갖고 있는 당원이다. 원래 같은 당원이면 한나라당 후보에 도전하는 나를 딱 하루 도운 것이 큰 문제가 아닐 수도 있는데, 현실 정치는 그렇게 너그럽지 않았다. 순전히 나 때문에 누군가는 직업을 잃고 또 꿈마저 잃어버리는 일을 눈앞에서 보니, 이것이 정치임을 비로소 깨달았다.

그러니 후보 등록을 하고 본격적인 출마에 돌입하면, 얼마나 많은 읍 면 동 단위의 지역 인사들에게 신세를 질까 생각이 들었다.

'그래 그렇다면 진흙밭을 두려워하지 말고 나아가 싸워 반드시 이기자. 이겨서 제주도를 훌륭하게 만드는 것만이 이 모든 더러운 싸움을 할 만한 일이라 떳떳이 말할 수 있게 한다. 그렇지 않고 패배한다면 날 도와준 많은 사람들을 볼 낯이 없어지고, 우리 모두는 진흙 묻은 개가 되어 초라하게 길바닥을 뒹굴어야 할지 모른다. 이제는 되돌릴 수 없다. 그러니 반드시 이기자!'

이것이 도지사에 출마하게 된 두 번째 이유였다.

하와이보다 제주도, 가 본 사람은 안다

30대 초반의 젊은 선거 전문가가 우리 팀에 들어오자, 사무실은 갑자기 생기가 돌았다. 초한지에 나오는 한신은 항우에게 인정받지 못하고 마구간이나 지키다가 유방의 휘하로 들어가 대장군이 되어 분풀이하듯 항우의 모든 영토를 빼앗았는데 바로 그 한신처럼,

전영해 위원장은 갑자기 실직자가 된 분풀이를 하듯 열과 성을 다하여 직원들을 독려하고 꾸짖고 칭찬하며 지역 속으로 들어가 상대편의 텃밭을 하나둘씩 빼앗아 오기 시작했다. 천군만마도 이런 천군만마가 없었다. 지역으로 파고들어가 직접 사람들을 만나는 선거전이 취약했는데, 이 부분을 어떻게 조직하고 실천해야 하는지 알게 되자 나는 큰 자신감을 갖게 되었다. 처음 그녀가 짜준 '민생투어'를 마치고 전영해 위원장에게 다음과 같은 말을 한 기억이 난다.

"이런 식의 선거 운동이라면, 난 제대로 할 수 있을 거 같네요…"

그렇게 말한 이유는 그날 행사가 좋았던 것도 있지만 부족한 부분이 완성되었다고 봤기 때문이었다. 정책과 유권자 대면이 선거라는 게임의 두 축이라면, 후자를 전영해 위원장이 들어오면서 경쟁력을 갖추게 되었다.

나머지 한 축은 진즉에 우리가 월등했고 월등해야만 하는 부분이었다. 바로 공약과 정책 부분이다. 나의 중요한 출마 사유 중 하나였던 '제주도를 공무원에게 맡기면 안 된다'라는 결기는 나로 하여금 최고의 브레인들을 모아 놓고 제주도 발전 방향에 대한 멋진 공약을 만들게 했다. 그 결과물이 오른쪽 신문기사에 간략히 정리된 공약 도표다.

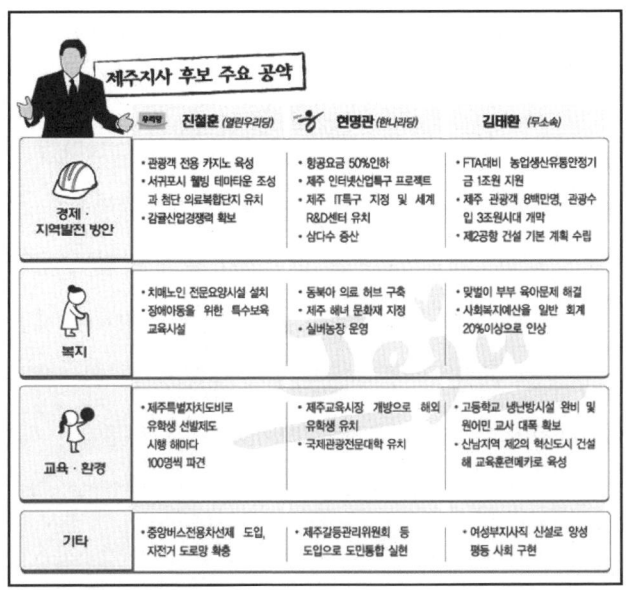

2006년 5월 22일 경향신문 기사

　미국인을 만나 봐도 그렇고 실제로 내가 비교해 봐도, 하와이보다 제주도가 더 멋진 곳이다. 그러나 세계의 손꼽히는 관광지 순위에 제주는 없다.

제주도의 지정학적 조건은 금수저라고 말해도 좋을 정도다. 비행기로 2시간 거리에 인구 1천만이 넘는 도시가 세 곳이나 된다. 홍콩이나 싱가포르보다 면적도 넓고 경관도 훨씬 훌륭하며 자체 생산하는 농산물도 많다. 그런데도 제주는 여전히 세계적인 관광지도 아니며 돈이 궁한 섬이다. 너무도 안타까운 일이 아닐 수 없다.

그래서 우리는 제주를 하와이 이상의 일류 관광지로 재탄생시키고 부자 섬으로 만들어야겠다는 목표를 세웠다. 그 원대한 꿈을 실현하기 위한 공약을, 전문가들과 치밀하게 만들고 끝없이 계속 다듬었다.

맹렬한 추격

2006년 5월 14일, 선거를 보름 앞둔 시기에 나온 여론 조사를 보면 유권자들은 나에 대한 호감의 이유로 54.4%가 공약이 좋아서라고 답한다. 유권자들도 공약만큼은 현명관이 타 후보들보다 월등히 훌륭하다고 인정했던 것이다. 지금도 그때 만들었던 공약을 읽어보면 다시 출마를 해서 제주를 최고의 관광지로 만들어 우리 제주도민들을 잘 살게 해주고 싶은 욕망이 꿈틀댄다.

항공요금 50% 인하, 제주 인터넷 산업특구 프로젝트, 삼다수 증산으로 에비앙 능가하기, 동북아 의료 허브 구축, 제주교육시장 개방

> - [제주지사] 前지사 - 한나라 '오차 범위' -
>
>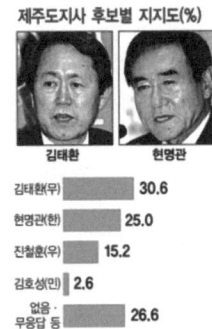
>
> 직전에 지사를 지낸 무소속 김태환 후보와 한나라당 현명관 후보가 접전을 벌이고 있다. 김후보(30.6%)가 현후보(25.0%)를 오차범위(±4.4% 포인트) 내에서 따돌렸다. 열린우리당 진철훈 후보는 15.2%, 민주당 김호성 후보는 2.6%였다. 적극 투표 의향자(353명)를 대상으로 한 조사에선 무소속 김태환 후보(30.6%)가 한나라당 현명관 후보(29.7%)를 0.6%포인트 이겨 지지율 차이가 더 좁혀졌다.
>
> 무소속 김후보의 지지 이유는 '인물이 좋아서'라는 응답이 38.6%로 가장 높았다. 현후보와 진후보는 '정책·공약이 마음에 들어서'라는 응답이 각각 54.4%, 38.2%로 가장 높았다.
>
> 무소속 김후보는 제주시(31.9%)에서, 현후보는 서귀포시(23.7%)에서 우세했다. 김후보가 제주시장을 역임했고, 현후보의 선대위원장이 강상주 전 서귀포시장인 점과 관계가 있어 보인다. '지지 후보를 바꿀 생각이 있다'는 응답자는 무소속 김후보(18.3%)가 현후보(20.8%) 보다 낮았다.
>
> 2006년 5월 14일 경향신문
> 「5·31 여론조사 - 한나라 '초강세' 우리당 '흐림」

으로 해외 유학생 유치 등 당시 나의 공약에는 굵직굵직한 제주 발전 전략이 담겨 있었다. 타 후보들이 지역민들의 환심을 사는데 급급하거나 일상생활의 소소한 불편을 해소하고 위로하는데 초점이 맞춰져 있었다면, 나는 치고 나가서 1등 하자는 비전을 제시했다.

모두 공무원 출신 후보자들이었기에 도지사직을 행정의 연장선으로 생각한 반면, 나는 제주라는 브랜드를 살려 1등이 되자는 목표를 제주 도민들에게 보여주었다. 그것은 만년 글로벌 2~10위 기업을

1위 기업으로 도약시키는데 함께 했던 사람의 자존심이었으며, 내 고향 제주를 사랑하는 마음이었다.

처음 3위의 충격을 딛고 한나라당의 경선을 거쳐 후보가 되자 곧바로 지지율 2위로 올라서며 오차 범위 내 추격을 시작했다. 선거 사무실에서는 환호성이 터졌다. 적극 투표 의향자를 상대로 한 조사에서는 0.6%로 이겼다.

나는 승리를 확신했다. 보수당이 여론 조사에서 4.4% 뒤진 것은 실제로는 1~2% 뒤진 것으로 봐야 한다. 보수층은 자신의 정치적 입장과 의사를 드러내길 꺼려한다. 젊은 사람들의 말이 모두 맞기 때문이다. 사회는 정의로워야 하고 공평해야 하며, 가난한 사람을 도우며 모두가 더불어 잘 사는 세상을 만들어야 한다는 대의명분에, 선뜻 그게 아니라고 말할 강심장은 많지 않다. 그러나 나이가 들면서, 세상을 움직이고 더 잘 살게 만들려면 지혜가 필요하고 현명한 실행력도 뒷받침되어야 한다는 것을 깨닫게 되면 보수적 가치에 눈을 뜨게 된다.

어떤 보수당 후보가 여론 조사에서 3% 뒤진 결과가 나왔다면, 그는 거의 박빙의 승부를 하고 있는 것이며 2% 뒤졌다면, 그가 이긴 것이나 다름없다. 보수층의 3%는 솔직하게 자신이 보수 지지자임을 잘 말하지 않기 때문이다. 그러니 4.4% 뒤졌다는 조사 결과에 우리 선거 사무실이 환호한 것은 당연했다. 우리 모두는 진짜 해 볼 만하다는 생각이 들었으며 이 상승 추세를 유지한다면 앞으로 15일 동안 충분히 역전이 가능하리라 생각했다.

충격 그리고 큰 깨달음

하늘을 돌리고 땅을 바꿀 만한 큰 경륜은 깊은 물에 이르러
얇은 얼음을 밟고 힘을 조절하는 데서 나온다.

旋乾轉坤的經輪 自臨深履薄處操出
선 곤 전 곤 적 경 륜   자 림 심 리 박 처 조 출

1장에서 소개한 이 교훈을 그때 알았어야 하는데 나는 자만했다. 결과는 다음과 같이 4,470표 패배였다. 1.63% 차이였다.

열린우리당 진철훈	한나라당 현명관	무소속 김태환	계
44,334 (16.15%)	112,774 (41.10%)	117,244 (42.73%)	274,352

큰 실패는 큰 깨달음을 준다. 절대 떨어질 리가 없다는 생각으로 개표 방송을 지켜봤지만, 끝내 표차를 줄이지 못하고 패배가 확정되자, 말로 표현할 수 없는 암흑 감옥에 갇힌 기분이 밀려왔다.

그렇게 수개월을 보내고 나의 잘못을 복기한 후에야 겨우 깨달았다. 나는 정치 생리를 몰라도 너무 몰랐었다. 어떤 분야든 그 분야의 법칙이 있는데 정치 분야를 너무 우습게 생각했던 것이다. 유권자들을 잘 살게 해 줄 좋은 공약을 보여주고 누가 보더라도 그걸 실천할 수 있는 사람인 내가 떨어진다는 것은 이성적으로 말이 되지 않지만, 정치에서는 그런 것이 가능한 곳이었다. 기업의 세계는 이성이 지배하지만 정치는 감성이 지배하기 때문이다. 아무리 내용이 좋아도 후보자가 마음에 들지 않으면 안 된다. 나는 유권자들에게 밉상이었나 보다. 국민은 자신을 잘 살게 해 준다고 해도 밉상이면 표를 주지 않는다. 수십 년 발전이 되지 않고 다 같이 못 사는 한이 있더라도 비호감 후보를 위해 투표장에 가지 않는 것이 정치인데, 나는 이걸 몰라도 너무 몰랐던 것이다.

새벽 부둣가의 경매 현장을 방문했을 때의 일이다. 새벽부터 열심히 일하는 분들과 악수하고 인사하며 이야기를 나누는 자리였는데, 나는 나 자신도 모르게 주머니에 손을 넣은 채 상대의 이야기를 듣고 있었다. 행사 후 전영해씨가 조용히 다가와, 큰일 날 일이라고 지적을 해 주어 겨우 잘못을 알았을 정도였다. 비록 제주도의 가난한 집안 출신이었지만 삼성의 사장으로 오랜 세월을 살다 보니 너무도 자연스럽게 그런 행동이 나와 버린 것이다. 상위 1%의 삶을 오랜 시간 살다 보니 어렵게 살아가는 우리 이웃을 잘 몰랐고 알려고도 하지 않은 것 같다. 생각해보면 나는 수십 년을 단 한 번도 말단에서 일해본 적이 없었다. 선거 전까지, 나는 늘 지시하고 의사결정을 하며 지휘봉만 흔들었을 뿐, 단 한 번도 남에게 아쉬운 소리를 한 적이 없었던 것이다.

게다가 혹시 저 사람이 나에게 뭔가 숨기는 것은 없는지, 최고 경영인으로서 늘 긴장하고 경직된 표정으로 사람들을 경계했다. 그러다 보니 굳은 표정에 찬바람이 부는 이미지를 바꾸지 못한 채 선거운동을 이어갔다. 늘 웃으며 고개 숙여 인사하고 공손히 상대의 이야기를 경청하고 도우려는 자세로 사람들을 만났어야 하는데, 난 그렇지 못했다.

한 번은 한림 부둣가 식당에 들어가서 명함을 주고 잘 부탁한다고 인사를 하는데 식당에 있던 어떤 어부가, 나는 한나라당을 싫어한다며 명함을 눈앞에서 찢어버렸다. 난생처음 당한 모욕이었고 내 얼굴은 벌겋게 달아올랐었다. 자신을 낮춰 유권자에게 다가갈 준비가 덜 된 초짜라는 증거가 아닐 수 없다. 그런 내 자신의 실상을 유권자는 알아봤고 나를 찍어 주지 않은 것이다. 혹자는 대중을 우매하다고 하지만, 결코 대중을 속일 수는 없다.

이렇게 생각이 정리되자, 내 패배를 받아들일 수 있었다. 선거를 치르지 않았다면 평생 경험하지 못했을 성찰이 찾아왔다. 인생에서 제대로 된 실패를 처음 겪고 나자, 사람을 만날 때 목에 깁스를 풀고 엄숙함과 경계심을 내려놓고 부드럽게 웃을 줄도 알게 되었다. 세상에서 가장 잘난 줄 알았던 나는, 실패를 겪으며 내 추악한 오만을 바라보게 되었다. 그리고 그 오만을 던져 버렸다.

그러나 이 모든 것을 깨닫고 4년을 기다려 와신상담 재도전한 2010년 6월 2일, 이때 치러진 제주도지사 선거에서도 실패했다. 2005년보다 더 완벽한 공약을 만들고 다듬었으며 후보자로서 몸에 밴 겸양과 친절도 자연스러웠다. 연초부터 나온 여론 조사는 압도적 1위였다. 현역 김태환 지사가 불법선거 혐의로 재판을 받는 통에 지지율이 하락한 반사 이익 때문이었다. 이대로만 별일 없으면 2010년 6월에 지사가 되는 것은 식은 죽 먹기 같았다.

2009년 1월 25일 제주MBC 여론조사 보도 「현명관 급부상-현역 김 지사 급추락」
MBC 뉴스 화면 캡쳐 ⓒ제주의 소리

내가 수 십 년 회사를 다니고 살아 본 경험으로 볼 때 너무 쉽게 된다 싶은 것 중, 끝이 좋은 것을 보지 못했다. 역시나 5월이 되자 내 친동생이 불법선거운동으로 수사를 받고 끝내 구속되고 말았다. 5월 11일 한나라당 공천권을 박탈당하고 나는 무소속 출마를 결심하고 완주했다. 결과는 2,259표 차로 지고 말았다. 0.85% 차이였다. 그래도 2006년 선거보다 2,211표가 줄어든 숫자였다.

무소속 현명관	무소속 우근민	계
108,344 (40.55)	110,603 (41.40)	267,133

놀라운 것은 불법선거 운동이라는 엄청난 악재가 있었음에도 나를 믿어주고 10만 표 이상을 준 제주 유권자들이 있었다는 것이다. 지금도 그분들 한 분 한 분께 머리 숙여 깊이 감사를 드리고 싶은 심정이다. 그만큼 도민들이 변화에 대한 열망이 컸던 것인데, 끝내 운명은 내가 도지사가 되는 것을 허락하지 않았다. 패배는 역시 익숙해지는 것이 아니었다. 돈도 많이 사라지고, 가족이 구속되는 등 첫 번째 선거보다 상처는 더 컸다.

인간은 늘 쓰디쓴 고통을 통해서만 성장하는 것인지, 그렇게 또 한 번의 지옥을 경험하고 나서야 세상이 새롭게 보였고 기쁨이 찾아왔다.

내려갈 때 보았네

올라갈 때 보지 못한

그 꽃

〈순간의 꽃〉 중에서 -고은

그 꽃

고은 씨가 미투 운동으로 각종 문제가 드러나 과거와 다른 평가를 받고 있지만 위 시만큼은 헐뜯지 않기를 바란다. 우리들은 자신의 목표를 위해 정신없이 산을 오른다. 그러다 보면 주변에 풍경이나 꽃들은 아름다운 줄도 모르고 지나치게 된다. 그러나 산을 다 오르거나 정상 등반을 포기하고 산을 내려오다 보면 마음에 여유가 생기면서 주변의 풍경이 하나씩 보이기 시작한다. 내 주변의 소소한 행복들, 삶의 또 다른 가치를 발견하게 된다. 선거 패배 후 그런 시간이 찾아왔다.

오직 꿈을 위해 전투적으로 살면서, 수년 동안 내 옆에 있던 전영해라는 사람은 내게 일 잘하는 직원이었다. 그녀의 충격은 나보다 훨씬 더 컸다. 나와 달리 도의원의 꿈도 날아갔고 후보자가 패배하면서 직업도 사라졌다. 좌절할 시간도 없이 함께 살아갈 두 자녀의 생계를 책임지는 일 때문에, 그녀는 곧바로 서울로 올라가 일자리를 알아보고 있었다.

선거 패배 후 미안한 마음이 들어, 나는 조촐한 위로의 저녁 식사를 대접하기 위해 전영해 위원장에게 연락했다. 식사를 하면서 나와 함께 일한 사람이 여성이었고 아름답다는 것을 처음으로 발견했다. 그리고 수 십 년 만에, 좋아하는 여성을 만났을 때 울렁대고 심장이 뛰는 것을 느꼈다.

당시 나의 가정은 망가진 지, 22년이 넘어가고 있었다. 누구를 위해 사는 인생인지 나의 개인사는 엉망이었다. 신라호텔 때부터 나와 아내는 아래층 위층으로 각자의 공간을 유지하며 그림자처럼, 유령처럼 살았다. 나는 물질도 우리의 감정을 읽고 느끼며 반응한다고 생각한다. 퇴근해서 반겨줄 사람이 아무도 없는 집에 들어가 본 사람이라면, 이 말의 의미를 알 수 있을 것이다. 아무리 보일러를 때도 벽과 마루와 가구들은 냉랭한 한기를 뿜으며 네가 여길 왜 왔냐고 따지는 것처럼 느껴진다. 차갑고 서러운 가정생활을 하는, 이 땅의 모든 주부와 남편은 알 것이다. 이것이 얼마나 큰 고통인지. 사람들이 부러워하는 돈과 명예가 얼마나 허황된 것이며 실질적 행복이 될 수는 없다는 것을….

삼성그룹의 사장이 되고 비서실장이 되고 나아가 삼성물산의 회장이 되어서는, 그놈의 이목 때문에 더욱 이혼할 수 없었다. 아침에 식탁에 앉아서 묵언 수행하듯 밥과 반찬을 위장에 밀어 넣고 집을 나서면 그때부터 위선은 시작되었다. 수행기사가 운전하는 멋진 리무진을 타고 출근해서, 사람들에게 혁신이 어떻고 도전이 어떻고 설교를 한다. 직함은 회장이라 만나는 사람마다 우러러보고 어려워하면 나는 으스댄다. 그러나 해가 지고 집에 들어가면 차가운 냉골 같은 마루와 벽을 마주하며 깊은 우울감에 빠져들었다. 가장 두려운 것은 주말이었다. 이번엔 어디 가서 시간을 때워야 하는지가 금요일 밤마다 찾아오는 고민이었다.

시간이 흘러 생각해 보니 이 모든 불행은 나의 부족함과 잘못에 의해 시작된 일이었다. 자업자득이었지만 당시 나는 그런 생각을 하지 못했고 그래서 가정이 더 고통스러웠다. 가정이 망가진다는 것은 그냥 지옥이다. 그렇게 아무 행복감 없이 일에서 오는 성취감을 대체재 삼아 이제껏 살아온 22년 세월이, 지금 전영해 위원장과 식사를 하면서 몹시도 억울하고 견딜 수가 없었다. 그까짓 남의 시선과 이목이 뭐라고 그렇게 위선적으로, 행복한 가정생활을 하고 있는 양 살았을까. 왜 솔직하지 못하고 스스로의 행복을 추구하지 못했을까. 후회되고 분한 마음에 먹지도 못하는 술이 마구 목을 타고 넘어가기 시작했고 그 덕분에 용기가 생겼다.

| 장면27 |
고백

 술을 먹지 않았다면 할 수 없는 행동을, 사람들은 술을 먹고 한다. 그 결과 치명적인 후회를 남기는 일이 다반사다. 철저한 자기 관리의 화신 현명관은 그걸 알기에 술을 거의 먹지 않거나 자제해 왔다. 그러나 지금, 그는 내일 지구의 종말이 온 듯 화가 나서 술을 마셨다. 그리고 전영해를 향해 물어보았다.

"우리 안지 얼마나 되었죠?"

"글쎄요, 수년 흐른 거 같은데요?"

"세월이 흘러도 똑같네요. 여전히 젊어요. 난 그 사이 늙었는데…. 젊음이 부럽습니다. 이 노인네는."

"무슨 말씀을 하세요? 현 후보님은 젊어요. 아니지 아니지, 다시 회장님인가? 회장님은 젊어요."

"이렇게 늙지만 않았어도……

전위원장이 조금만 일찍 태어났어도…… 참 좋았을 텐데."

"어느 정도 일찍 태어났어야 하는데요?"

"한 30년?"

"하하하, 그럼 뭐 하시게요."

"프러포즈해야지."

그 말을 듣고 그녀는 뒤로 넘어질 듯 웃어댔다.

"혹시 젊었을 때 사진 갖고 있으면 보여 주세요. 내 스타일인가 보게요."

현명관은 20년도 전에 촬영한 사진이 붙어 있는 주민등록증을 보여주었다. 사진 속에는 49살 남자가 심각한 표정으로 정면을 바라보고 있었다.

"오, 내 스타일!"

그녀는 연거푸 건배를 외치며 선거 패배의 아픔과 절망을 날려버리면서 솔직하게 말했다.

"이 정도면 받아 줄 수 있겠네요."

현명관은 기뻤다. 하지만 '아무튼 전위원장은 눈이 높다'는 등 얼렁뚱땅 건배를 핑계로 화제를 돌렸다. 눈앞에 있는 닭똥집보다, 선거판에 있었던 사람들을 더 좋은 안주 삼아 끝없이 이야기가 이어졌고, 술도 더 많이 마시게 되었다. 마시다 지친 두 사람 사이에 갑자기

술자리 정적이 찾아왔다. 현명관은 침묵을 깨며, 술에 취하지 않았으면 절대로 하지 않았을 속마음을 털어놓았다.

"전 위원장! 내가 책임지면 안 될까?"

"만날 책임만 집니까? 본인 행복도 찾고 좀…… 뭐예요.

회장이면서 어떻게 그렇게 살아요?

나야 박복해서 그렇다 치지만…"

전 위원장은 고개를 푹 숙이고 중얼거리듯 대답했다.

현명관은 수년을 그녀와 같이 있었지만 아는 것이 없었다.

지금 오랜 시간 이야기하며 처음으로 그녀의 사생활을 알게 되고,

눈이 아름다운 여성이라는 것을 알게 되고,

이토록 솔직 담백한 사람이라는 것을 알게 되면서

자신이 이 여성을 사랑하고 있다는 것을 알게 되었다.

남에게 보여 줄 가정을 지켜야 한다는 도덕률과 회장으로서,

제주도지사 후보자로서,

사회 규범을 넘는 사랑 같은 것은 꿈에도 꿀 수 없다는 강박으로,

심연 저 바닥에 있었던 사람에 대한 그리움과 자연스러운 호감을 철저히 가둬두었음을 깨달았다.

현명관은 그녀를 그날부터 깊이 사랑하게 되었다.

처절한 실패 뒤에 찾아온 행복이었다. 승승장구하면서 행복을 맛보지 못했는데 처절한 연이은 실패 속에서 행복을 찾게 된 것은 인생의 아이러니다. 우리 두 사람은 급격히 가까워졌다. 전영해씨는 나의 이혼 소송을 묵묵히 기다려 주었다. 이혼이 된 후 우리는 정식으로 혼인 신고를 했다. 아이도 생겼다. 딸 세린이는 커다란 기쁨이요, 내가 살아가는 힘을 주는 보물이 되었다.

이제 집에 돌아와도 쉴 곳이 생겼으며 따스한 온기가 흐르는 벽지를 보고 잠을 잔다. 진정으로 상대를 아껴주는 마음을 느끼며 무어라 형언할 수 없는 잔잔한 행복감을 느끼게 되었다. 비록 나이 차가 있으나 남녀 사이에 나이는 아무 의미도 없다는 것을 살면서 느끼게 되었다. 동반자가 되면서 우리는 친구처럼 지낸다. 그 누구도 부럽지 않은 뜨거운 연애 감정을 느끼며 하루하루를 살아가게 되었다. 이것을 가리켜 삶이라 부르고, 행복이라 부르는구나 하는 것을 비로소 알게 되었다.

다른 사람의 눈치를 보며 살아가는 인생이 아닌, 내 인생의 주인공으로서 내가 행복할 수 있는 길을 선택하는 용기가 있다면 그는 행복해질 수 있다. 이 단순한 진리를 쓰디쓴 실패를 통해 실천할 수 있었다. 아마도 도지사가 되었다면 또 남의 이목을 생각하느라 나는 위선적인 생활, 보여주기 결혼생활을 이어갔을 것이다. 그렇게 아무 의미도 없는, 행복과는 전혀 관계가 없는 허울을 뒤집어쓰고 지금 이 순간까지 살았을지도 모른다. 이젠 누가 뭐라고 하던 내가 사랑하는 사람과 결혼 생활을 하고 아이를 낳고 사랑을 주고받으며 보물 같은 가정을 선물해 준 신께 감사드린다. 죽고 싶을 만큼 괴로움을 준 실패라는 녀석에게도 깊이 감사한다.

혹시 이 책을 읽는 분 중에 남의 이목이 두려워 자신의 행복을 찾지 못하는 분이 있다면 나는 이 말을 꼭 해주고 싶다.

"그딴 거 다 장식품이에요. 행복이 더 중요합니다."

사실 이 말은 나의 아내가 내게 해 준 말이다.

위대한 거래

10장

말[馬] 많은 마사회

마사회와 최순실 이야기
유튜브 감상은 큐알코드로

| 장면28 |
하우스(도박장)가 된 왕의 스포츠

욕망으로 미쳐버린 눈동자, 자욱한 담배 연기, 어지럽게 굴러다니는 신문지, 괴성과 고함소리, 잃은 자와 딴 자의 희비가 교차하는 곳. 고니와 고광렬이 돈뭉치를 비닐 장판에 던지던, 영화 '타짜'의 비닐하우스 도박판이 아니다. 이곳은 2013년 12월, 칼바람 몰아치는 과천의 경마장이다.

현명관은 34대 마사회 회장으로 내정되었고 난생처음, 과천 경마장에 가 보았다. 그는 충격을 받았다. 각종 영화나 잡지에서 보던 영국의 더비가 아니었다. 경마를 관람하는 날, 특별히 화려한 모자를 쓰는 일은 영국의 귀족 여성이 누리는 특권이지만, 이곳 한국의 과천에서는 그런 풍경을 100년이 지나도 볼 수 없을 것만 같았다. 장식이 화려한 모자를 쓰고 나타나면 아마도 인파에 밀려 떨어진 그 고급 모자는 도박꾼들의 발자국에 걸레가 되었을 것이다. 굴러다니는 깡

통과 로비 전체가 재떨이 같은 곳에서 '이렇게 살면 안 된다'는 것을 배우고 돌아갈 여유도 없이, 장내 아나운서의 중계와 함성과 고객들의 괴성이, 멀쩡한 사람도 혼란스럽게 만들 뿐이었다. 현명관은 생각했다. '이런 미친 세상도 있구나. 이러니 경마를 도박이라고 하는구나.' 정상적인 가장이라면 결코 가족의 레저 장소로 선택할 수 없는 도박장. 그것도 3류 도박장의 모습을 과천 경마장은 자신의 브랜드로 삼고 있었다.

"2번 마(馬), 2번 마 질풍노도 치고 나옵니다. 2마신, 1마신 질풍노도 10번 마 붉은 토끼를 제치느냐? 그대로 치고 나갑니다. 1마신 2마신 그대로 결승선 통과, 우승은 질풍노도 2번 마에게 돌아갑니다. 2위는 10번 마 붉은 토끼."

"에이 XX."

장내 아나운서의 중계를 듣던 관람객이 쌍욕을 하며 경마 예상지를 현명관의 발 앞에 던졌다. 현명관은 바람에 펼쳐지는 경마 예상지를 주워 펼쳐 봤다. 그리고 주위를 둘러봤다. 경마 관중석은 잠시도 있고 싶지 않은 살벌한 풍경으로 변해 있었다. 그는 혼돈의 경마장 안에서 깊은 고민에 빠졌다. 이 모든 것을 책임지는 마사회장이 되어 이곳을 선진국의 경마장처럼 만들고 싶다는 꿈이, 과연 성공할 수 있는 목표인지 잠시 머뭇거렸다. 그리고 깊은 한숨을 내쉬었다. 그의 34대 마사회장 임기는 이렇게 시작되었다.

> 수레를 뒤엎는 사나운 말이라도 길들이면 부릴 수가 있고
> 마구 뛰어오르는 쇳물도 마침내 틀 속에 넣을 수 있다.
> 다만 한결같이 우유부단하여 떨쳐 일어나지 않으면
> 곧 평생토록 아무런 발전도 없을 것이니라.
>
> 봉가지마　가취구치　약야지금　종귀형범
> 泛駕之馬 可就驅馳 躍冶之金 終歸型範.
> 지일우유부진　변종신무개진보
> 只一優游不振 便終身無個進步.
>
> 채근담 / 前集 第77章

　　나는 이 말을 아무리 형편없고 통제 불가능해 보이는 상황이라도 그 단점만을 보지 말라는 경구로 이해한다. 경마장의 환경이 그러했다. 날뛰는 사나운 말과 같은 환경이라도 잘만 코를 꿰면 멋진 경주마로 변신할 수 있는 것이라 믿고 싶었다. 답답하기 짝이 없는 상황이었지만 분명, 다른 나라가 잘하고 있다면 우리도 할 수 있지 않을까 하는 희망을 억지로라도 품고 싶었다.

공기업은 죽어야 산다

　　나라의 규모가 있는데, 이런 귀족 스포츠를 3류 도박장으로 운영하는 상황에 매우 화가 났다. 왜 아무도 이걸 뜯어고치지 않았을까?

경마는 영국에서 '왕의 스포츠'로 불린다. 17세기 찰스 2세는 스스로 기수가 되기를 자처하며 경주에 나서기도 했다. 왕실 소유의 경마장도 있다. 입장료도 2만 원에서 40만 원까지 한다. 드레스 코드도 있다. 화려한 드레스와 모자를 쓰고 관람하는, 누구나 한 번쯤 가보고 싶은 곳이 경마장이다.

그러나 영국이라는 나라의 전통이 얼마나 오래되었는가? 기껏 500~600년이다. 16세기부터 크게 발전해서 초강대국이 되고 오늘날까지 그 힘을 유지하고 있을 뿐이다. 우리는 통일신라 때부터 따져도 1300년이 넘는 문화 강국인데, 어엿한 산업 하나를 도박장으로 밖에 운영하지 못한다는 것이 말이 되는가? 한류의 나라가 이것 밖에 못하나? 2013년 명목 GDP 1조 1975억 달러, 당시 세계 15위의 경제규모를 갖고 하우스 같은 경마장이라니…… 마사회를 살려야 한다는 생각보다 분노가 앞섰다. 우리의 경마장을 선진국 사람들이 보고, 우리를 깔볼까 두려웠다. 우리의 관료제가 만든 병폐는 그 연장선이 공기업에서 독버섯처럼 뿌리를 내려 이런 처참한 모습을 만들어 내었구나 하는 생각에 이르자, 도지사 낙선의 아픔이 다시 밀려왔다.

그래도, 이런 상태의 공기업을 책임지는 사람이 되었으니 뭔가 해 봐야 하지 않겠는가? 그동안의 복지부동, 무사안일한 경영과는 다르다는 소리를 듣고 싶었다. 당시 나이 73세. 무엇이 두려우랴. 도지사가 되어 펼쳐 보고자 한 꿈을, 작은 곳이긴 하지만 마사회에서 이루어 보자는 마음도 생겼다. 공기업을 죽이는 마음으로 완전 환골탈태를 시켜 새롭게 부활시켜야겠다는 생각도 했다. 게다가 내 고향, 제주의 말 산업과도 직결된 공기업 아닌가?

킹덤

우선 무엇을 먼저 해야 할지 고민이 컸다. 어디서부터 시작을 해야 하는가? 임기 시작 전 찾아간 경마장 답사 때, 제일 먼저 거슬렸던 직원들의 옷이 떠올랐다. 호텔 서비스업으로 다져진 친절에 익숙했던 나는, 그것과 한참 동떨어진 과천의 고객 응대가 너무도 낯설었다. 손님의 기분을 생각하지 않는 말투, 태도 등 여러 가지가 함량 미달이었으나 그중에도 내가 낙제점을 주고 싶은 것은 우리 직원들의 옷이었다.

우리는 예부터 복장을 중요하게 생각한 문화 민족이다. 신분에 따라 옷을 입어야 했으며 잘못 입으면, 요즈음 말로 갑부라도 멍석말이를 당하는 나라가 아니던가? 얼마 전인 2019년 1월, 넷플릭스에서는 조선시대 좀비를 그린 '킹덤'이라는 영화가 화제였는데, 나를 놀라게 한 것은 이 영화를 보고 외국인들이 아마존에서 조선의 갓을 구매한다는 뉴스였다. 외국인들이 '킹덤'을 보고 쓴 댓글에는 우리 자신이 어떤 사람들인지 규정하는 아주 명확한 평가가 있다.

'이건 좀비와 진짜 멋진 모자에 관한 영화다.'[9]

목숨처럼 모자를 쓰고 다녔던 민족이 우리 민족이다. 의관을 정제하고(정돈하여 가지런히 하다)라는 말이 있듯이, 우리는 옷만큼 패션의 완성을 관(冠 모자)에 두었다. 관이란 갓이라는 뜻이지만 동음이의어 '관(官)'이라는 의미도 지니고 있다고 생각한다. 이때의 관은 자기 통제를 의미한다. 이렇게 함으로써 스스로를 예에 어긋나지 않도록 했으며 자신의 신분과 역할을 기억해 왔다. 옷이 그 사람의 행동을 규정하고 예를 만드는 기본이라고 보았기 때문이다. 아마도 조선이 망하지 않고 그대로 이어졌다면 호텔신라에서는 모든 종업원들이 갓을 쓰고 다녔을지도 모른다. 서비스 정신을 늘 지니기 위해서. 옷은 한 사람에게는 인격을 담는 그릇이지만 이것이 조직으로 확대되면 유니폼이 되고, 유니폼은 조직을 분명한 목적이 있는 킹덤으로 만든다.

---

[9] Mediocre Elf @MediocreElf 트위터에 올라온 외국인의 반응
You should watch Kingdom on Netflix. It's about zombies and really fancy hats.

옷 하나 바꿨을 뿐인데

첫 출근을 하자마자 고객 제일주의를 선언했다. 백화점 같은 서비스 정신으로 무장하고, 과천에 오는 모든 고객을 최우선으로 생각하는 정신 혁명을 강조했다. 이를 바탕으로 하나하나 뜯어고쳤다. 우선 옷을 바꾸자고 했다. 서비스 정신을 살리고 경마장에 오는 사람을 도박꾼이 아닌 고객으로 만들기 위해 복장을 개혁했다. 발권하는 직원도, 청소하는 미화원도, 경비원들도 모두 의상을 교체했다. '여기는 도박장이 아니고 건전한 레저의 공간'이며 '왕의 스포츠를 즐기는 곳이다'라고 경마장에 근무하는 모든 직원이 옷으로 말하기 시작했다. 영국, 일본, 홍콩의 경마 문화를 뛰어넘어 새롭게 한류 경마를 만들어 낼 장소임을 옷으로 선언했다.

당시 마사회 직원들은 완장을 찬 순찰 대원처럼 행동하던 시절이었다. 경마장 스탠드에서 혹시 고객이 불법 사설 경마를 하지는 않을까 하여 손님을 감시하던 때였다. 그들은 고객을 감시의 대상으로 생각했지, 서비스의 대상으로는 털끝만큼도 생각하지 않았다. 의식의 변화는 한 번에 되지 않는다. 우선 현장에서 일하는 직원들의 의상을 품위 있게 바꾸고 호텔 직원처럼 행동하게 함으로써, 의식 개혁을 시작했다. 마치 백화점 개점 시간에 모든 직원들이, 입장하는 고객에게 인사하듯 전 직원이 나와 고객을 향해 인사도 했다. 그렇게 함으로써 고객을 위한 제대로 된 서비스 태도를 조금씩 확립해 볼 생각이었다.

그러자, 나 자신도 놀랄 일이 일어났다. 슬리퍼에 반바지, 굴러다니는 신문지를 아무 데나 펼쳐 앉는 사람들이 사라졌다. 호텔 로비에 침 뱉고, 아무 데서나 몸을 긁적이며 누워서 자고, 담배를 피우고 꽁초를 버리는 사람이 없듯이, 과천 경마장도 서서히 물이 바뀌기 시작했다. 슬리퍼 신고 오는 사람이 사라졌다. 점잖은 옷을 입은 사람이 늘어나기 시작했고 그게 대세가 되었다. 그렇게 3개월이 지나자, 타짜 하우스 같던 역겨운 경마장 풍경은 우아함과 열정이 혼재하는 공간으로 탈바꿈하기 시작했다. 당연히 직원들의 만족도도 높아졌다. 직원을 함부로 대하는 사람들이 급감했기 때문이다. 과천 경마장은 아시아 최고의 '경마 킹덤'을 향한 첫 단추를 옷으로 시작한 것이다.

여기가 교도소인가?

삼성건설 사장으로 있을 때 큰 사고 수습을 하느라 직원들 면회를 간 적이 있었다. 인간의 자유가 합법적으로 제약되는 교도소는 무서운 곳이다. 누구든지 위축되게 만든다. 반가운 사람을 만나도 유리벽을 사이에 두고 작은 구멍으로 수감자와 이야기를 나누어야만 한다. 수십 년 전, 면회를 하면서 그때의 생소하고 불쾌한 기분을 지울 수가 없었다. 내 옆에 면회하던 아줌마는 아이를 업고 있었는데, 남편으로 보이는 사람과 작은 구멍을 통해 안타까운 대화를 하고 있었다. 그 사람들의 기분이 어땠을까? 얼마나 괴롭고 속이 쓰렸을까? 지금도 생각이 난다. 그런데 과천 경마장의 마권 판매대가 그렇게 생겼었다. 직원은 고객들에게 얻어맞지 않고 욕설로부터 보호받기 위해 전당포 창구처럼 유리벽을 사이에 두고 작은 구멍으로 말하며 마권을 팔고 있었다.

여기가 교도소인가? 고객에게 서비스를 파는 경마장인가? 나는 참을 수 없었다. 모든 반대를 무릅쓰고 유리 벽 철거를 명령했다. 시가총액 1위의 대형 은행처럼 마권 판매 창구를 바꿨다. 우리가 고객으로 모시면 그들도 우리를 대접한다. 우리가 고객을 죄수처럼 대하니 그들은 우리를 갑질하는 교도관으로 생각하고 울분에 차서 폭동을 일으키는 것이다. 직원들에게 설명하고 고객이 왕이라고 다시 한 번 강조했다. 당연히 아무도 내 정책과 혁신에 동조하지 않았다. 거의 모두가 얼마 못 가서 원위치될 것이라고 생각했다. 그러나 사람에 대한 믿음은 우리를 배신하지 않는다. 앞서 말한 유니폼의 경우처럼, 고객은 수감자처럼 굴지 않았으며 폭동도, 폭행도, 폭언도 사라졌다.

초심을 지킨 결단

시작이 어렵다고 하지만 진짜 어려운 일은 처음 뜻을 그대로 유지하고 키우는 일이다. 특히 그 일이 조직의 매출과 직결되어 있을 때 초심을 유지하기란 더욱 어렵다. 화상 경마장은 마사회에서 운영하는 장외 경마장이다. 내가 부임하던 당시, 이곳의 사정은 과천 경마장보다 한 수 위였다. 몇 천 명이 빌딩에 들어가서 줄담배를 피우며, 마치 영화 속 안개 특수 효과를 뿌려 놓은 듯한 분위기에서 웅성거리고 서 있던 곳이었다. 이곳을 바꾸고 싶었다. 바꿔야만 했다. 마사회의 도박 이미지는 도심 곳곳에 들어선 화상 경마장이 만들고 있었으며 주민들이 어서 나가주길 바라는 혐오 시설이 된 지 오래였다. 바꿔야만 했다. 초심대로 원대한 목표를 위해 바꿔야만 했다. 나는 우선 고객이 서서 스크린을 쳐다봐서는 안 된다고 생각했다. 증권 객장처럼 품위 있게, 앉아서 봐야 한다고 직원들에게 말했다.

모두가 반대했다. 공기업에서 회장의 지시에 반대를 무릅쓰고 이야기하기는 쉽지 않다. 그럼에도 불구하고 이런 용기를 내서 직원들이 직언한 데에는, 이 사안이 마사회의 매출액과 직결된 문제였기 때문이다. 좌식 관람으로 바꿀 경우, 당장 입장객 숫자가 급감할 것이 뻔했다. 1/2 매출 감소가 확정적이었다.

당장 마사회가 부실화될 수도 있는 중대한 사안이었다. 원래 깨끗한 레저 문화를 기대한 적도 없는 화상 경마장까지 개혁을 할 필요가 있을까? 과천만 신경 쓰고 덮고 갈까? 역대 마사회장들이 이런 문제를 알고도 그냥 흘려보낸 이유를 알 것도 같았다. 조용히 지내다 가도 될 것을, 일부러 일을 만들고 마사회를 부실로 만들어 자칫 임기도 채우지 못하고 떠날 필요가 없기 때문이었다.

며칠을 고민한 끝에 결단을 내렸다. 거기에는 두 가지 이유가 있었다. 첫째, 내가 마사회를 맡기로 한 이유는 이곳에서 경력 한 줄, 회장 직함과 지위를 유지하기 위함이 아니었다. 우리나라 위상에 걸맞는 경마 문화를 만들고 관련 산업을 육성시키기 위함이 아니던가? 제주도 출신인 나는 제주도의 상징인 말이, 천연기념물이 되어 동물원이나 몇몇 목장에서 관람용이 되는 것을 원치 않는다. 말을 길러 수익을 내고, 때론 외국처럼 말 한 필에 수백억을 호가하는 명마를 생산하여, 제주도민들이 돈도 많이 벌기를 바라는 꿈이 있었다. 후가이치 페가수스라는 서러브레드 종(영국 재래 암말에 아랍 수말을 교배시켜 만든 품종) 경주마는 2000년에 한화 약 830억 원(7천만 달러)에 팔렸다. 우리도 세계적인 명마를 만들어야 하지 않는가? 그렇게 되려면 먼저, 우리의 경마문화가 도박장이 아닌 건전한 레저의 장이 되어야 했고, 그 시작은 마사회가 고객 서비스를 최우선 가치로 삼고 실천하는 데 있었다.

기울어진 그릇

둘째, 차라리 모자란 편이 낫다는 생각에서였다. 모든 화상 경마까지 지나친 흑자를 보려는 마음은 모든 것을 채우려는 마음이다. 채근담에는 이런 말이 있다.

> 기울어진 그릇은 가득 참으로써 엎어지고… 그러므로 군자는
> 차라리 모자라는 상태로 머물지언정
> 완전한 상태에서 머물지 않는다.

欹器(기기)는 以滿覆(이만복)하고…故(고)로 君子(군자)는
寧居無不居有(영거무불거유)하고 寧處缺不處完(영처결불처완)이니라

이걸 보면서, 군주는 모든 것을 꽉 채우지 말라는 교훈을 다시 새겼다고 한다. 회사를 경영하는 사람이 모든 분야에서 많은 흑자를 내려고 하면, 자칫 일을 그르치는 경우가 있다. 적자를 그대로 용인할 때, 그 부서는 언젠가 큰 효자가 되어 기업을 살리기도 한다. 삼성도 적자를 기록하던, 삼성테크윈의 카메라 사업을 정리할 뻔했었다. 그러나 시대가 바뀌어 모든 휴대폰에 카메라 이미지 센서가 들어가기 시작하고 광학 기술이 광범위하게 적용되는 시대가 오자, 삼성의 카메라 산업에 투자한 돈은 갤럭시 스마트폰의 카메라 기술에 활용되면서 환산할 수 없는 가치로 되돌아왔다.

경영자가 기기(攲器 기울어진 그릇)의 이치를 알지 못하고 욕심을 내면 조직원들은 어떤 수를 써서라도 지나친 흑자를 만들게 되고 그건 자칫, 그 부서 본연의 위치를 잃어버려 시간이 지나면 보이지 않는 해를 끼치게 된다.

'그래! 화상 경마장이 적자 난다고 호들갑 떨지 말자. 초심대로 한다. 고객들을 추하게 만든다면, 그것은 레저 산업이 아니지 않는가? 5년 10년 후를 보자! 그때 경쟁력 있는 화상 경마장이 된다면, 이 시스템은 해외 수출도 가능하고 세계를 석권할 수도 있다.'

모든 이의 반대를 무릅쓴 고독한 결정이었다. 대신 입장료를 높였다. 처음엔 불만이 많았지만 시간이 갈수록 주말 여가를 즐기려는 사람들은 크게 환영했다. 분위기가 바뀌었고 화상 경마장도 과천 경마장 같은 깨끗하고 건전한 레저의 장이 되어갔다. 우려하던 매출 반토막은 일어나지 않았다. 매출이 유지되면서 객장의 분위기는 우아해졌고, 세계 어디에 내놔도 손색없는 화상 경마가 시작되었다.

> 한국마사회는 현재까지의 영광에 자족하며 머물러 있기에는 너무나 많은 위기와 난관이 도사리고 있습니다. 말뿐이 아닌 몸에 체질화된 고객 중심 경영을 해야 합니다. 여러분에게 월급 주는 사람은 고객입니다. 고객이 경마 서비스를 이용하기 때문에 출근해서 직장에서 일할 수 있는 것입니다. 각 부서는 획기적인 고객 서비스 개선 계획을 세워주시기 바랍니다. 매출의 첨병인 장외발매소의 이전 증설이 필요합니다. 새로운 접근과 각오를 다지기 위해 전담 TF팀을 구성하겠습니다. 경마장이 단순히 경마만 하는 곳이 아니라 건전한 레저스포츠의 명소, 테마파크의 명소가 되어야 하며 에버랜드보다 더 가고 싶어 하는 테마파크로 만들겠습니다. 모든 조직을 다 만족시키는 경영자는 무능한 경영자입니다. 욕먹고 질책을 받는 한이 있더라도 그것이 마사회를 위한 길이라면 가겠습니다. 민간기업 CEO 출신답게 고객 중심의 합리적 경영을 하겠습니다.
>
> ― 2013년 12월 5일 취임사 중에서 ―

거북이, 말馬되다

민간 기업의 CEO 출신자에게 공기업이나 관료 조직을 맡으라고 하면, 가장 먼저 놀라는 것은 지시와 보고의 속도일 것이다. 취임사에서 강력한 개혁을 예고하고 이런저런 기획을 하는데, 내가 가장 먼저 놀란 것이 의사 결정의 속도였다. 검토하라고 하면 절대 답이 오지 않는다. 1주, 2주, 3주가 지나도 오지 않았다. 자신이 모르는 분야가 아니라면, 3일 안에 답이 나와야 정상이다. 3일이 지나도 답이 없다면 그것은 일을 하지 않은 증거라고 본다. 트랙에서는 누가 먼저 들어오는지 말들과 기수가 경주를 하는데, 정작 마사회 조직은 누가 늦게 보고를 하는지 거북이 경주를 하고 있었다. 이런 문화를 송두리째 바꿨다. 타성에 젖은 행동을 하고 과거처럼 늑장 보고와 태업을 일삼으면 다른 사람으로 교체했다. 이렇게 되자 서서히 일을 하고 싶고 뭔가 성취를 하고 싶은 사람들이 튀어나오기 시작했다. 나는 그들과 함께 마사회를 아주 멋진 직장으로 만들자고 의기투합했다. 그것이 나중에 끔찍한 불행으로 바뀔 줄은 그 당시에는 생각조차 할 수 없었지만 우리는 그렇게 조직을 바꾸기 시작했다. 모든 직원들이 한마음이 되어 공격적으로 치고 나갔다. 그렇게 2년 정도 지나자 놀라운 성과를 내기 시작했다.

2013년 12월 싱가포르와 경주 시범수출 계약, 2014년 6월 싱가포르에 정규 수출, 프랑스(+EU 8개국)에도 '2014년 그랑프리 경주' 수출, 2015년 총 3개국(싱가포르, 프랑스, 말레이시아)에 831경주를 수출해서 387억 원의 매출을 올렸다. 급기야 2016년 4월 1일, 국제경마계획 자문위원회의 의결로 한국 경마가 PARTⅡ로 승격하는 영광을 얻었다. 한마디로 이제부터 한국 경마에서 우승하는 말들은 그 가치를 인정받아 몸값이 폭등하게 된 것이다. 내가 꿈꾸던 그것. 말 산업을 일으키고 고향 제주의 말들이 수백억을 호가하는 꿈에 한발 다가

2016년 4월 15일 스포츠동아 기사

가게 되었다. 함께 땀 흘려 준 직원들과 뜻을 같이한 동지들이 고맙고, 그때를 생각하면 지금도 감격에 젖는다.

한국경마, 'PART Ⅱ 승격' 발판삼아 세계 진출
[뉴시스] 입력 2016.02.11 16:06

2016년 2월 11일 뉴시스 기사

한국마사회가 올해 해외시장 진출을 본격화한다.

11일 한국마사회에 따르면 해외시장 진출을 통해 국내적으로는 경마산업의 신성장 동력을 확보하고, 대외적으로는 한국 경마의 우수성을 인정받겠다는 계획이다. 올해는 '한국경마 PART II 승격', '17억 규모의 국제경주 신설' 등 한국경마가 국제적인 스포트라이트를 받을 기회가 많다. 또한 한국마사회는 지난달 인도 뭄바이에서 개최된 '제36회 아시아경마회의'에 참가해 차기 아시아경마회의 유치라는 큰 성과를 거두기도 했다. 이를 기회로 올해 경주수출을 본격화함으로써 '한국 경마'를 세계 속에 각인시킨다는 전략이다.

한국마사회는 2013년 12월 싱가포르와 경주 시범수출 계약을 하고, 현지 시장성 평가결과를 토대로 2014년 6월부터는 싱가포르에 정규수출도 시행 중이다. 또한 싱가포르에 이어, 경마선진국인 프랑스(+EU 8개국)에도 '2014년 그랑프리 경주'를 수출하는 쾌거를 이뤘다. 한국마사회는 경주실황 수출사업의 지속적인 확대를 위해 싱가포르를 넘어 프랑스, 말레이시아에 이르기까지 신규수출국을 지속해서 확대해왔다. 그 결과, 2015년 총 3개국(싱가포르, 프랑스, 말레이시아)에 831경주를 수출함으로써 387억 원의 해외매출액을 달성했다.

한국마사회는 올해에도 경주수출 사업에 박차를 가할 계획이다.

'한국 경마 최대 정기 수출국'인 싱가포르와는 올해 연장계약 체결을 통해 수출규모를 확대하고 현지 고객 선호도 제고를 위해 적극적인 마케팅 활동을 펼칠 계획이다. 뿐만 아니라 2015년 11월부터 약 2달간 시범수출을 성공리에 마친 말레이시아와는 올해 정규수출에 합의, 본격적으로 한국 경마를 수출하게 된다. 프랑스의 경우 수출규모 확대를 목표로 연장계약 체결을 추진할 계획이다.

한국마사회 관계자는 "해외시장 진출은 국내 경마 산업의 신성장 동력 확보라는 측면에서 상당히 큰 의미가 있다"며 "올해는 'PARTⅡ 승급', '차기 아시아경마회의(ARC) 개최 확정' 등 한국 경마에 좋은 소식이 많아 이러한 소식을 세계에 알리는 데 경주수출이 좋은 역할을 했으면 좋겠다."고 밝혔다.

— 정재석 기자

또한 취임 2년이 지나서는 공기업 평가 A등급을 받았다. 마사회 역사상 처음 있는 일이었다. 직원들에게 100% 성과급이 지급되었다. 그렇게 되자 마사회 분위기는 하늘을 찔렀다. 내년에는 모든 공기업 전체를 통틀어 우리가 S등급을 받자는 기개가 넘쳤다.

2016년 6월 18일 글로벌이코노믹 기사
「한국마사회, 공공기관 경영실적평가 최고등급」

[글로벌이코노믹 김영삼 기자] 한국마사회(회장 현명관)가 6월에도 큰일을 냈다. '공공기관 경영실적 평가'에서 역대 최고 등급인 'A'를 획득한 것. 특히 올해는 116개의 평가대상 중 'S'등급을 받은 기관이 없다 보니, 자연스레 한국마사회가 획득한 'A'등급은 최고등급과 동일한 가치를 가지게 됐다. 현명관 회장 취임 이후 지난 3년간 불어넣은 거센 혁신의 바람이 또 한 번 빛을 발했다는 게 내부 관계자들의 반응이다.
역대 최고등급 획득. 현명관 회장, "뜻깊은 결실이며, 앞으로도 넘버원 공기업으로 거듭날 수 있게 노력할 것."
앞서 지난 16일 기획재정부는 공공기관운영위원회(위원장 유일호)를 개최해 116개 공기업 준정부기관을 대상으로 공공기관 경영실적 평가결과를 심의 의결했다. 그 결과 20개 기관이 'A'등급을 획득했으며, 한국마사회 또한 당당히 이름을 함께 올렸다. 지난해와 마찬가지로 올해 역시, 'S'등급이 없기에 실질적으로는 최고등급을 거머쥐었다고 해도 무방하다. 더해서, 이번에 획득한 'A'등급은 한국마사회에 있어 역대 최고기록이기도 한 만큼, 그 의미는 상당하다 할 수 있다.

현명관 마사회장은 "'공공기관 정상화 대책의 충실한 이행', '방만 경영 해소', '성과연봉제 도입', '직무중심 채용' 등 정부정책의 성실한 이행을 위해 모든 임직원이 하나 된 마음으로 열심히 달려왔다"며 "이 같은 노력이 거둬들인 뜻깊은 결실"이라고 소감을 전했다. 또한 "고객 여러분의 사랑과 성원이 없었다면 이룰 수 없었던 성과"였다고 말했다.

그는 이어 "앞으로도 한국마사회는 고객감동경영을 통해 국민들을 위한 '넘버원' 공기업으로 거듭날 수 있도록 각고의 노력을 다할 것"이라고 덧붙였다.

사실 한국마사회가 이번 공공기관 경영실적평가에서 최고등급을 획득할 수 있었던 데는 1차적으로 '경영혁신'이 큰 역할을 했다. 한국마사회는 공기업 중 최초로 성과연봉제를 확대 도입했으며, 과거의 '낡은 제도'인 연봉테이블과 정근수당 등도 모조리 폐지했다. 뿐만 아니라 인사체계도 뿌리부터 흔들었다. 평가를 강화해 핵심인재에게는 역량을 강화할 수 있는 교육을, 반대로 저성과자에게는 역량을 키울 수 있는 프로그램을 연계했다. 이처럼 '신의직장'이라는 타이틀을 과감히 벗어던지고, 뼈를 깎는 과정을 통해 새로 태어난 한국마사회는 매월 굵직한 성과를 달성할 수 있었다.

2월 고객만족도 1위부터 5월 정부3.0 평가 A 획득까지… 매월 이어진 성과 릴레이… "아직 끝나지 않았다."

지난 2월, 한국마사회는 '공공기관 고객만족도 조사'에서 98.3점을 획득하며 정체 24개 공기업 중 1위를 차지하는 것은 물론, '부패방지 시책평가'

에서도 최우수등급(1등급)을 달성하며 공직유관단체 III그룹(500명 이상, 1,000명 미만)에서 1위를 기록했다. 지난 1년간 전 부서가 한 마음이 되어 다양한 서비스개선 사업들을 추진한 덕분이다. 구체적으로 한국마사회는 고객만족도를 높이고자 객장환경을 획기적으로 개선하는 한편, 최첨단 ICT 기술이 융합된 '놀라운지' 등을 지속 선보였다. 고객들의 건의사항도 90% 이상 실행했다. 또한 기관 윤리청렴도를 강화하고자 권익위에서 권고한 14개 세부과제를 모두 이행하는 한편, '청렴옴부즈만제도', 'CEO 주관 윤리청렴경영위원회' 등 새로운 제도도 적극적으로 도입했다.

3월에는 사행산업통합감독위원회 주관으로 매년 실시하는 '사행산업 시행기관 건전화 평가'에서 역대 최고점인 89점을 기록하며 'A$^+$'등급을 획득했다. 웹툰, 플래시몹 등 다양한 방법을 이용하여 건전화 홍보를 강화하는 한편, 렛츠런파크 문화공감센터 내에 도박중독예방센터를 추가 설치해 교육을 확대 시행한 덕분이다.

4월은 한국마사회가 그토록 열망하던 경마선진국 반열에 오른 달이다. PART II 승격을 확정 지은 것이다. 일단 PART II 국가로 이름을 올릴 경우, 국내 경주마들의 가치가 크게 상승하게 된다. 이는 국내 경주마생산 산업의 성장과 경주마의 해외수출 사업에 있어서도 상당한 효과를 가져올 수 있다.

지난달에는 '공공기관 정부3.0 실적 평가'서 'A'등급을 획득하며 기관 최초로 우수기관으로 선정되는 영예를 안기도 했다. 참고로 '공공기관 정부3.0 실적 평가'는 기관들이 공공정보를 적극적으로 개방하고 공유함으로써 국민들에게 맞춤형 서비스를 제공할 수 있는 기반을 조성하고자 행정자치부

주관으로 매년 실시되고 있다. 기업 최초로 '경주마 중심의 찾아가는 시료 채취 서비스'를 시행하는 한편, 앱(App) 하나로 베팅, 좌석예매, 시설 및 경마정보 획득이 가능한 '원스톱 스마트 레이싱' 서비스 등을 지속 개발한 게 큰 역할을 했다.

이처럼 매월, 놀라운 성과를 연이어 발표하며 공공기관 선도 기업으로 자리 잡고 있는 한국마사회가 최근 발표한 공공기관 경영실적평가에서 당당히 최고등급을 거머쥐게 된 것. 이와 관련, 현명관 회장은 "지난해 한국마사회의 평가점수는 'C'였다"며, "1년 만에 두 단계를 올라온 것인데 사행산업이라는 기관 특성을 감안 시, 상당히 고무적인 일인 게 사실"이라고 말했다. 그는 이어 "하지만, 아직 끝나지 않았다. 내년에는 'S'등급을 거머쥘 계획"이라고 포부를 밝혔다.

4개월 후 모든 것이 바뀌다

2016년 10월이 되면서 세상은 최순실과 그 딸 정유라의 승마에 대한 관심으로 뜨겁게 끓어올랐다. 갑자기 마사회도 주목을 받고 나도 국회에 여러 차례 불려 나가 심문을 당했다.

국회 속기록
농림축산식품해양수산위원회 마사회 국정감사(2016년 10월 13일)

김현권 위원 : 다음 넘겨 보십시오. 굉장히 궁금해서 자꾸 물어보는 거예요.

한국마사회장 현명관 : 예.

김현권 위원 : 최순실의 딸을 지원하기 위해서 삼성전자 일감을 받은 모나미가 독일 승마장을 인수했다. 최근 보도지요, 그렇지요? 그리고 최근에 JTBC 인터뷰에서 모나미 사장이 지난 2월 인수를 위한 양해각서를 체결했고 석 달 뒤 인수가 확정됐다고 밝혔어요.

다음 페이지 또 넘겨 줘 보십시오. '승마는 돈이 없으면 못 받쳐 주는 운동이다. 아무나 할 수 없다. 실제 국제대회에서 입상한 선수들 중 재벌가와 유명인, 공주나 왕자가 많은 까닭이다. 그리고 국내에서 승마를 한다는 것은 대부분 대학 진학을 하기 위한 건데, 재벌가 말고 국제대회를 처음부터 목표로 해서 한 경우는 유라 씨 정도가 거의 유일한 케이스라고 할 수 있다, 최유라 씨가 거의 유일하다는 거지요. 일반적인 경우와 아주 다르다는 거지요, 그렇지요? 그런데 저 최유라 씨를 위해서 공공기관인 마사회가 나서고, 그리고 대한민국 최고 재벌인 삼성가가 나서서 다른 회사를 통해서 경기장을 매입해서 제공하지 않았는가 하는 의혹이 뒷받침되고.

한국마사회장 현명관 : 거기에 대해서 제가 말씀 좀 올릴게요.

김현권 위원 : 예.

한국마사회장 현명관 : 승마협회에서 어디에다가, 아까 죽 말씀 계셨는데, 어떤 경위로 어느 회사하고 해서 승마, 독일에 한 건지하고 저희들하고는 전혀 관계없는 얘기입니다.

김현권 위원 : 예, 모르시겠지요.

한국마사회장 현명관 : 그것은 승마협회 일이지 그것을 저한테 물어볼 하등의 이유도 없고, 제가 알 이유도 없다는 것을 분명히 말씀 올리고. 그다음 두 번째, 그런데 최유라 씨를 위해서 마사회에서 승마감독을 파견했다? 천만의 말씀입니다. 저희는….

> 김현권 위원 : 그 당시에 독일에서 훈련받고 있던 국가대표는 최유라 씨 혼자밖에 없지 않았습니까?
> 한국마사회장 현명관 : 글쎄, 그건 저는 모르겠고요. 승마협회에서 준비단장으로 보내 달라 해서 보내 준 것뿐이지…
> 김현권 위원 : 그 당시에 최유라 씨가 혼자 있었다는 것은 현재 입증된 사실인데요, 모른다고 말씀하시면….
> 한국마사회장 현명관 : 글쎄, 그건 입증이 됐든 안 됐든 간에 저희들이 한 것은 승마협회에 준비단장으로 파견한 것뿐이고….

국회의원이 앞장선 날조극

TV조선이 2016년 7월 26일 '안종범 수석, 미르재단 500억 모금 지원' 보도 특종을 낸 지 90일 후인 10월 24일, JTBC 보도가 나가면서 우리 마사회의 모든 업적과 나의 노력, 직원들의 헌신은 모두 적폐가 되었다. 최순실의 태블릿 PC에 무려 44개의 연설문이 들어있었고 박근혜 대통령의 중요 연설문 모두를 최순실이 수정하고 청와대 비서들에게 전달했다는 보도였다. 이것으로 나라가 뒤집혔고 결국 박근혜 대통령은 2017년 3월 10일 헌법재판소의 파면 결정으로 대통령직을 잃게 되었다.

그 사이 한국 마사회와 나, 나의 가족들은 씻을 수 없는 상처를 받았다. JTBC 보도가 나가고 18일이 지나자 우리 가족에게 곧바로 날벼락이 떨어졌다. 국회 본회의 긴급현안 질문 시간에 더불어민주당의 박영선 의원과 같은 당 비례대표 김현권 의원이 최순실의 핵심 3인방으로 나의 처 전영해를 지목했다. 결론부터 말하면, 김현권 의원은 서울고법 민사 13부 조한창 부장판사로부터 2018년 11월 2일, 내 처의 명예훼손에 대한 위자료로 700만 원을 지급하라는 선고를 받았다. 재판부는 다음과 같이 선고했다.

**피고의 발언 자체가 진실이라고 보기 어려운 점이 있고,
의원이라고 해서 무조건적인 면책 특권이 있다고 보기도 어렵다.**

이것은 2심 재판이었는데, 김현권 의원의 항소를 재판부가 기각하고 1심 판결을 확인해 주었다.

2019년 5월에 대구지법 김천지원은 그의 세비(월급) 850여만 원에 대해 압류·추심명령까지 내렸다. 내 주변에 있던 우파 인사들이나 중도 인사들이나 좌파 인사들이나 모두가 최순실 사건에 대해 분노하던 시기였다. 그 시기에 조금이라도 그와 관련이 되어 있으면 대역 죄인이 되었는데, 우리 가족은 억울하게도 최순실의 핵심 측근이라는 누명을 쓰고 온갖 모욕을 당했으며 내 처는 정신과 치료를 받아야 할 정도로 만신창이가 되었다.

2018년 11월 3일 월간조선 기사

한 번도 만난 적이 없는 사람과 아주 가까운 사람이라고 말하고, 같은 체육관을 다녔으며, 3인방이라는 말을 아무렇지도 않게 퍼뜨리는 사람을 상대하기란 쉬운 일이 아니다. 그런데 그 사람이 국민의 여론을 등에 업고, 자신이 한 말에 대해 면책 특권을 갖고 있는 국회의원인 경우는 거의 싸움이 불가능에 가깝다. 하루에도 수십 수백 통의 전화가 왔고 모르는 사람들이 집 앞을 서성이거나 함부로 사무실에 들어와 죄인 취급하듯 취재를 해갔다. 특종을 터뜨린 의원은 기세등등하게 모든 언론에 나가 알 수 없는 자신감으로 라디오, 텔레비전, 신문에 인터뷰를 하고 다녔다.

CBS 라디오 '시사자키 정관용입니다'

- 방 송 : FM 98.1(18:30~19:50)
- 방송일 : 2016년 11월 11일 (금) 오후 18:30
- 진 행 : 정관용(한림국제대학원대학교 교수)
- 출 연 : 김현권 의원(더불어민주당)

정관용 : 오늘 국회에서 긴급현안질의가 있었죠. 새로운 의혹들이 여럿 제기가 됐습니다. 최순실 측근 3인방 이런 얘기까지 등장을 했는데요. 오늘 긴급질의에 나섰던 더불어민주당의 김현권 의원을 한번 만나보겠습니다. 김현권 의원 나와 계시죠?

김현권 : 네, 안녕하십니까?

정관용 : 삼성하고 마사회 관련 질문을 하셨는데 먼저 현명관 마사회장 부인이 최순실의 측근 3인방이다라고 주장하셨죠. 그 근거는 뭡니까?

김현권 : 의혹을 제시한 건데요. 사실 그동안 마사회와 삼성과의 관계를 오랜 기간 동안 추적을 했습니다. 그런데 이게 청와대와 거의 이렇게 한몸으로 움직였고요. '창조와 혁신'이라고 2013년도에 연구단체가 먼저 만들어집니다. 현명관 회장을 중심으로. 그리고 나서 그 이후에 미르재단, K스포츠, 청년희망재단 등이 쭉 만들어지는데요. 창조와 혁신의 사무국장이 현명관 씨 부인입니다.

정관용 : 창조혁신의 사무국장이.

김현권 : 사무국장이. 실질적으로 운영의 중심에 현명관 씨 부인이 있습니다.

정관용 : 그리고 그 창조와 혁신에 뭐 최순실 씨가 들어 있어요?

김현권 : 그렇지는 않아요. 그렇지는 않고 미르재단 초대 이사장, 청와대의 안종범 수석이 다 거기 멤버들입니다. 나중에 그렇게 가는데요. 그래서 전영해 씨를 주목을 했고요. 여러 경로를 통해서 초기의 스포츠센터 등에서부터 같이 활동한 게 아니냐는 그런 얘기들이 제보에 의해서 일부 들려옵니다.

> 정관용 : 최순실 씨와 현명관 회장 부인이 같은 스포츠센터를 다녔다?
> 김현권 : 그렇죠. 그래서 그동안에 이렇게 쭉 추적을 하면서 주목을 하게 된 거죠. 그리고 실제 이제 팔선녀 이런 얘기들이 많이 있지 않습니까? 어느 선에서 이 부분들이 압축이 되는가 등을 쭉 이렇게 그려졌는데요. 그래서 정황적으로 의혹을 제기한 겁니다.
> 정관용 : 측근 3인방이 그러면 지금 현명관 회장 부인 말고 우병우 전 수석 장모 그다음에 홍기택 전 산업은행 총재 부인 그건 이제 제보를 들었다, 현재로서는 거기까지군요?
> 김현권 : 그렇죠.

가짜 뉴스 유포는 면책 특권이 아니다

대한민국에서 법꾸라지로 사는 비법은 의외로 쉽다. 악의적인 말이건 거짓이건, 하고 싶은 말을 다 해서 상대를 욕보이고 죽이고 농락하라. 대신 그 모든 말의 끝에 '의혹'이라는 말을 붙이고 조사가 필요하다, 수사를 해야 한다고 덧붙이면 끝이다. 그러면 언론은 헤드라인에 '의혹'이라는 단어를 빼버리고 큼지막하게 제목을 달아 황색 저널리즘의 선봉에 선다. 독자를 선동한다. 내 경우가 이와 같았다. 물론 본 기사를 자세히 읽어 보면 '의혹' 혹은 '…라는 제보가 있다'라는 말이 꼭 들어 있다. 모두가 소송을 염두에 두고 조심하며 지키는 술수다.

수백 건의 기사에서 '마사회장 부인 최순실 핵심 3인방'이라는 아주 섬뜩한 문구가 헤드라인을 장식했다. 그 기사들은 하나같이 따옴표를 달고 김현권 '마사회 회장……'이라는 형식을 지켰다. 김현권 의원이 말했지, 언론이 확인한 것은 아니라는 뜻이다. 그러나 이미 우리는 그런 기사로 매일 밤 살해당했다. 간에 비수가 꽂혀 꼼짝도 못하게 신음하며 어디에도 갈 수 없는 처지가 되었다. 그렇게 밤마다 신음 소리를 내며 토해낸 울분은 침대 시트를 붉게 물들이며 우리 집에서 따스한 행복을 산산조각 내 버렸다. 그런 시간은 2년이나 지속되었고 지금도 그 상처는 아물지 않고 있다.

더불어민주당 박영선 의원 국회 대정부 질문

박영선 의원 : 최순실 씨와의 친분을 이용해서 혹은 대통령과의 관계를 이용해서 그동안에 인사에 개입한 3인방이 있습니다. 전 산업은행장 홍기택 총재 부인 전성빈, 마사회의 현명관 새 부인 전영해 그리고 우병우 전 수석의 장모입니다. 대한민국이 이렇게 움직였습니다. 김기춘 비서실장은 최순실 씨 소유의 빌딩에서 비서실장이 되기 전까지 거기 사무실에 입주를 했고 문고리 3인방이 던져 주는 인사들을 김기춘 비서실장이 연락책을 해서 그렇게 대한민국이 지금까지 움직였습니다. (중략)

박영선 의원 : 홍기택 전 산업은행장과 부인 전성빈 교수는, 이 전성빈 교수는 박근혜 대통령과 대학 때 영어서클이지요. 산업은행이 관여되는 공기업, 그 산하 공기업의 인사를 전체를 관장했습니다. 마사회 전영해 부인, 마사회와 전영

> 해 부인 이것은 조금 이따 김현권 의원이 얘기할 것이고요. 김장자, 우병우 수석의 장모입니다. 이화여대에 1억 기부했고요. 또 최순실 씨 회사하고 거래를 하고 있더군요. 저는 이 장모 부분도 검찰수사를 해야 된다고 생각합니다.
>
> 제346회국회 국회본회의 회의록 2016년 11월 11일(금)

사전에 업무 분장을 한 것인지 박영선 의원은 공을 김현권 의원에게 넘긴다. 이날 박 의원 다음에 나온 김현권 비례대표 의원은 다음과 같이 박영선 의원의 말을 받아 대정부 질문을 했다.

> **더불어민주당 김현권 의원 국회 대정부 질문**
>
> *김현권 의원* : 현명관의 휴대폰은 압수했습니다. 그래서 증언이 바뀝니다. 현명관의 처 전영해에 의하면, 오늘 증언입니다. 당시에 현명관이 이제는 우리나라도 올림픽 승마 종목에서 메달을 딸 때가 되지 않았느냐라고 얘기를 해서 로드맵을 만들었고 로드맵 내용은 별 게 없었고 이후에 파기했다, 이렇게 증언이 바뀝니다. 그런데 이 증언이 회사의 아주 깊숙한 사실인데 왜 현명관의 처 전영해로부터 나오지요? 전영해가, 나중에 나오겠습니다만, 최순실의 핵심 측근 3인방 중에 한 명이기 때문입니다. 전영해 휴대폰은 압수 안 했지요?
>
> *법무부장관 김현웅* : 그 부분에 대해서는 제가 알지를 못합니다.
>
> *김현권 의원* : 압수하시기 바랍니다.
>
> 제346회국회 국회본회의 회의록 2016년 11월 11일(금)

내가 이 억울한 사건을 겪으며 통탄한 것은 감옥의 아이러니였다. 어떤 통계 조사에 의하면, 감옥에 들어온 사람들의 아이큐를 조사하니 평균 이하라는 것을 알아내고 단순한 학자는 다음과 같은 결론을 낸다. '범죄자는 IQ가 낮다.' 그러나 같은 통계를 보고 현자는 이렇게 이야기한다. '머리 나쁜 사람만 잡혔다.' 바로 그런 이유로 우리 가족에 대한 테러를 자행한 사람들 모두를 처벌할 수 없었다.

박영선 의원 같은 경우, 그녀는 오직 발언에 대한 면책특권이 확실히 보장되었던 국회 본회의장에서만 최순실 3인방 운운했을 뿐, 보도 자료나 언론 인터뷰, 심지어 국회 내 기자회견 장소인 '정론관'에서조차 그와 같은 말을 입에 올린 적이 없었다. 참으로 2019년에 중소기업 벤처기업부 장관이 될 만한 사람이고 4선 의원의 정치력이 아닐 수 없다.

반면 비례대표 김현권 의원은 언론의 주목을 받자, 물 만난 고기처럼 자신이 정의라고 믿고 사실이라고 믿고 있는 이야기를 거리낌없이 발언하고 다니셨다. 그러나 본회의장이나 상임위 등 면책특권이 유지되는 곳에서 선배 다선 의원들이, 호통치고 없는 말 있는 말다 하다가도 그 특권이 보장되지 않는 곳에서는 잠시 비굴해지더라도 신중하게 처신하는 법을 초선들은 옆에서 보고 배웠어야 하는데 지나치게 용감한 몇몇 의원들이, 종종 불명예를 당하는 것을 무시한다. 그런 케이스가 바로 김현권 의원이고 사법부로부터 허위사실 유포로, 국회의원으로서 겪지 말아야 할 부끄러운 일을 당하고 말았다.

그런데 이 시기 폭포수처럼 쏟아진 누명은 '최순실 3인방'이라는 거짓뿐이 아니었다. 최순실 3인방이라는 날조가 먹혀들지 않게 될 즈음, 고소 고발 폭탄이 떨어졌다. 10여 가지가 넘는 고소 고발 항목 중 주요 항목만 정리해도 9가지가 넘는다. 당연히 모두 무혐의 처리되었다. 임의제출 형식으로, 반강제적으로 가져간 내 휴대폰을 디지털 포렌식으로 샅샅이 뒤졌건만 전화번호는 물론 최순실에 대한 어떤 단서도 찾을 수 없게 되자 '이럴 리가 없다'고 생각한 사람들이 나에 대한 공격을 시작했던 것이다.

먼저 노조가 고발의 선봉에 섰다. 무기명 투서들이 경찰서로 날아들었고 그러면 조사가 시작된다. 고용노동부의 특별근로감독이 나왔고 마사회 자체 감사를 3회 받았다. 주무부처인 농림부의 감사를 두 번 받고 추가로 감사원 감사를 2회 더 받았다. 일부 직원들이 나를 검찰에 고발했으며 그것도 모자라, 후임 마사회장도 나를 검찰에 고발했다. 두 건이나.

그 사이, 나와 내 처는 한 번 더 만신창이가 되었다. 가정은 웃음을 잃었다.

현명관 관련 고소 고발 투서 사건 목록

1. 보험계약을 체결함에 있어 보험회사들에게 보험료를 과다 지출하여 마사회에 동액만큼 손해를 끼쳐 배임 무혐의 처분 (2018.7.13.수원 지방검찰청 안양지청)

2. 회장 지인이 운영하는 보험대리점을 통하여 보험 계약 체결케 강요하여 업무방해 무혐의 처분 (2018.7.13.수원 지방검찰청 안양지청)

3. 위촉직 2명을 채용하고 급여를 책정함에 있어 관련규정을 위배하여 마사회 업무를 방해 무혐의 처분 (2018.7.13.수원 지방검찰청 안양지청)

4. 마사회 직원 31명에 대하여 부당하게 교육대상자로 선정하고 의사에 반하여 자원봉사, 마방 청소 등을 시켜 강요와 모욕 무혐의 처분 (2018.7.13.수원 지방검찰청 안양지청)

5. 마사회 직원 162명 등의 연차유급휴가미사용금액 1억4천만 원을 지급하지 아니하여 근로기준법위반 무혐의 처분 (2018.7.13.수원 지방검찰청 안양지청)

6. 상사가 자기부서에서 같이 일하고 싶어 하는 직원을 지명하여 배치시키는 소위 "Daft" 제도에 대하여 노조 동의 없이 강행하여 근로기준법위반 무혐의 처분 (2018.7.13.수원 지방검찰청 안양지청)

7. 국정농단의혹사건에 대한 법률 자문 계약을 체결하여 회장개인이 부담할 자문료를 마사회에 전가시켜 업무상배임 무혐의 처분 (2018.7.13.수원 지방검찰청 안양지청)

8. 테마파크 "위니월드" 운영위탁계약을 체결함에 있어 위탁수수료를 저렴하게 책정해줘서 특가법상의 배임 무혐의 처분 (2018.7.13.수원 지방검찰청 안

> 양지청)
> 9. 주차장을 유료화하여 그 운영을 민간에게 위탁 운영케 함에 있어 운영 수수료를 저렴하게 책정하고 금전채권 신탁을 부당하게 승인하였다 하여 농수산부장관이 나의 퇴임 이후 후임 마사회장으로 하여금 고발케 함. 무혐의 처분 (2019.9.11. 의정부지방검찰청 고양지청)

진실을 추구하려는 순수한 마음에서 그랬는지, 아니면 내가 평소에 맘에 들지 않아 기회는 이때라고 생각하여 나를 죽이고자 벌인 일인지 알 수 없으나, 끝내 자신들의 뇌 속 망상이 '모두 진실이었다'고 검찰이 발표하는 순간을 고대하며 끝없이 광적인 고소 고발을 해댔다.

우리에게 기적은 늘 일어난다. 일상이 기적의 연속이라는 말이 있는데 내가 위와 같은 고소 고발, 투서, 죄목 뒤집어씌우기를 당하고도 감옥에 가지 않은 것은 기적이 아닐 수 없다.

누구든 화병으로 죽을 수 있는 사회

최순실 사건을 겪으며 내가 깨달은 무서운 사실 하나는, 우리나라는 누구든 화병으로 죽을 수 있고 자살을 결심할 수 있다는 것이다.

2016년 11월 22일, 서울 중앙지검에 참고인으로 불려가서 11시간

동안 죄인 취급을 받으며 나는 검사로부터 다음과 같은 질문을 수백 번 받았고 화병으로 쓰러지기 직전까지 아니라고 계속 대답해야만 했다.

'정유라에게 특혜를 제공했냐?'

'정 씨에게 승마장을 무상으로 사용하게 해 주거나 독일로 특혜성 승마 연수를 갈 수 있도록 돕지 않았냐?'

'박재홍 전 감독이 최순실과 마사회의 현명관 회장은 전화 통화를 할 정도라는데 관련이 없다는 게 말이 되느냐?'

나중에 내 폰에서 검찰은 최순실과 관련된 전화번호, 카톡, 이메일을 주고받은 흔적조차 찾을 수 없었다. 당연하다. 나는 최순실을 몰랐기 때문이다.

'삼성 비서실장이었는데 당연히 삼성의 부탁이 있지 않았냐?'

나중에는 이런 질문으로 세뇌가 되기 시작했고 혹시 내가 최순실을 알고 있는 것은 아닌가? 알고 있었는데 잊은 것은 아닌지 스스로 의심할 정도가 되었다. 넋이 나갈 정도로 지쳐서 서울 중앙지검을 나서자 이번에는 기자들이 우르르 달려와 나를 죄인으로 만들었다.

'정유라를 특혜 지원했냐?'

'있는 그대로 조사받았다'고 말하자 다음 날 기사는 내가 대답을 회피한 것으로 나왔다. 우리나라에 근대 사법제도가 들어와 증거를 바탕으로 죄를 따져 묻게 되었다고 다들 생각하지만 그날 나는, 우리나라는 아직도 조선시대 사또가 '네 죄를 네가 알렸다' 하며 곤장 수백 대를 아무렇지도 않게 때리고 사람을 병신으로 만들었던 조선시대의 사법 제도와 별로 달라지지 않았음을 깨달았다. 곤장이 언론의 모욕주기로 바뀌었을 뿐, 그다지 달라진 것이 없는 후진적인 사법 체계 속에 살고 있다는 것을, 초겨울의 싸늘한 바람과 함께 뼛속에 새기게 되었다.

그래도 나는 이런 모욕을 참고 견딜 수 있었다. 내 의지가 강해서가 아니다. 지위도 있었고 도와주는 사람도 있었다. 돈도 조금 있었다. 그러나 나와 함께 마사회 재건을 위해 모든 것을 바쳤던, 나의 가족 같은 부하들은 목숨을 잃어야 했다.

2018년 10월까지 적폐로 몰려 온갖 조사를 받고 범죄자 취급을 받으며 괴로워하다 자살을 하거나 화병으로 목숨을 잃은 사람들이 있었다. 김철주님과 함께 열성적으로 일을 추진했던 정팀장은 농수산부의 감사를 받는 도중 2017년 추석 다음날 결국 자살을 하고 말았다. 감사 분위기와 감사 방법 등이 어느 정도인지 짐작이 가는 대목이다. 마사회 신사업 추진을 담당했던 김철주님은 부하 팀장의 자살 소식에 큰 충격을 받았다. 김철주님은 그 충격으로 극심한 스트레스 속에 병세가 악화되어 2017년 10월 30일 세상을 떠났다. 또한 부산경마장의 부장도 고용노동부의 특별근로 감독을 받는 과정에서 자살했다. 나와 함께 개혁을 추진했던 일 잘하던 부하들이 정권이 바뀌면서 모두가 적폐로 몰렸다. 살아남은 사람들에게도 모욕과 불이익이 계속되었다. 과장이 일반 사원으로 강등되고 대기 발령이 이어졌다. 내가 추진하던 역점 사업에 동참하여 마사회의 미래를 위하여 제일 열심히 헌신적으로 노력한 사람들이, 고발당하며 말 못 할 고초를 겪었다.

공기업 평가를 1위 하고 한국 경마의 국제적 위상을 높였으며 도박장을 테마파크로 변화시키려 노력했던 사람들이 상 대신 벌을 받고 모욕 받는 세상을 내가 받아들이기는 쉽지 않았다. 우리 언론과 사법시스템은 진실을 가려내는데 이렇게 취약한가? 이러고도 정의를 말할 수 있는가? 이런저런 울분과 분노는 각종 의문으로 바뀌어 지금도 내 머릿속을 맴돌고 있다.

그러나 나를 가장 힘들게 하는 것은 내가 겪은 억울한 일들이 아니다. 앞으로도 우리 사회는 나와 같은 억울한 사람들이 무수히 만들어지고 사법기관의 판단과는 별개로 사람을 재단하고, 스스로 정의 편에 섰다고 착각하는 사람들을 끝없이 만들어 낼 것이라는 점이다. 그런 세상은 끔찍하다. 대한민국이 그렇게 계속 굴러간다면 그것은 부모 세대가 희생하며 만들고자 한 나라가 아니다. 나의 자식이 열심히 일하다 억울한 일을 당하여 당장 죽고 싶은 마음이 들게 해서는 안 되는 것이다. 그걸 막을 책임이 기성세대에게 있고, 분연히 일어나 이건 잘못된 것이며 너희들이 광기에 사로잡혀 있다고 말해야 할 의무가 있다. 그리고 나의 다음 세대는 이런 야만을 교정하는 방향으로 나아가길 바란다. 그 세상은 내 딸이 살아야 하는 세상이므로 반드시 그렇게 되어야 한다. 그래서 간절히 기도한다.

성공을 꿈꾸는 젊은이에게

우리 세대는 꿈을 위해 목숨도 걸 줄 아는 세대였다. 내가 그랬고 나의 동료와 후배들이 그랬다.

세상의 성공을 위해 노력하는 것은 의미 있는 일이다. 그렇게 살아 볼 필요가 있다. 세대가 아무리 지나도 이런 가치에 공감하고 도전하는 청년은 반드시 있다고 믿는다. 그들에게 나의 부족한 경험을 바친다. 부디 더 지혜롭게 난관을 헤쳐 나아가 꿈을 이루기 바란다.

그 끝에 모욕과 누명이 있다 하더라도 두려워하지 말고 도전하기 바란다. 그 일은 매우 가치 있는 일이라고 말해주고 싶다. 고난과 절망이 손잡고 걸어와도 '전력을 다해 도전해 본 사람'은 그것들을 다른 느낌으로 맞이할 수 있기 때문이다.

지옥 같은 절망과 고난도 시간 앞에 무력하며, '순수한 도전자'는 광기에 사로잡힌 자들보다 언제나 강하다는 것을 알기에….

그래서 나의 도전은 아직, 끝나지 않았다.

| 맺음말 |

　유서를 쓰는 심정으로 글을 쓰기 시작했다. 최순실 사태의 광풍 속에 휘말려 가족의 행복이 산산이 부서지고 사랑하는 아내와 자식이 고통받는 모습을 보면서, 나의 모든 인생이 완전히 실패였다는 생각까지 들었다. 나는 죽음을 앞에 둔 사람처럼, 유서를 쓰지 않을 수 없었다. 억울하고 분하여 도무지 잠을 이룰 수 없는 밤이 수없이 지났다. 그리고 서서히 진실이 드러나기 시작하자, 마치 새벽에 밝아 오는 어스름에 사물이 윤곽을 드러내듯이 나의 지난날 모든 과거가 어제와는 다른 모습으로 내게 비춰졌다.

　이것은 깊은 어둠 속을 지나고 나서야 보이는, 광명의 기쁨이 가져다준 선물이었다. 온갖 모욕과 누명을 쓰고 고통받지 않고는, 보이지 않았던 나의 과거였다. 처음의 거칠고 분했던 마음은 가라앉고 지난날의 모든 중요한 사건이 하나의 위대한 거래로 보이기 시작했으며 그 과정을 후세에 전달하고 싶다는 벅찬 욕심이 생기게 되었다. 그리하여 처음 쓰고자 했던 분노의 '유서'는 이제 획 하나가 바뀌고 더해져 흐뭇한 '유산'이 되어 글을 마치게 되었다.

부끄럽지만 이 작은 '유산'이 젊은이들에게 조금이나마 도움이 되었으면 좋겠다. 그리하여 삶의 짙고 어둔 터널을 지날 때, 빛을 찾거나 혹은 스스로 빛이 되어 길을 밝힐 때, 다소나마 도움이 된다면 여한이 없을 듯하다.

모든 이에게 하느님의 축복과 돌보심이 함께하길 기원한다.

2021년 12월
현명관 올림

| 감사의 말 |

비록 세대 간의 소통이 어렵다 하나 서로 이해하고 세대를 초월하는 상생의 정신이 면면히 우리 사회에 흐르고 있는 것에 감사합니다.

새롭게 사회에 첫발을 내딛는 젊은이들이 이 노인에게 보내 준 '도움이 되었다'는 말에, 지난 30년 동안 산업 현장에서 쌓은 지식과 경험, 인적 네트워크가 쓸모없지 않았음에 감사합니다.

학교 다닐 때 부모님으로부터 받은 사랑과 은혜, 회사, 사회, 국가로부터 받은 지원과 투자에 감사합니다.

우리 젊은이들과 나의 아이들에게 물려줘야 할 사회적 유산이 존재한다는 것 그리고 이것을 사회에 환원해야 하는 책무와 사명감을 가지게 됨에 감사합니다.

대한민국을 이끌고 세계 무대를 주름잡는 도덕성과 리더십을 갖춘 젊은이들이 많아지고 있음에 감사합니다.

젊은이들이 간혹 무정부주의자이거나 무책임한 개인주의자처럼 보이지만 내면에 도도히 흐르는 강력한 애국심이 있다는 것에 감사합니다.

2013년, 젊은이들을 위한 기성세대의 부채를 갚기 위해 설립한 사단법인 창조와 혁신을 응원해 주신 분들에게 감사합니다.

특히 설립 초기 정신적 지주가 되어 우리를 이끌어 주셨던 전 한국은행 박승 총재님, 젊은이들에게 열정과 헌신으로 멘토링 해 주셨던 전 숙명여대 이경숙 총장님, 멀리 카자흐스탄에서 대한민국의 국가관을 심어준 키맵대학교 방찬영 총장님, 그리고 부족한 법인 살림을 위해 틈틈이 곳간을 채워준 내 친구 진철평 회장께 감사합니다.

지금은 고인이 되어 하늘에서 지켜볼 박내회 원장님은 제가 마사회장으로 임명된 후, 이사장 자리를 맡아 큰 힘 되어 주었으며 이 책을 쓰게 해 주었습니다. 깊이 감사드립니다.

늦었지만 감사원 공무원 시절에 도움 주신 모든 분들, 그리고 30년 삼성 생활 CEO로서의 시간을 무사히 마치게 도와주신 모든 분들께 감사드립니다.

전경련 상근 부회장 시절 도움 주신 모든 분들과 부족한 저를 제주도 지사로 만들기 위해 멸사봉공한 모든 분들께 감사드립니다.

그리고 감사하다는 말로는 한없이 부족한 마사회 시절 동고동락한 직원들에게 감사합니다.

독특한 기획으로 '위대한 거래'에 생기를 불어넣고 나의 80 평생의 순간들을 영상에 담아준 김남경 대표에게 감사합니다.

시간이 흐른 후, 홀로 남겨질 아내와 내 어린아이들을 하늘이 끝까지 굽어살펴 주시기를 간구하며 보석처럼 소중한 하루하루를 살게 해 주심에 감사드립니다.

2021년 12월
현명관 올림

현명관의 21세기 채근담

위대한 거래

초판 1쇄 발행   2022년 2월 28일
초판 1쇄 인쇄   2022년 2월 20일

저자	현명관
진행	전영해
총괄	일론킴
기획	김남경
크리에이터	로저킴
영상	송성원

발행인	조경아		
발행처	**랭**귀지**북**스		
주소	서울시 마포구 포은로2나길 31 벨라비스타 208호		
전화	02.406.0047	팩스	02.406.0042
이메일	languagebooks@hanmail.net		
등록번호	101-90-85278	등록일자	2008년 7월 10일

ISBN   979-11-5635-182-5 (13190)
값   18,000원
Copyright©현명관 2022 (저작권자와 맺은 특약에 따라 검인을 생략합니다)

이 책은 저작권법에 따라 보호받는 저작물이므로 무단 전재와 무단 복제를 금지하며,
이 책 내용의 전부 또는 일부를 이용하려면 반드시 저작권자와 **랭**귀지**북**스의 서면 동의를 받아야 합니다.
잘못된 책은 구입처에서 바꿔 드립니다.